WERNER NIEHAUS

1945
Entscheidung zwischen Rhein und Weser

MOTORBUCH VERLAG STUTTGART

Einbandgestaltung: Johann Walentek unter Verwendung eines Archivfotos.

Die Abbildung zeigt Amerikaner und Engländer bei der Besetzung von Münster (Prinzipalmarkt).

ISBN 3-87943-862-5

2. Auflage 1995
Copyright © by Motorbuch Verlag, Postfach 103743, 70032 Stuttgart.
Ein Unternehmen der Paul Pietsch Verlage GmbH + Co.
Sämtliche Rechte der Speicherung, Vervielfältigung und Verbreitung sind vorbehalten.
Druck: Gutmann + Co GmbH, 74388 Talheim.
Bindung: E. Riethmüller, 70176 Stuttgart.
Printed in Germany.

Inhalt

1. Der Sprung über den Rhein

»Nun müssen wir rüber« – Zank hinter den Kulissen – Gigantische Vorbereitungen – Der Sturm bricht los – Tausende von »Kerzen« um Wesel – Die Amerikaner greifen an – Eine schlaflose Nacht für Hitler – Die größte Luftschau des Zweiten Weltkriegs – »Wo bleiben unsere Jäger?« – Churchill geht über den Rhein – In tosender Hölle – Vier große Keile – Strategisches Ziel

Am 10. März 1945 um 07.10 Uhr morgens explodierten vier große Sprengladungen. Die Eisenbahnbrücke von Wesel stürzte in den Rhein.

Ein Trupp Soldaten fiel mit in die Tiefe, die trotz aller Warnrufe die Brücke noch überqueren wollten.

Auf dem westlichen Rheinufer standen noch Hunderte von deutschen Soldaten, die dort gegen eine alliierte Übermacht einen sinnlosen Kampf hatten führen müssen. Viele von ihnen waren gefallen oder verwundet worden.

Der offizielle Bericht des Oberkommandos der Wehrmacht meldete dazu: »Nach wochenlangem, heldenhaftem Widerstand westwärts des Rheins wurden unsere Truppen befehlsgemäß aus dem Brückenkopf Wesel auf das Ostufer des Stroms zurückgenommen.

Seit Beginn der Abwehrschlacht am 8. Februar haben sie der in diesem Abschnitt eingesetzten kanadischen und zweiten englischen Armee schwere, blutige Verluste zugefügt und 706 Panzer vernichtet.«

Die eigenen hohen Verluste an Toten, Verwundeten und Gefangenen verschwieg der amtliche Bericht.

Der britische Oberbefehlshaber, Feldmarschall Bernard Montgomery (1887–1976), sagte über diese Schlacht: »Nie im Verlauf des ganzen Krieges hatten feindliche Einheiten erbitterteren Widerstand geleistet als die (deutschen) Fallschirmjäger in der Schlacht um das Rheinland.«

Die deutschen Truppen bildeten auf dem Ostufer des Rheins eine neue Verteidigungslinie, die erneut gehalten werden sollte.

Die Alliierten, die jetzt entlang der ganzen Westfront am Rhein standen, bereiteten den Übergang vor.

»Nun müssen wir rüber, so schnell wie möglich«, erklärte Feldmarschall Montgomery (von seinen Soldaten Monty genannt), nachdem das Westufer des Stroms erobert worden war.

In seinem Tagesbefehl nach dem großen Sieg hieß es: »Am 7. Februar habe ich euch gesagt, wir würden jetzt in den Ring (gemeint ist der Boxring – Verfasser –) zur letzten entscheidenden Runde steigen und ohne Pause weiterkämpfen, bis unser Gegner kampfunfähig am Boden liegt. Nun, es sieht gut für die letzte Runde aus, im Ring und auch darüber hinaus. Im Westen hat der Feind das Rheinland verloren und mit ihm die Blüte seiner letzten vier Armeen.

Der Feind ist tatsächlich in die Ecke gedrängt und kann seinem Schicksal nicht mehr entgehen. Die völlige Niederlage der Deutschen ist sicher. Die 21. Armee wird jetzt den Rhein überschreiten. Vielleicht fühlt sich der Feind hinter diesem letzten großen Hindernis noch sicher.

Sind wir erst einmal jenseits des Rheines, werden wir wie ein Unwetter über die Norddeutsche Tiefebene brausen und den Feind vor uns herjagen, daß ihm Hören und Sehen vergehen.

Also, auf – über den Rhein!«

Um dieses strategische Ziel zu erreichen, bereiteten die Alliierten zwei große militärische Operationen unter den Decknamen »Plunder« und »Varsity« vor.

7

Bei dem zuerst genannten Unternehmen handelte es sich um die eigentliche Rheinüberquerung; »Varsity« war ein großes Luftlandeunternehmen zu deren Unterstützung. Das Endziel der beiden Aktionen: die endgültige totale Vernichtung der deutschen militärischen Kräfte im Westen.

Dem Kampf an den Fronten ging eine merkwürdige Auseinandersetzung zwischen den Engländern und Amerikanern hinter den Kulissen voraus. Generäle und führende Offiziere auf beiden Seiten versuchten, ihre Pläne voreinander geheimzuhalten. Der Grund für diese Machenschaften lag klar auf der Hand: Jeder der beiden Verbündeten wollte für sich

den Ruhm erringen, als erster Deutschlands berühmtesten Strom zu überqueren.

Am 5. März 1945 legte der amerikanische General Simpson dem alliierten Oberkommando einen Angriffsplan vor, der so aussah: Vorstoß von sieben Divisionen der 9. US-Armee zwischen Duisburg und Düsseldorf, Überquerung des Rheins und Bildung eines Brückenkopfes.

Das Oberkommando lehnte den Vorschlag ab.

Zwei Tage später bereits gelang den Amerikanern der überraschende Vorstoß über die legendäre Brücke von Remagen.

Am 9. März 1945 ließ Feldmarschall Montgomery endlich die britische Katze aus dem Sack und legte

Deutsches Reich 1933–1945. Links oben in der Karte die Gebiete, in denen das in diesem Buch geschilderte Kriegsende stattfand

Der Stab des Obersten Befehlshabers der alliierten Streitkräfte: (stehend von links nach rechts) Generalleutnant Omar Bradley, Admiral Ramsay, Luftmarschall Trafford Leigh Mallory, Generalleutnant Bedell-Smith; (sitzend von links nach rechts) Luftmarschall Tedder, General Eisenhower, Feldmarschall Montgomery

Das Flammenschwert: Wappen des Oberbefehlshabers Eisenhower

1945 wird das Jahr einer geschichtlichen Wende sein

Tagesbefehl des Führers an die deutsche Wehrmacht / „Meine Zuversicht ist heute stärker als je zuvor"

dnb. Aus dem Führerhauptquartier, 1. Januar. Der Führer hat zum Jahreswechsel folgenden Aufruf an die Deutsche Wehrmacht erlassen:

Soldaten!

Die weltentscheidende Bedeutung des Krieges, in dem wir uns befinden, ist dem deutschen Volke heute klar: ein unbarmherziges Ringen um Sein oder Nichtsein, d. h. um Leben oder Tod! Denn das Ziel der uns gegenüberstehenden jüdisch - internationalen Weltverschwörung ist die Ausrottung unseres Volkes.

Wenn ich in dem Jahre 1939 eine solche Erkenntnis aussprach, dann hat sie der eine oder andere vielleicht doch als übertrieben gehalten. Im Laufe der sich anschließenden Jahre mochte sie sich — weil immer wiederholt — als „Propaganda-Mache" erscheinen. Heute kann an der Ansicht unserer Gegner niemand mehr zweifeln. Sie wird belegt nicht nur durch die Tätigkeit untergeordneter Organe der öffentlichen Publizistik, sondern bestätigt durch die uns gegenüberstehenden feindlichen Staatsmänner. Sie ist weiter erwiesen durch die Art der Kriegführung sowohl als durch die politischen Vorarbeiten unserer Feinde für die Nachkriegszeit. Der jüdisch-östliche Bolschewismus

werden muß. Und dies wieder ist das gleiche Ziel, das in der Zukunftsplanung des amerikanischen Ministers und Juden Morgenthau aufgestellt wird.

Für mich sind diese Gedanken keine Ueberraschungen, sie waren bei unseren Feinden immer vorhanden, und nur um ihre Durchführung zu verhindern, habe ich mich bemüht, das deutsche Volk stark und widerstandsfähig zu machen. Es sollte innerlich und äußerlich die Kraft erhalten, die zu seiner Lebensbehauptung notwendig ist.

In diesem Kampf um Sein oder Nichtsein stehen wir nun seit über fünf Jahren. Er wird in den Forderungen im sechsten Kriegsjahr vielleicht noch härter werden, hat aber trotzdem den Höhepunkt überschritten.

Bis zum heutigen Tage haben das deutsche Volk und seine Wehrmacht dem Abwürgungsversuch unserer Feinde erfolgreichen Widerstand entgegengesetzt, trotz zahlreicher Krisen und vieler Rückschläge.

Auch im kommenden Jahr wird es gelingen, die feindlichen Angriffsunternehmungen abzuwehren und sie am Ende durch Gegenhiebe zu brechen.

Meine Soldaten! Ich kenne Euer Leiden und Euer Opfer und weiß, was ich von Euch fordern mußte und was von Euch gefordert wird. Das Schicksal hat mir, der ich einst Deutschland als sozialen und kulturellen Staat ersten Ranges aufbauen wollte, die schwerste Aufgabe gestellt, die für einen Menschen denkbar ist. Ich trage dieses mein Los mit dem schuldigen Dank einer Vorsehung gegenüber, die mich für würdig genug gehalten hat, eine ebenso harte, wie für die Zukunft entscheidende Arbeit in der Geschichte unseres Volkes übernehmen zu müssen. Ich habe daher gerade nach dem 20. Juli erst recht nur für die Vorbereitungen gelebt, um früher oder später aus der Periode der reinen Defensive wieder heraus zur Offensive antreten zu können. Wir sind uns dabei im klaren, daß die Festung Europa im einstigen Umfang von deutschen Kräften allein nicht verteidigt werden kann. Wir waren daher gezwungen, als Opfer des Verrats unserer Verbündeten ganze Fronten einzuziehen und andere zu verkürzen. Ich habe aber keinen Schritt nach rückwärts getan, ohne auf das Äußerste Widerstand zu leisten.

Die Wende kam, aber ganz anders, als Hitler es sich dachte...

seine Pläne für die Rheinüberquerung durch britisch-amerikanische Truppen dem Oberkommando vor. Angriffstag: 23. März 1945.

Jetzt reagierten die Amerikaner auf diesen Plan äußerst ungehalten. Ihnen paßte Montgomerys eigenwilliges Handeln nicht, das ihrer Meinung nach auf eine Begünstigung der Engländer hinauslief.

Der US-Stabsgeneral Anderson wetterte darüber: »Monty neigte schon immer dazu, das durchzusetzen, was er für richtig hielt. Als Feldherr war er außergewöhnlich tüchtig, für die alliierte Kriegführung aber war sein Handeln eine Belastung.«

Während Monty sich noch mit der Theorie beschäftigte, gelang den Truppen des amerikanischen Generals Patton am 23. März bei Oppenheim eine zweite Rheinüberquerung.

Der ebenfalls sehr eigenwillige Patton rief seinen Vorgesetzten, General Bradley, an: »Brad, um Gottes willen: Teile der Welt mit, daß wir rüber sind. Ich will, daß die Welt erfährt, daß es die dritte amerikanische Armee geschafft hat, ehe Monty zur Überquerung angetreten ist.«

Doch General Bradley schwieg und brachte die Meldung nicht an die Öffentlichkeit. Das geschah aus Rücksicht auf seine britische Kameraden, aber auch aus einem anderen Grund.

Das alliierte Oberkommando hatte inzwischen eingesehen, daß die Pläne des britischen Feldmarschalls tatsächlich bis ins letzte durchdacht waren und deshalb den großen Erfolg bringen würden.

Damit waren die Würfel zugunsten Montgomerys gefallen.

Die Alliierten führten geradezu gigantische Vorbereitungen durch, die 14 Tage vor dem Angriff anliefen. Im Raum zwischen Rhein und Maas stapelten sie riesige Mengen an Waffen, Munition, Ausrüstung und Gerät. Tausende von Benzinkanistern wurden auf allen freien Plätzen in hohen Pyramiden gelagert und getarnt. An allen großen Straßen lagen riesige Munitionsdepots. Im Abschnitt Goch transportierten beispielsweise Tag für Tag 20 Güterzüge Waffen, Gerät und Munition in die vordersten Linien.

Die britischen und amerikanischen Soldaten wurden in Tages- und Nachtübungen auf der Maas und den niederrheinischen Seen auf den Rheinübergang vorbereitet.

Unter ihnen befand sich das Royal Marine Commando 45. Es gehörte zusammen mit anderen Commandos der First Commando Brigade an. Die Soldaten dieser Einheiten waren für Sonderaufgaben ausgebildet worden. Bryan Samain war einer von ihnen. Er berichtete über die damaligen Geschehnisse folgendes: »Am 10. März verlegten wir nach Venray, wo das Training für die Rheinüberquerung begann.«

Außerdem standen 59 000 Pioniere bereit, um den großen Rheinübergang durch den Bau von zahlreichen Brücken zu unterstützen.

Damit die Deutschen nicht allzuviel von den gewaltigen Vorbereitungsmaßnahmen mitbekamen, wurde der Rhein vierzehn Tage lang unter einem über 120 Kilometer ausgedehnten künstlichen Nebelschleier versteckt.

Trotzdem blieb den Deutschen nicht verborgen, was auf dem Westufer des Rheins im Gange war. Bereits zwei Wochen vor dem Großangriff stellte die Luftaufklärung im Hinterland des Niederrheins große Truppenbewegungen und den Transport von Munition und Nachschub fest.

Diesen starken alliierten Kräften stand auf deutscher Seite nur wenig gegenüber. Ein paar Flakregimenter, etwas Artillerie in notdürftig ausgebauten Stellungen, zwei Panzerdivisionen mit insgesamt 95 Panzern nordwestlich von Emmerich, die 7. und 8. Fallschirmjägerdivision, die 84. Infanteriedivision, die 180. Infanteriedivision, die 2. Fallschirmjägerdivision, die 15. Panzergrenadierdivision, aus Versprengten bestehende Alarmkompanien und ein paar schnell zusammengestellte Volkssturmbataillone, deren Kampfwert gering war.

10

Links: Hinter einer 120 Kilometer langen Wand aus künstlichem Nebel verbargen die Alliierten ihre gigantischen Vorbereitungen für den Sprung über den Niederrhein

Links unten: Skizzen vom britischen und amerikanischen Plan für den weiteren Vormarsch

Alliiertes Flugblatt in der Aufmachung einer deutschen Soldaten-Zeitung; abgeworfen vor dem Rheinübergang der Alliierten

Feldpost

30. Nummer - 12 HG
Siebente März Nr.

HERAUSGEGEBEN VON DER AMERIKANISCHEN ARMEE IN WESTEUROPA

Eine Woche: 100 000 machen Schluß!

PARIS. — Der deutsche Widerstand im Saargebiet und in der Rheinpfalz ist zusammengebrochen. Die Reste der geschlagenen deutschen Verbände wurden in kleine Kessel aufgespalten und werden systematisch aufgerieben. Vom 14. bis zum 21. März haben im Saarraum 100 000 den Kampf eingestellt. Die Gefangenenzahl wächst stündlich.

Saar und Pfalz werden gesäubert — Mainz gefallen

Amerikanische Truppen im Vorstoß von Mosel und Saar haben den Rhein auf breiter Front erreicht und säubern die restlichen deutschen Kampfinseln in diesem Raum. Im Zuge des amerikanischen Vormarsches wurden folgende deutsche Städte erobert: Saarbrücken, Zweibrücken, Völklingen, Kaiserslautern, Pirmasens, Homburg, Landau, Bad Kreuznach, Mainz und Worms. Amerikanische Truppen sind in Ludwigshafen und Neustadt eingedrungen und befinden sich im Vorstoß auf

Speyer. Große Mengen deutschen Materials wurden erobert. Die Zahl der Gefangenen war an mehreren Tagen so groß, daß sofortige Zählungen unmöglich waren. Das gesamte linke Rheinufer von Nijmegen bis Ludwigshafen ist in alliierter Hand. Der amerikanische Brückenkopf am Ostufer des Rheins bei Remagen wurde erneut erweitert. Das linke Niederrhein-Ufer wurde auf 100 km Länge künstlich vernebelt.

Verbotene Welle

Rundstedt abgesetzt
LONDON. — Generalfeldmarschall von Rundstedt ist als OB-West abgesetzt worden und wurde durch Feldmarschall Kesselring ersetzt.

Scotland Yard sucht Kriegsverbrecher
LONDON. — Das Hauptquartier der alliierten Organisation zur Ermittlung von Kriegsverbrechern ist vorläufig in Scotland Yard in London.

Wilhelmina zurück in Holland
LONDON. — Königin Wilhelmina der Niederlande hat die befreiten Gebiete Hollands besucht und wurde von der Bevölkerung jubelnd empfangen.

8 1/2 Millionen Übersee
WASHINGTON. — Präsident Roosevelt gab bekannt, 8 500 000 amerikanische Soldaten und Seeleute dienen außerhalb der Vereinigten Staaten.

Gestapo ausgebombt
LONDON. — Das Hauptquartier der Gestapo in Kopenhagen wurde von RAF-Schnell-Bombern angegriffen und total zerstört.

11

An der Rheinfront, wie sie großspurig genannt wurde, standen pro Kilometer fünfzehn deutsche Soldaten, 0.3 Geschütze und 0.04 Flakrohre. Auf zwei Kilometer Frontlänge kam ein Panzer.

Dahinter lag der sogenannte »Westfalenwall«, dessen propagandistischer Wert hoch, der eigentliche Verteidigungs- und Abwehrwert jedoch nur kümmerlich war. Es war ein Produkt des damaligen nationalsozialistischen Gauleiters Dr. Meyer.

Die mit Hacke und Schippe von der Bevölkerung hergerichteten Stellungen stürzten durch Regeneinwirkung immer wieder ein und mußten erneut ausgehoben werden. So entstand eine Verteidigungslinie von Ahaus über Stadtlohn, Südlohn, Borken, Bocholt bis nach Wesel.

Obwohl es sich nur um ein militärisch unbedeutendes Machwerk handelte, versetzte der hochtrabende Name »Westfalenwall« die Amerikaner und Engländer in Angst und Schrecken. Sie glaubten, daß es sich in Wirklichkeit um ein großangelegtes deutsches Befestigungssystem aus Betonbunkern, Geschützstellungen, Sperrforts, Minenfeldern, MG-Nestern und weiteren unterirdischen Anlagen handelte, ähnlich dem deutschen Westwall.

Um diese angeblich so gewaltige Sperre zu knacken, wurden vier Tage vor dem großen Angriff sämtliche Städte planmäßig zerbombt. Erst später, als alles vorbei war, entdeckten die Alliierten, daß sie auf einen deutschen Propagandabluff hereingefallen waren.

Wenige Tage vor Angriffsbeginn kam es im Westen zu einem Vorfall, der die Lage auf deutscher Seite weiterhin verschlechterte. Alliierte Jagdbomber griffen den Gefechtsstand des Fallschirmjägergenerals Schlemm an, der schwer verwundet wurde und für den weiteren Kampf ausfiel. Seinen Posten übernahm General Blumentritt.

Bereits am 19. März 1945 sickerten die alliierten Sturmverbände in die Ausgangsstellungen ein.

Darunter auch das Royal Marine Commando 45. *»Wir fuhren auf unseren Lkw durch Venlo und über die deutsche Grenze«*, berichtete Commando Man Samain darüber. *»Dann erreichten wir unser Ziel, eine Knochenverwertungsfabrik etwa drei Kilometer westlich des Rheins gegenüber der Stadt Wesel. Die Nacht war sehr kalt; es regnete.*

Wir verbrachten drei Tage in einem Bahnhofsgelände. Während dieser Zeit überprüften wir unsere Ausrüstung immer wieder, ruhten uns soviel wie eben möglich aus und sprachen immer wieder über den Angriffsplan.

Außerdem beobachteten wir die riesigen Vorbereitungen der 21. Armeegruppe, die für den ›letzten großen Seufzer‹, wie es Mister Churchill nannte, getroffen wurden.

Überall, soweit die Augen sehen konnten, gab es massenhaft Panzer, Geschütze und Kriegsgerät aller Art. Tausende von Soldaten campierten am Ufer des Rheins.

Bei der Hauptoperation ›Plunder‹, Deckname für den Rheinübergang, hatte die First Commando Brigade eine Spezialaufgabe durchzuführen – die Eroberung von Wesel und das Halten der Stadt. Diese Teiloperation trug den Decknamen ›Operation Widgeon‹. Ihr Gelingen war wesentliche und wichtige Voraussetzung für den Gesamterfolg.

Brigadegeneral Mills-Roberts (Führer der 1. Commando Brigade) Plan sah folgendermaßen aus: In der Nacht des 23. März um 22.00 Uhr sollte das Commando 46 unter Lieutenant-Colonel Gray den Rhein mit ›Wasserbüffeln‹ überqueren und in einem Hafenbecken namens Grav Insel landen, die etwa drei Kilometer stromabwärts von Wesel lag. Von dort aus sollte ein Vorstoß von etwa 400 Metern ins Landesinnere erfolgen, ein Brückenkopf gebildet und gehalten werden.«

Danach sollte die Hauptmasse der Brigade folgen, auf Wesel vorgehen und die Stadt einschließen. Dieses Ziel wollte man am 24. März bei Tagesanbruch erreichen.

Am Morgen des Angriffstages (Freitag, 23. März 1945) versammelten sich die Männer der Sturmbri-

12

Weihnachten im Westfalenwall

Der Gauleiter mit den Befehlshabern beim Volkssturm und bei der Wehrmacht

Tausende von Volkssturmmännern, die zu einem kurzfristigen Einsatz im Westfalenwall stehen, Tausende von Schanzarbeitern verlebten Kriegsweihnacht 1944 gemeinsam mit den Kameraden der Wehrmacht bei ihren Einheiten. Seitens der Partei und der Wehrmacht war alles geschehen, um ihnen das Weihnachtsfest so angenehm wie möglich zu gestalten. So wurde jeder einzelne durch Geschenke bedacht. Eine Anzahl westfälischer Künstler hatte die Fahrt zum Westfalenwall angetreten, um den dort eingesetzten Kräften an den Feiertagen Abwechslung zu bringen. So verliefen die Tage im Geiste echter Kameradschaft. Von den Männern und der Jugend wurden würdige Feierstunden veranstaltet, die ihnen die Trennung von ihren Lieben daheim leichter machten.

Gauleiter Dr. Alfred Meyer ließ es sich nicht nehmen, die Verbundenheit mit den Einsatzkräften dadurch besonders zu unterstreichen, daß er persönlich an verschiedenen Weihnachtsfeiern teilnahm. Hierbei kam ganz besonders die enge Kameradschaft und Zusammenarbeit mit der Wehrmacht zum Ausdruck, die auch dem Volkssturm als dem jüngsten Kind der Wehrmacht gilt. Sowohl der Befehlshaber im Wehrkreis 6, General der Infanterie Mattenklott, als auch der Befehlshaber im Luftgau 6, General der Flakartillerie Schmidt, betonten bei den Weihnachtsfeiern diese innige Verbundenheit. Man kann heute feststellen, daß nur dadurch die gewaltigen Leistungen möglich waren, die sich sowohl beim Bau des Westfalenwalles als auch bei der Ausbildung und Ausrüstung der Volkssturmmänner so augenfällig auswirkte.

Im Standortlazarett der Gauhauptstadt besuchte der Befehlshaber im Wehrkreis 6 mit dem Gauleiter die verwundeten Kameraden. Während bei einer Volkssturmeinheit im Westfalenwall der Gauleiter zu den Kameraden des Volkssturms sprach, konnte sich der Befehlshaber im Wehrkreis 6 davon überzeugen, daß in der kurzen Zeit seit der Aufstellung des Volkssturms ganze Arbeit geleistet worden ist. Vor allem war es die einheitliche Uniformierung und Ausrüstung der Männer, die einen besonderen Eindruck machte. Die Haltung der Volkssturmmänner, die größtenteils aus einem Industriekreis stammen, war tadellos, so daß man heute schon sagen kann: Der Volkssturm ist eine militärische Kraftreserve, mit der der Feind unbedingt rechnen muß.

Für die Umquartierten fand in der alten Hansestadt Lemgo eine würdige Weihnachtsfeier statt, an der Gauamtsleiter Degenhard teilnahm. Vor allem konnte hier den Kindern der Umquartierten eine Freude bereitet werden.

Kriegsweihnacht 1944 ist nun vorüber. Gespannt sind die Augen des Volkes nach Westen gerichtet, wo die deutsche Wehrmacht dem Feind beweist, daß sie noch über ihre alte Schlagkraft verfügt.

Weihnachten 1944. Noch schien die Welt in Ordnung zu sein. (»Neueste Nachrichten«)

Leere Versprechungen Hitlers in der Neujahrsansprache 1945

Westfälische Neueste Nachrichten

Ausgabe E (Verlagsort Bielefeld)

NS. Volksblatt für Westfalen — Anzeiger und Tageblatt

Vlothoer Wochenblatt

Amtliches Organ der NSDAP. und sämtlicher Behörden

Bezugspreis monatl. 2.— RM. im Postbezug vierteljährl. 7.08 RM einschl. 54 Rpf (im Durchschnitt 54 Rpf.) Zeitungsgebühr u. 1.08 RM. Bestellgeld. Störungen durch höhere Gewalt berechtigen nicht zu Ersatzansprüchen.

Geschäftsstelle u. Schriftleitung in Bad Oeynhausen: Adolf-Hitler-Str. 78, Fernruf 22 50; Vlotho, Lange Straße 104, Fernruf 3 84; Löhne, Bünder Str. 8, Fernruf 3 96. — Hauptverlag: Bielefeld. Fernruf-Sammel-Nr. 3 51 3 55.

Nr. 1 / 45. Jahrgang. Einzelnummer 10 Rpf.

Bad Oeynhausen, Dienstag, 2. Januar 1945

Deutscher Geist und Wille werden den Sieg erzwingen

Die Neujahrsansprache des Führers an das deutsche Volk / Aus Trümmerhalden wird sich neue deutsche Städteherrlichkeit erheben

dnb. Aus dem Führerhauptquartier, 1. Januar. Der Führer hat zum Jahreswechsel folgende Ansprache an das deutsche Volk gerichtet:

Deutsches Volk! Nationalsozialisten! Nationalsozialistinnen! Meine Volksgenossen!

Nur der Jahreswechsel veranlaßt mich, heute zu Ihnen, meinen deutschen Volksgenossen und Volksgenossinnen, zu sprechen. Die Zeit hat von mir mehr als Reden gefordert, die Ereignisse, der hinter uns liegenden zwölf Monate, besonders aber die Vorgänge des 20. Juli, haben mich gezwungen, meine ganze Aufmerksamkeit und Arbeitskraft der einzigen Aufgabe zu widmen, für die ich seit vielen Jahren lebe: dem Schicksalskampf meines Volkes.

Denn wenn auch die Gegner schon früher jedes Jahr unseren Zusammenbruch prophezeit haben, dann setzten sie doch auf das Jahr 1944 besondere Hoffnungen. So niemals schien ihnen der Sieg so nahe zu sein, als in den Augusttagen des vergangenen Jahres, als eine Katastrophe förmlich der anderen folgte. Wenn man trotzdem gelungen ist, das Schicksal wieder wie so oft zu wenden, dann fällt neben den Opfern, Ringen und Arbeiten all meiner Volksgenossen in der Heimat und an der Front auch meiner eigenen Arbeit und meinem eigenen Einsatz ein Teil an diesem Verdienst zu. Ich habe damit nur in dem Sinne gehandelt, den ich in der denkwürdigen Reichstagssitzung am 1. September 1939 mit der Erklärung Ausdruck verlieh, daß in diesem Kampf Deutschland weder durch Waffengewalt noch durch die Zeit jemals niedergezwungen werde, daß sich aber ein 9. November im deutschen Reich nimmer wiederholen wird.

Wer nun allerdings Deutschland nur in seiner Verfallszeit kannte, der dürfte vielleicht hoffen, daß diesem Staat weder ein Aufstieg noch die Kraft, einen solchen gegen eine ganze Welt von Feinden zu behaupten, beschieden sein würde.

Termine für den Zusammenbruch

So hat denn auch die jüdisch-internationale Weltverschwörung vom ersten Tage an von der Hoffnung gelebt. Immer dann, wenn die Völker mißtrauisch zu werden drohten, sah man aus Hoffnungen dann Prophezeiungen formuliert und mit einer gewissen agitatorischen Dreistigkeit in den Augen der breiten Masse als unbedingt sicher, ja als ganz selbstverständlich hingestellt. Zweier Methoden bediente sich dabei diese Propaganda, obwohl sie am Ende, wie jede Lüge, doch nur kurze Beine hatte. Nämlich: auf der einen Seite werden zur Beruhigung der Ungeduld der Massen Termine festgelegt, an denen der deutsche Zusammenbruch mit Sicherheit zu erwarten ist, und auf der anderen Fragen behandelt, deren Lösung nach diesem Zusammenbruch für die Alliierten notwendig sein würde. Ehe überhaupt der Krieg begonnen hatte, lag schon die erste englische Äußerung vor, daß die gemeinsame englisch-französische Kriegserklärung in Deutschland spätestens nach sieben bis acht Tagen zur inneren Revolution und damit zum Zusammenbruch des Deutschen Reiches führen würde. Dem folgten nun mit fast astronomischer Regelmäßigkeit im Winter, Frühjahr und Herbst, und manchmal auch zwischendurch, immer neue Versicherungen, daß nunmehr der bedingungslose deutsche Zusammenbruch und damit die Uebergabe — beides wäre ja gleichbedeutend — unmittelbar vor der Tür stände. Im Herbst 1939 sagte eine solche Versicherung, die andere, bald war es der „General Schlamm", dann der „General Hunger" und dann wieder der „General Winter", die uns besiegen sollten.

Besonders das Jahr 1940 aber war zu seinem Beginn mit solchen alliierten Erklärungen reichlich bedacht worden. Nach dem französischen Feldzug wurden neue Prophezeiungen aufgestellt, und zwar daß, wenn es Deutschland nunmehr nicht gelänge, den Krieg in zwei Monaten, also bis spätens September, zu beenden, im Frühjahr 1941 der deutsche Zusammenbruch unweigerlich eintreten würde. Es war aber dieses Frühjahr noch kaum vergangen, als schon wieder neue Zielsetzungen für den Sommer und endlich den Winter 1941 als abermalige Termine für unsere sichere Vernichtung angegeben wurden. Seitdem wiederholt sich dieses Spiel Jahr für Jahr.

Einmal hieß es, daß der Krieg aus sein werde, ehe noch die Blätter fallen, das andere Mal wieder, daß Deutschland vor der Kapitulation stünde, ehe der neue Winter gekommen sein würde, mit schlafwandlerischer Sicherheit bezeichnete man den August 1944 als den Monat der bedingungslosen Uebergabe und vereinbarte ganz kurz darauf ein gemeinsames Treffen der führenden Staatsmänner vor Weihnachten in Berlin. Vor kurzem war nun der neue Termin der Januar, dann der März 1945. Jetzt erklärt man vorsichtigerweise, daß die beiden Monate in rasender Schnelligkeit näherrücken, es sei der August. Im Juli wird man sicher wieder vom Winter 1946 reden, außer, es findet unterdes der Krieg tatsächlich sein Ende, und zwar nicht durch die deutsche Kapitulation, denn diese wird nie kommen, sondern durch den deutschen Sieg!

gade im Schutz des über dem Land liegenden künstlichen Nebels.

Als erster sprach Lieutenant-General (Generalleutnant) Ritchie, Kommandeur des 8. Korps, zu den englischen Soldaten. Er erklärte ihnen, daß die alliierten Kräfte in der kommenden Nacht über den Rhein vorstoßen würden. Dann hob er hervor, daß dies ein wichtiger historischer Augenblick sei und die Männer Geschichte machen würden. Wörtlich sagte er: »Meine Kenntnisse der Militärgeschichte sind zwar schon etwas verrostet, aber ich glaube, ihr seid die ersten britischen Soldaten, die den Rhein überqueren.«

Dann sprach Brigadegeneral Mills-Roberts. Er wiederholte und erläuterte nochmals den Angriffsplan.

Zum Schluß erklärte er wörtlich: »Noch niemals in der Geschichte des Krieges wurden so wenige Soldaten von derartig vielen Geschützen unterstützt.«

Feldmarschall Montgomery, der britische Premierminister Winston Churchill und der Befehlshaber der 9. US-Armee, General Simpson, am 3. März 1945 am deutschen Westwall (von links nach rechts)

AN DIE DEUTSCHEN
EISENBAHNER

Deutsche Eisenbahner!

Ihr erkennt bereits, dass die Wucht der alliierten Luftoffensive dauernd zunimmt. Es war unausbleiblich, dass Ihr dabei schwere Verluste an Toten und Verwundeten zu beklagen habt.

Eure Eisenbahnen dienen nur drei Zwecken:

ERSTENS führen sie der Front Nachschub und Verstärkungen zu. Dieser Nachschub und diese Verstärkungen können nur dazu dienen, den verlorenen Krieg zu verlängern und dadurch die Verwüstung Eurer Heime und die Zahl der toten und verwundeten Soldaten und Zivilpersonen noch zu vergrössern.

ZWEITENS werden Eure Eisenbahnen dazu benützt, um den invasionsbedrohten Gebieten die Lebensmittel, Vorräte und sonstigen Einrichtungen zu entziehen, welche diese Gebiete noch diesen Winter dringend benötigen werden.

DRITTENS werden sie dazu verwendet, Hundert-

Alliiertes Flugblatt zur psychologischen Vorbereitung des Rheinübergangs

tausende von Menschen gewaltsam von ihren Heimen zu entfernen und sie tiefer ins Reichsinnere zu verschleppen.

Diese drei Verwendungen Eurer Eisenbahnen und Eurer Arbeitskraft können sich nur zu Eurem eigenen Schaden sowie zum Schaden Eurer Familien und Eures Landes auswirken. Die Zeit der Entscheidung ist für Euch gekommen — Ihr müsst Euch nunmehr entscheiden, ob Ihr zur Verlängerung des verlorenen Krieges beitragen wollt, oder ob Ihr den Kriegsverlängerern Eure Mithilfe verweigert, solange es noch etwas zu retten gibt. Wenn Ihr Euch weigert, so werdet Ihr die Qualen des Krieges für Eure Heimat abkürzen und einen wichtigen Beitrag leisten, um Deutschland wieder Frieden, Ordnung und Gerechtigkeit zu bringen.

Deutsche Eisenbahner! Tragt Euren Teil dazu bei, um Eure Heimat zu retten, indem Ihr den verbrecherischen Kriegsverlängerern Eure Mithilfe verweigert. Ihr könnt dies auf folgende Weise tun:

1. Durch Störung der Zufuhr von Nachschub und Verstärkungen an die Front.

2. Durch Störung des Abtransports von Lebensmitteln und Vorräten, Maschinen und sonstigen Einrichtungen, die von den bedrohten Gebieten ins Reichsinnere gehen.

3. Durch Störung der Verschleppung von Zwangsevakuierten aus ihren Heimatgebieten.

Gegen 19.00 Uhr, drei Stunden vor Angriffsbeginn, bezog die gesamte Brigade ihre Ausgangsstellungen am westlichen Rheinufer. Die Soldaten standen in voller Kampfausrüstung, die Gesichter waren geschwärzt. Als Kopfbedeckung trugen sie ihre grünen Baretts, denn die Männer vom Royal Marine Commando trugen niemals Stahlhelme.

Während der letzten Wartestunden wurden Rum und Keks ausgegeben, auch die gerade noch eingetroffene Post, die die Soldaten im Schein von flakkernden Kerzen und Windlichtern lasen.

Die »Wasserbüffel« rollten heran und nahmen auf der Straße, die zum Strom führte, Aufstellung.

Bereits seit 17.00 Uhr hatte die alliierte Artillerie das Feuer eröffnet. Eine Stunde später erfolgte der nächste heftige Feuerschlag. Um 19.00 Uhr setzte unheimlich starkes Trommelfeuer ein, das das gesamte Ostufer des Rheins eindeckte und die deutschen Stellungen weitgehend zerschlug.

Innerhalb von wenigen Sekunden war die Luft angefüllt mit dem heftigen Donnern und Dröhnen der schweren Geschütze«, berichtete ein britischer Kampfteilnehmer. *»Das donnerartige Brüllen des in unserer Nähe liegenden schweren Artillerieregiments war zu hören, das Ploppen von Hunderten von Granatwerfern und das ständige Rattern und Knattern von Maschinengewehren.*

Der ein paar hundert Meter vor uns liegende Rhein war rot erleuchtet von den Explosionen tausender Granaten. Rechts von uns, rund um Wesel, sah es so aus, als wären dort Tausende von Kerzen angezündet worden. Dort stiegen immer wieder Leuchtkugeln auf, die zusammen mit den Leuchtspurketten der leichten Flak ein leuchtendes bizarres Gewebe an den Himmel zauberten. Die Nacht war feuerrot.«

Um 21.50 Uhr sprangen die Motoren der Amphibienfahrzeuge an. Die erste Welle rollte in Richtung Rhein. Mit höchster Fahrtstufe jagten sie über den Strom. Die Soldaten duckten sich tief in die Fahrzeuge.

Während die Amphibienfahrzeuge über das Wasser rauschten, wanderte die Feuerwalze weiter nach Osten.

Die ersten »Wasserbüffel« erreichten das Ufer, die Männer sprangen heraus und wateten an Land.

Gleichzeitig waren andere Übersetzaktionen im Gange. Etwas stromabwärts von den »Wasserbüffeln« setzte ein Commando in Sturmbooten über. Die deutsche Artillerie feuerte auf diesen Abschnitt; denn die Deutschen glaubten zu diesem Zeitpunkt noch, daß dort die eigentliche Großlandung der britischen Kräfte erfolgen würde. Und genau das hatten die Engländer mit dieser Teilaktion erreichen wollen.

Um 22.30 Uhr erreichten 250 »Lancaster«-Bomber ihr Ziel und lösten die Bomben aus. Innerhalb von fünfzehn Minuten zertrümmerten sie die noch bestehenden Reste von Wesel und löschten die Stadt völlig aus.

Als der letzte Bomber abflog, erreichten die ersten Soldaten der »Wasserbüffel«-Brigade die Stadt. Die übrigen folgten kurz darauf nach.

Die Engländer hatten angenommen, daß sich noch über 2 000 deutsche Soldaten in der Stadt befinden würden. Doch das war nicht der Fall. Dem Kampfkommandanten von Wesel, Generalmajor Deutsch, standen nur etwa 650 Mann zur Abwehr zur Verfügung. Davon waren etwa fünfzig Prozent Landesschützen und Männer aus Sicherungseinheiten, deren Kampfwert nicht mit dem normaler Soldaten zu vergleichen war.

Dennoch leistete der kleine Haufen harten Widerstand. Die deutschen Soldaten versuchten, die ins Stadtzentrum vordringenden Engländer aufzuhalten. Die Angreifer setzten Panzer mit Flammenwerfern ein. Die englische Infanterie kämpfte ein Haus nach dem anderen nieder. Die Deutschen erlitten schwere Verluste. Die Überlebenden weigerten sich, den sinnlos gewordenen Kampf fortzusetzen.

Um 02.00 Uhr (nach britischen Angaben um

Gauleiter Dr. Meyers
Parole vom 5. März
1945

Westfalen-Nord – ein Fels im brandenden Meer

Dr. Alfred Meyer gab die Richtlinien für kampfentschlossene Abwehrbereitschaft

Münster, 5. März. Gauleiter Dr. Alfred Meyer berief kürzlich das Führerkorps des Gaues Westfalen-Nord aus Partei und Staat zusammen, um alle im Interesse der Reichsverteidigung liegenden Probleme bekanntzugeben. In einer grundsätzlichen Rede gab der Gauleiter seine Richtlinien, die die Gewähr dafür bieten, daß der Grenzgau Westfalen-Nord wie ein Fels im brandenden Meer steht.

Der Gauleiter, der an der Tagung der Reichs- und Gauleiter beim Führer teilgenommen hatte, berichtete zunächst von dem unvorstellbaren Kampfeswillen und der gläubigen Siegeszuversicht des Führers.

Für Deutschland gelte die Parole: Vernichten oder vernichtet werden! Der Krieg verlangt nur eins von jedem Deutschen: Einstellung auf den härtesten Kampf und Sieg. Die Krise Europas ist die Krise seiner dekadenten Führung. Die Frage, können wir den Krieg überhaupt noch gewinnen?, würde zum Glück nur von jenen intellektuellen Kreisen gestellt, denen das verstandesmäßige Denken über das gläubige Herz ginge. Der deutsche Soldat und die Männer und Frauen in der Heimat besitzen diesen gläubigen Fanatismus. Sie nehmen daher auch den Kampf mit der feindlichen Uebermacht auf, da sie wissen, daß die charakterliche Haltung entscheidend ist.

Wir müssen als Führer in jeder Beziehung beispielhaft sein. Das sind wir unserem tapferen Volke schuldig, das alle Belastungen auf sich genommen hat und sich trotz der Zerstörungen nicht in seiner Arbeit stören läßt. In den frontnahen Gebieten muß das soldatische Gesetz herrschen, wir müssen selbst die Ruinen und Trümmer unserer Städte mit höchster Leidenschaft verteidigen. Die Sorgen, die uns der Luftterror bereitet, sind groß, aber gemessen an dem, was uns eine Niederlage bringen würde, nur gering. Unsere Gegner sind müde geworden durch den Zwang der nur

unter den größten Opfern gemachten Zurückeroberungen. Bei uns hat die Länge des Krieges bewiesen, wie notwendig eine starke Führung ist.

In seinen weiteren Ausführungen kündigte der Gauleiter das Wiederaufleben des U-Boot-Krieges sowie das demnächstige Wirksamwerden unserer Luftverteidigung an. In der Produktion wird nur noch nach Schwerpunkten gearbeitet. Im übrigen gelte es, die Schwerfälligkeit, die noch auf manchen Gebieten der Verwaltung usw. vorhanden sei, zu beseitigen. Wir leiden, so sagte der Gauleiter, noch zuviel am Schema und sind noch zuviel im Bürokratismus verstrickt. Das läßt sich im sechsten Kriegsjahr, wo vieles improvisiert werden muß, nicht mehr verantworten. Der Rang muß von der Leistung abhängig sein.

Im Interesse unseres Volkes und aus Liebe zu ihm sind die schärfsten Maßnahmen gegen defaitistische und feige Elemente zu ergreifen. Wir werden und müssen die im Osten verlorengegangenen Gebiete wieder zurückerobern. Das bedeutet, daß alle wehrfähigen Männer an die Front müssen! Es kommt heute darauf an, daß wir stur bleiben, dann wird auch die Koalition der Feinde den Krieg nicht überleben.

Der Gauleiter stellte die Forderung auf, daß wir in fieberhafter Abwehrbereitschaft jeden Quadratmeter Boden in Westfalen so verteidigen, daß die Eindringlinge Ströme von Blut opfern müssen. Deshalb werden wir uns in die Heimaterde krallen und bis zum letzten Atemzuge die geliebte westfälische Erde verteidigen. Es gilt heute: Standhaftigkeit bis zum Tode zu beweisen! Denn in der Heimat gelten dieselben Gesetze wie draußen.

In einer Aussprache wurden noch alle mit der Verteidigung der Heimat zusammenhängenden Fragen behandelt sowie Probleme der Versorgung mit Brenn- und Tankholz besprochen.

01.00 Uhr) erreichten die Sturmspitzen der »Wasserbüffel«-Brigade das Zentrum der Stadt. Sie wollten ihre Zielräume erreichen, wie es der Angriffsplan vorschrieb. Doch das war gar nicht so einfach; denn die Kriegskarten konnten nicht mehr genutzt werden, weil sich die Stadt in einen riesigen Trümmerhaufen verwandelt hatte.

Kurz vor dem großen Sprung: General Eisenhower (links) spricht mit jungen amerikanischen Soldaten

Die britische Sturmbrigade ging auf beiden Seiten der nach Norden führenden Straße vor, um die in ihrem Angriffsplan vorgesehenen Ziele zu erreichen.

»Dort lagen eine Menge toter Deutscher herum«, berichtete ein britischer Kampfteilnehmer. *»Als Colonel Gray und sein Stab die Straßenkreuzung erreichte, von der er nach Norden zum vorläufigen Ziel, einer Drahtfabrik, marschieren sollte, sprang plötzlich einer der deutschen Gefallenen hoch und feuerte eine Panzerfaust ab. Zwei Mann des Stabes wurden getötet, Colonel Gray am Arm verwundet und die übrigen von der Wucht der Explosion zu Boden geschleudert.*

Wütend feuerten wir die Magazine unserer Maschinenpistolen auf den deutschen Soldaten und die am Boden liegenden Körper leer.

Wir erreichten dann die Drahtfabrik um etwa 02.00 Uhr.«

Einer der ›Mariners‹ entdeckte im Morgengrauen zwölf deutsche Soldaten auf Fahrrädern, die in die Stadt fahren wollten. Die Engländer ließen sie herankommen und an der Fabrik vorbeifahren.

»Dann, als der letzte Deutsche einer ebenfalls in der Fabrik in Stellung gegangenen britischen Einheit den Rücken zeigte, eröffnete diese das Feuer. 30 Sekunden später lagen zwölf Tote auf der Straße.«

Gleichzeitig zu den bereits geschilderten Operationen liefen auch noch andere ab.

Nach dem heftigen vorbereitenden Trommelfeuer traten die Sturmspitzen der 15. und 51. britischen Division um 21.12 Uhr bei Rees zum Angriff an.

Riesige Bulldozer (Räumfahrzeuge) durchbrachen in wenigen Minuten die Rheindeiche und räumten Lücken frei, durch die Sturmboote, Amphibienfahrzeuge und größere Landungsboote zum Angriff vorpreschten.

Innerhalb von sieben Minuten überquerten die Vorausverbände den Strom und setzten sich am Ostufer fest.

Am westlichen Ufer stiegen grüne und weiße Leuchtkugeln auf.

Die Amerikaner traten zwischen Wesel und Rheinberg zum Angriff an.

Sturmboote, Amphibienfahrzeuge, Schwimmwagen und Motorboote jagten mit dröhnenden Motoren, hohe Bugwellen vor sich herschiebend, über den Strom. Die auf den Fahrzeugen angebrachten Maschinengewehre hämmerten! Geschoßketten streuten das Ufer ab.

Kurz vor Angriffsbeginn war die gewaltige Feuerwalze der Artillerie weiter landeinwärts verlegt worden, damit die eigenen Truppen nicht gefährdet wurden. Das Trommeln der Geschütze ließ langsam nach, als die ersten amerikanischen Soldaten an Land und dort in Deckung gingen.

Der deutsche Widerstand war im Trommelfeuer fast völlig zusammengebrochen. Nur da und dort stellten sich deutsche Soldaten zum Kampf, feuerten mit Gewehren und Maschinengewehren. Die GI's (Kurzname für amerikanische Soldaten) konnten zügig vordringen, den letzten Widerstand brechen und auch in diesem Abschnitt der Rheinfront einen Brückenkopf bilden, der laufend verstärkt wurde.

In derselben Nacht kam es wenig später im Nordabschnitt nochmals zu einem heftigen Trommelfeuer, das eine weitere Rheinüberquerung vorbereitete.

Schlagartig eröffneten dort über 2 000 Geschütze das Feuer und deckten das östliche Rheinufer nahezu lückenlos mit Granaten ein. Auch hier wurde der deutsche Widerstand weitgehend zerschlagen, bevor die Sturmspitzen des XXX. britischen Korps und die von zwei kanadischen Divisionen über den Rhein vorstießen.

Zu Hunderten sprangen die Soldaten ans Ufer, sickerten in die deutschen Stellungen ein und gingen weiter vor.

Doch noch waren die Deutschen nicht völlig geschlagen. Kampfgruppen, die das heftige Trommelfeuer überlebt hatten, versuchten die Angreifer abzuwehren. Aber ihre Kräfte waren zu schwach,

17

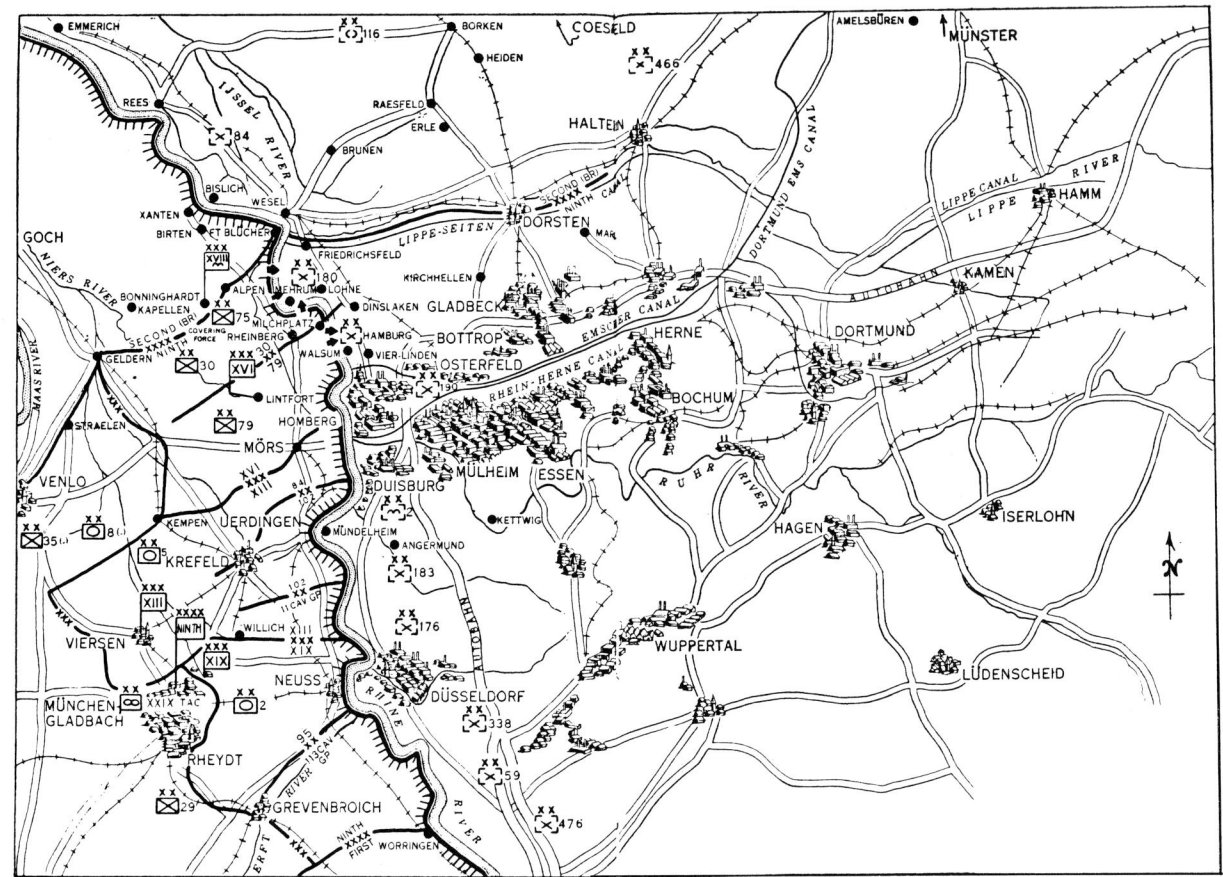

Skizze der Lage: Die schwarze Linie auf der linken Rheinseite stellt die alliierte Front dar

Hartes Ringen um Rheinhessen und Rheinpfalz

Durchbruchsversuch der Sowjets in Oberschlesien vereitelt / Abwehrerfolg an der Sieg

Drahtbericht unserer Berliner Schriftleitung

n. Berlin, 24. März. Die Nordamerikaner verschärften ihren Druck auf unseren linksrheinischen Rheinbogen und aus ihrem rechtsrheinischen Brückenkopf gegen die Sieg. Im Osten hält der sowjetische Durchbruchsversuch zur Ostseeküste unvermindert an, außerdem hat sich ein neuer Schwerpunkt durch die Angriffe der Bolschewisten bei Küstrin ergeben.

Das Ringen um Rheinhessen und die Rheinpfalz zeigt die typischen Merkmale der beweglichen Panzerschlacht. Die nach Ueberschreiten der Nahe vorgedrungenen feindlichen Panzerkeile haben zusammen mit unseren einzelnen Sperrriegeln eine starke Verzahnung der Front ergeben, die eine durchlaufende Verteidigungslinie westlich des Rheins zwischen Bingen und Ludwigshafen nicht mehr zuläßt. Unsere Verbände kämpfen sich daher auf vorgesehene Rheinbrückenköpfe zurück und gliedern sich dort in die Verteidigung ein. Der scharf nachdrängende Feind nahm Bingen und drang in Worms ein.

Auch am Mittelrhein hat der starke Druck der Nordamerikaner aus ihrem Remagener Brückenkopf nicht nachgelassen. Sie konnten jedoch ihr Ziel, das Nordufer der Sieg, bisher nicht erreichen; südlich Siegburg brach ihr Angriff zusammen. Die Vorstöße nach Süden sind in dem unübersichtlichen Andernacher Waldgebiet noch nicht zu übersehen; hier konnte der Feind in Neuwied eindringen.

Die feindlichen Aufklärungsvorstöße in Holland, das Einschießen feindlicher Batterien und größere, von unserer Artillerie wiederholt wirksam unter Feuer genommenen Truppenansammlungen auf dem Westufer des Rheins ließen erkennen, daß der Gegner seine Angriffsvorbereitungen im wesentlichen abgeschlossen hat.

Der Abschuß von 143 Panzern bei den wieder aufgelebten Kämpfen im Raum von Leobschütz läßt die Standhaftigkeit unserer zäh kämpfenden Grenadiere erkennen. Der weitere Ausbau der sowjetischen Angriffe an dieser Stelle bleibt abzuwarten. Im Raum von Küstrin ist der Gegner nach heftiger Feuervorbereitung zu dem erwarteten Angriff angetreten, wobei er aber nach geringen Anfangserfolgen im Feuer unserer Abwehrwaffen liegen blieb. Zwischen Gotenhafen und Danzig steigerte der Feind die Wucht seiner Angriffe, ohne gegen den Widerstand der Verteidiger den Zutritt zur Küste erzwingen zu können. Auch am Frischen Haff schlugen unsere tapferen Verteidiger, von schwerem Feindfeuer überschüttet, die besonders beiderseits Heiligenbeil immer wieder anrennenden Bolschewisten blutig zurück.

Weitere Abwehrerfolge errangen unsere Kurlandkämpfer. Obwohl die Bolschewisten ihre Angriffe beiderseits Frauenburg mit dem bisher höchsten Munitionseinsatz von über 130 000 Granaten einleiteten, scheiterten die Durchbruchsversuche.

Verhaltenheit anstelle von Siegesparolen

18

SUPREME HEADQUARTERS, ALLIED EXPEDITIONARY FORCE	ALLIIERTES OBERKOMMANDO (Supreme Headquarters Allied Expeditionary Force)

NOTICE No. 2
(For the Wehrmacht)

1. After the piercing of the West Wall there exists in Germany no further bolt or defence position which would enable the German forces to conduct any military operations against the Allied armies.

2. The war in the West is therefore practically over. Scattered units which no longer receive orders from the German Supreme Command, are to be dissolved by their officers or surrendered to Allied units.

3. Individual German soldiers, stragglers and members of dissolved units are hereby ordered, either to go home or to place themselves at the disposal of the Allied military authorities.

VERORDNUNGSBLATT Nr. 2
(für Wehrmachtsangehörige)

1. Mit der Durchbrechung des Westwalls besteht in Deutschland keine Auffangs- oder Abwehrstellung mehr, die den deutschen Streitkräften irgendwelche militärische Operationen gegen die alliierten Armeen gestattet.

2. Der Krieg im Westen ist daher praktisch zu Ende. Versprengte Einheiten, die vom deutschen Oberkommando keine Befehle mehr erhalten, sind von ihren Offizieren aufzulösen oder an alliierte Einheiten zu übergeben.

3. Einzelne deutsche Soldaten, Versprengte und Mitglieder aufgelöster Verbände werden hiermit beauftragt, sich entweder nach ihrem Heimatort zu begeben oder sich den alliierten Militärbehörden zur Verfügung zu stellen.

Von alliierten Flugzeugen im März 1945 über Deutschland abgeworfenes Flugblatt

um hinhaltend kämpfen zu können. Sie mußten schließlich auch in diesem Frontabschnitt dem weitaus überlegenen Gegner weichen und den Rückzug antreten.

Engländer und Kanadier umgingen Emmerich und stießen auf Millingen, Bienen, Isselburg und Anholt vor. Vor allem die Kanadier konnten einen tiefen Einbruch in die deutsche Front erzielen.

In dieser Märznacht, in den ersten Stunden der alliierten Großoffensive, sah es ganz so aus, als

Generalmajor »Lucky« Laycock, oberster Chef der britischen Kommandotruppen. Links hinter ihm Lieutenant-Colonel Ries, Führer des Commandos 45, das bis zur Elbe zum Einsatz kam

19

Was nicht geht, das geht nicht!

Einen kümmerlichen Bunker in dem längst durchlöcherten Westwall mit einem Karabiner oder einem MG gegen Panzer und schwere Ari zu verteidigen – **das geht nicht**.

Mit überalterten Marnschaften, Krankenbatallionen, infantristisch ungeschulten Truppen den Ansturm der bestgerüsteten Armee der Welt aufzuhalten – **das geht nicht**.

Mit Wunderwaffen, die nicht existieren und nie existieren werden, einen bereits längst verlorenen Krieg weiterzuführen – **das geht nicht**.

Aushalten – bedeutet Tod, denn Hitler hat Befehl gegeben, jede Stellung bis zum letzten Mann zu halten, auch wenn damit nichts anderes erreicht wird als der Tod von Tausenden von Deutschen.

Rückzug – bedeutet Tod, denn alle Rückzugswege liegen unter unserem Artilleriefeuer, und wer uns entgeht, der wird von der ⚡⚡ niedergeknallt, die jeden mit Gewalt in die Frontlinien zurücktreibt.

Einen Toten wiederzuerwecken – das geht nicht.

Darum handelt, handelt sofort, denn ihr habt keine Minute zu verlieren!

Wenn Ihr nach 5 Jahren treuer Pflichterfüllung nicht in den letzten Wochen eines verlorenen Krieges sterben wollt,

Wenn Ihr Euer Leben nicht für die Kriegsverbrecher und Kriegsverlängerer opfern wollt,

Wenn Ihr Frieden wollt – für Euch und für Deutschland,

__dann gibt es nur eines :__

Ehrenvolle Uebergabe!

Alliiertes Flugblatt. Abwurf vor dem Rheinübergang

würde das Unternehmen »Plunder« Erfolg haben. Ob das tatsächlich der Fall war, mußte sich am nächsten Tag zeigen; denn noch war die große Schlacht am deutschen Schicksalsstrom nicht ganz geschlagen. Noch mußten die Alliierten damit rechnen, daß die Deutschen alle verfügbaren Kräfte ins Feuer werfen würden.

Wie es danach auf dem Schlachtfeld aussehen würde, stand noch in den Sternen.

20

In dieser Nacht kam jener Mann nicht zur Ruhe, der sogar am 6. Juni 1944 die Invasion der Alliierten in der Normandie verschlafen und sie nur für ein Täuschungsmanöver gehalten hatte: Hitler.

Kurz nach 02.00 Uhr fand im großen Lagezimmer des unterirdischen Bunkers in Berlin eine Besprechung statt. Noch wußten Hitler und seine obersten Offiziere nicht, was an der Westfront im Gange war. Nach und nach erst trafen Meldungen ein, von denen die letzte immer schlimmer als die vorhergehende war.

Um 03.15 Uhr platzte die Nachricht in den Lagebunker, daß Wesel von alliierten Kräften erobert worden und die Front am Niederrhein an vielen Stellen zusammengebrochen sei.

Hitler saß gerade in einem Sessel in der Ecke des großen Raumes. Er erhob sich und trat an den Kartentisch.

»Welche Verstärkungen können an die Einbruchstelle geschickt werden?« fragte er.

Ein Offizier schaltete eine stärkere Lampe ein und breitete eine Karte der betreffenden Frontabschnitte vor Hitler aus. Er erklärte: »Wir haben an der Niederrheinfront alles eingesetzt. Zur Zeit gibt es keine Reserven, bis auf fünf Jagdpanzer.«

»Waren die nicht für Remagen bestimmt?« fragte Hitler.

Planskizze vom Übergang der 1. Britischen Commando Brigade (»Wasserbüffel«-Brigade) über den Rhein bei Wesel (schwarze Pfeile)

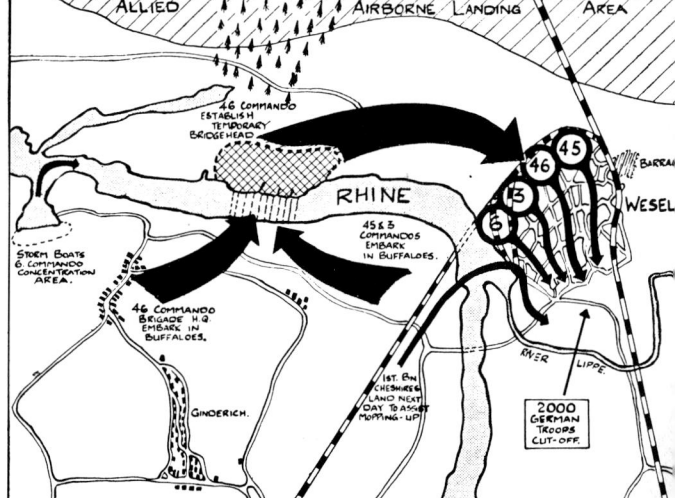

»Jawohl, mein Führer«, erklärte der Offizier. Sein Gesicht blieb unbewegt, als er hinzusetzte: »Aber da kommen sie bereits zu spät.«

Hitler nickte, beugte sich über die Karte und murmelte: »Stimmt.«

Er war ratlos und wußte nicht mehr, was er machen sollte.

Was jetzt kam, war nur noch die Geste eines bereits völlig gebrochenen Mannes. Er sagte: »Wir werden uns die Entscheidung, was am Niederrhein geschehen soll und wohin die Panzer geschickt werden, für morgen vorbehalten. Notieren Sie das.« Kurz darauf verließ er den Besprechungsraum.

Seine führenden Gegner – Eisenhower, Simpson und Anderson – standen dagegen unmittelbar an der Front; zu Beginn der Großoffensive auf einem Förderturm in Lintfort. Später beobachteten sie vom Balkon eines Hauses in Büderich das Vorgehen ihrer Truppen.

Der Morgen graute. Der 24. März 1945 zog herauf.

Ein Tag, der die Entscheidung in der großen Schlacht am Rhein bringen sollte.

40 000 alliierte Soldaten standen bereit, hinter den deutschen Linien aus der Luft zu landen.

So etwas hatte es bis dahin in der Kriegsgeschichte noch nicht gegeben.

07.00 Uhr morgens.

Auf elf Flugplätzen in Ostengland brummten Tausende von Flugzeugmotoren. Die Piloten der an den Startpisten stehenden Maschinen schoben die Gashebel nach vorn. Viermotorige Bomber vom Typ »Stirling« und »Halifax« rollten an und jagten immer schneller über die Startbahnen. Hinter ihnen hoben bereits die an Schleppseilen hängenden Lastenseglerpiloten ab und schwebten in der klaren Morgenluft.

Die Bomber gingen auf Höhe und sammelten sich zuerst über den jeweiligen Flugplätzen.

In schneller Reihenfolge starteten die übrigen Schleppzüge aus den Flugbasen heraus. Innerhalb kurzer Zeit hingen insgesamt 430 Bomber mit den dazu gehörenden Lastenseglern der Royal Air Force und der United States Army Air Force (amerikanischen Luftwaffe) in der Luft.

In elf dicht geschlossenen Verbänden dröhnten die Schleppzüge auf einen gemeinsamen Sammelpunkt zu, der bei Hawkinge in der Grafschaft Kent lag. Dort vereinigten sie sich zu einer gigantischen Luftflotte, die Kurs nach Calais aufnahm und von dort aus in Richtung Brüssel weiterflog.

Kurz nach dem Start der Schleppzüge starteten Hunderte von Jagdflugzeugen in England. Die Piloten brausten hinter der Schleppflotte her. Es dauerte nicht lange, da hatten sie diese erreicht und kurvten von nun an am Verband herum, um ihn vor möglichen deutschen Jägerangriffen zu schützen.

Doch die deutsche Jagdabwehr konnte sich diesem riesigen Verband nicht mehr entgegenwerfen,

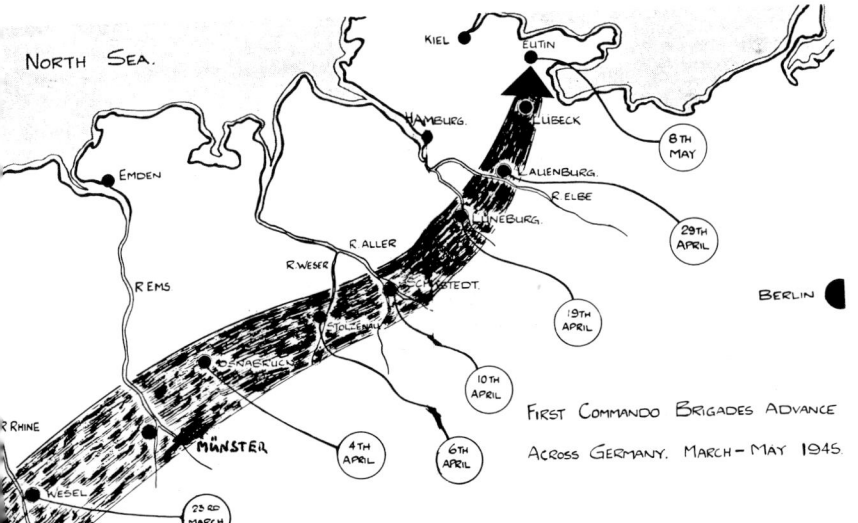

Von Wesel bis Eutin. Marschweg der 1. Britischen Commando Brigade

21

Ein feuerndes britisches Geschütz

Ein Amphibienfahrzeug vom Typ »Wasserbüffel« erreicht das Ostufer des Rheins

Britische Soldaten bereiten den Rheinübergang vor

22

Churchill (rechts) wollte beim Rheinübergang persönlich dabei sein. Hier am Niederrhein

Nachschub rollt auf einer Baileybrücke über den Rhein

Alliierte Pontonbrücke über den Rhein bei Rees

23

da sie längst zerstört am Boden lag oder wegen Kraftstoffmangels nicht mehr starten konnte.

Die noch vorhandene deutsche Flak feuerte zu den einfliegenden Maschinen hinauf, richtete aber vorerst keinen Schaden an.

Doch das war noch nicht alles. Die Alliierten setzten eine weitere Luftarmada ein, die sich mit dem aus England kommenden Verband vereinigen sollte.

Bereits am frühen Morgen heulten die Sirenen, trillerten die Pfeifen und rasselten die Alarmglocken auf zwölf französischen Flugplätzen, die rings um Paris lagen.

Voralarm für die dort stationierten amerikanischen Luftwaffenverbände! Die Männer vom Bodenpersonal eilten zu den Liegeplätzen, um die Maschinen startklar zu machen.

Das fliegende Personal, die Besatzungen der Lastensegler und die Fallschirmspringer begaben sich in die Kantinen, Baracken und Küchenzelte zum Frühstück. An und für sich eine alltägliche Angelegenheit. Doch diesmal empfingen sie zusätzlich ein Steak und als Nachtisch Apfelkuchen. Das war ein Anzeichen dafür, daß etwas Besonderes in der Luft lag.

Wenig später gab es Vollalarm, und die Soldaten wußten, was die Stunde geschlagen hatte. Der lange Zeit vorbereitete Großangriff wurde Wirklichkeit.

Mit Jeeps und Lkw fuhren die Besatzungen und Fallschirmjäger zu den Maschinen.

Um 07.17 Uhr startete der erste Transporter mit den Springern des Fallschirmregiments 507.

Dann ging es Schlag auf Schlag. Minute um Minute starteten Transporter, Bomber und Schleppzüge aus den Flugplätzen heraus. Innerhalb recht kurzer Zeit befanden sich über 900 Transportflugzeuge und Schleppzüge in der Luft.

Jagdflugzeuge stiegen auf und begleiteten die aus Frankreich kommende Luftflotte, die Kurs auf Brüssel nahm.

Südöstlich von Brüssel vereinigte sich die amerikanische Luftflotte mit den schon vorher in England gestarteten Schleppzügen, Jagdflugzeugen und Fallschirmjägertransportern.

Jetzt bestand die Luftstreitmacht aus 1 572 Transportflugzeugen, 1 326 Lastenseglern und 2 142 Begleitmaschinen, die ständig in allen Höhenlagen und Himmelsrichtungen um den Verband kreisten und ihn abschirmten. Das war zugleich die größte alliierte Luftschau des Zweiten Weltkriegs.

Etwa 40 000 Fallschirmspringer und Luftlandesoldaten waren unterwegs, um am Ostufer des Rheins zu landen, in die Schlacht einzugreifen und sie zugunsten der Alliierten zu entscheiden.

Um 09.45 Uhr überflog der Verband den Rhein in einer Höhe von 800 Metern.

Die alliierte Luftarmada näherte sich unaufhaltsam dem Zielraum.

Sechs vorher festgelegte Abschnitte waren für die Landung der Lastensegler vorgesehen, vier davon für die Fallschirmspringer. Neun von diesen Zonen lagen an oder in der Nähe von Wäldern, die den landenden und vorgehenden Truppen Schutz und Deckung geben sollten. Nur ein Landeabschnitt für Fallschirmspringer befand sich westlich eines Waldes.

Das gesamte im Raum Diersfordter Wald–Kamminkeln–Brünen–Lackhausen liegende Landungsgebiet war nur zehn Kilometer lang und etwa fünf Kilometer breit.

Die alliierte Artillerie feuerte auf den Landeabschnitt. Künstlicher Nebel trieb darüber hinweg, der von der ständigen Verneblung des Rheins stammte.

Das deutsche Abwehrfeuer steigerte sich. Granate auf Granate verließ die Rohre der 8,8-cm-Geschütze. Hunderte von Explosionsblitzen zuckten bei den dicht zusammenfliegenden Pulks auf. Geschoßketten fetzten durch die Luft. Da und dort wurde ein Volltreffer erzielt. Feindmaschinen platzten in der Luft auseinander und stürzten brennend

24

Soldaten des Royal Mariners Commando 45 gehen in den Trümmern Wesels vor

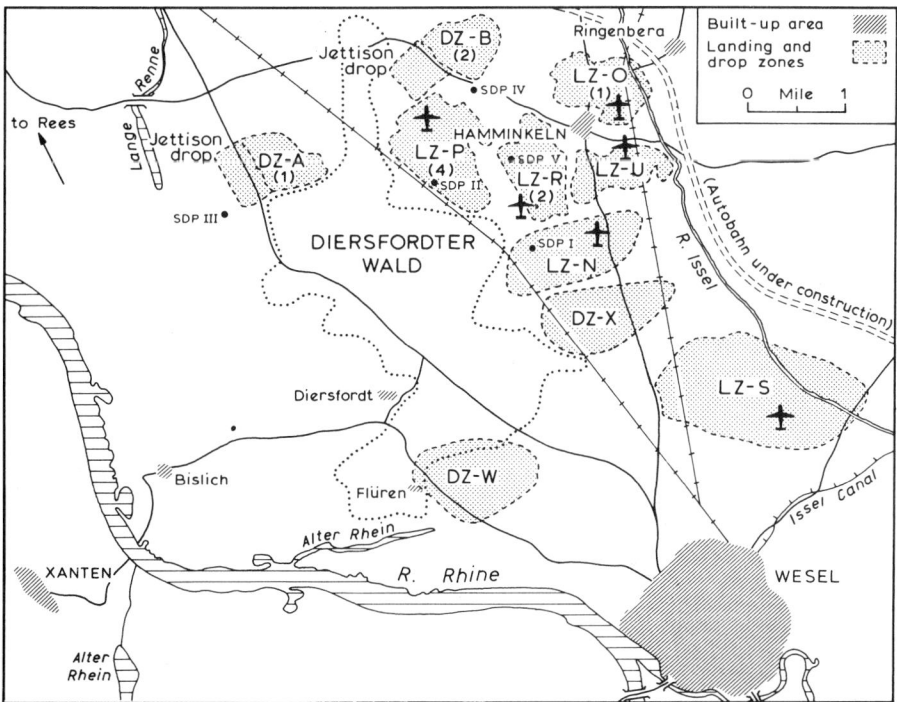

Übersichtsskizze von der großen Luftlandeoperation »Varsity« im Raum Hamminkeln

Ein britischer Lastensegler auf einer Wiese bei Hamminkeln

25

Englische Fallschirmspringer fahren auf einem Schützenpanzerwagen durch
Hamminkeln

Englische Fallschirmspringer bewachen deutsche Zivilisten in Hamminkeln

Auf Fahrrädern in Wesel –
Engländer (28. 3. 1945)

26

DIE LAGE...
am 28. März 1945,

WESTFRONT

Auf dem linken Rheinufer zwischen der SCHWEIZ und HOLLAND befinden sich zur Zeit deutsche Soldaten nur noch in alliierter Kriegsgefangenschaft.

Marschall MONTGOMERYS Brückenkopf bei WESEL ist 35 km breit und stellenweise 20 km tief. Neue Verbände strömen ununterbrochen über zahlreiche neu gebaute Brücken auf das rechte Rheinufer.

Im REMAGENER Brückenkopf haben General HODGES Truppen die deutsche Abwehrfront durchlöchert und sind 36 km weit bis LIMBURG an der LAHN vorgedrungen. Die Stadt selbst ist in alliierten Händen.

General PATTONS Vorstoss über den RHEIN bei OPPENHEIM führte vorgestern zum Fall von DARMSTADT. Die Panzerspitzen der 3. amerikanischen Armee sind bei ASCHAFFENBURG über den MAIN gegangen. Andere amerikanische Einheiten sind in FRANKFURT eingedrungen.

Bisher gerieten an jedem Tage des Monats März mehr als 10.000 deutsche Soldaten an der Westfront in alliierte Kriegsgefangenschaft.

OSTFRONT

In Ostpreussen ist der deutsche Widerstand im Raume des FRISCHEN HAFFS endgültig gebrochen. Die Russen haben bei den Säuberungsaktionen in dieser Gegend in den letzten zwei Tagen 21.000 Kriegsgefangene gemacht.

Südlich OPPELN haben Marschall SCHUKOWS Truppen LEOBSCHUETZ und NEISSE erobert und sind, nach Ueberquerung von Oberschlesien, in die TSCHECHOSLOWAKEI eingedrungen.

Nördlich des PLATTENSEES in UNGARN haben die Russen den wichtigen Verkehrsknotenpunkt PAPA erobert und stehen 65 km von der österreichischen Grenze.

AgG 55

Die Lage am 28. März 1945. Alliiertes Flugblatt

Churchill (vorn) am Ostufer des Rheins

zur Erde. Andere mußten schwer beschädigt abdrehen, um nicht völlig vernichtet zu werden.

Obwohl das deutsche Flak-Feuer einzelne Erfolge erzielte, war es gegenüber diesem gigantischen Aufgebot dennoch zu schwach. Die Masse der alliierten Flugzeuge ließ sich nicht beeindrucken und flog unbeirrt weiter.

Für die britischen und amerikanischen Piloten tauchte plötzlich eine neue Gefahr auf. Der von der eigenen Truppe erzeugte künstliche Nebel wurde immer dichter, versperrte die Sicht, erschwerte das Erkennen der Landeziele und schien Punktlandungen teilweise unmöglich zu machen, weil die Maschinen zu niedrig (etwa 200 Meter hoch) flogen.

Sofortiger Befehl über Funk an alle Schleppflugzeuge und Lastensegler: »Auf 300 Meter Höhe gehen!«

Die in ihren Stellungen liegenden deutschen Sol-

27

Churchill im Jeep am Rheinufer. Die Zigarre war sein weltberühmtes »Markenzeichen«; stehend an der Windschutzscheibe Montgomery

Amerikanisches Flugblatt vom 30. März 1945

28

AN DIE ZIVILBEVÖLKERUNG DES RUHRGEBIETS!

IHR wohnt in dem wichtigsten Kriegsindustriegebiet Deutschlands. Jahrelang haben Eure Hochöfen, Werke und Werkstätten die Waffen für den Eroberungskrieg geschmiedet. Heute aber bewirken diese Betriebe lediglich eine Verzögerung des endgültigen militärischen Zusammenbruchs.

Um eine Verlängerung des bereits verlorenen Krieges zu verhindern, wird daher die gesamte Kriegsindustrie des Ruhrgebiets einem erbarmungslosen Bombardement ausgesetzt werden.

Die Alliierten sind aber entschlossen, nicht das deutsche Volk, sondern nur die deutsche Kriegsmaschine zu vernichten.

Der alliierte Oberbefehlshaber erlässt daher folgende Bekanntmachung:

Diese Bekanntmachung betrifft sämtliche Personen, die im Bereich der folgenden Stadtkreise wohnhaft sind: DUISBURG, MÜHLHEIM, OBERHAUSEN, ESSEN, GELSENKIRCHEN, BOTTROP, GLADBECK, RECKLINGHAUSEN, WATTENSCHEID, WANNE-EICKEL, HERNE, CASTROP-RAUXEL, BOCHUM, WITTEN, DORTMUND, LÜNEN, HAGEN.

Der Bereich dieser Stadtkreise gilt von nun an als Kampfzone. Alle Einwohner der obengenannten Stadtkreise werden hiermit aufgefordert, sich und ihre Familien s o f o r t in eine sichere Gegend a u s s e r h a l b d e s R u h r g e b i e t s zu begeben.

Es wird ausdrücklich darauf hingewiesen, dass in den obengenannten Gegenden des Ruhrgebiets von nun an weder Bunker noch Unterstände Sicherheit gewähren können.

Einwohner des Ruhrgebiets! Euer Leben hängt von der sofortigen Ausführung der obigen Anweisungen ab. Handelt sofort! Heraus aus der Ruhr! Heraus aus dem Krieg!

DWIGHT D. EISENHOWER
General,
Oberbefehlshaber der Alliierten Streitkräfte

S.H.A.E.F. März 1945

Rechts: Gefallene deutsche Volkssturmmänner bei der Kirche von Bocholt. Das Bild entstand am 28. März 1945

Mitte: Bocholt Rathausplatz/Nordstraße am 29. März 1945; britische Soldaten ziehen in die Stadt ein

Unten: Deutsche Kriegsgefangene

Aufruf an deutsche Kampfgruppen. Alliiertes Flugblatt

Ihr seid jetzt abgeschnitten!

Um nutzloses Blutvergiessen zu ersparen, wird Euch dieses Flugblatt zugestellt.

Ihr seid jetzt abgeschnitten. Es gibt keine Front mehr. Alliierte Einheiten stehen bereits weit hinter Euch. Ihr habt tapfer gekämpft, aber von jetzt an ist ein Weiterkämpfen nutzlos. Ihr müsst Euch ergeben oder knapp vor Kriegsende sterben.

Ihr erkennt die Lage. Es gilt jetzt, dementsprechend zu handeln. Jeder muss für sich selbst entscheiden. Es ist keine Zeit zu verlieren.

Die Alliierten wollen Euer Leben schonen und sichern Euch anständige Behandlung zu. Ihr müsst aber klar zu verstehen geben, dass Ihr aus dem Kampf scheidet.

HANDELT SOFORT!

Fahrzeuge der 7. Britischen Panzerdivision in Gemen

Das Wasserwerk der Gemeinde Altenberg (Bergisch-Gladbach) mit weißer Fahne diente den Alliierten zur Flugblattpropaganda

ENTWEDER

ODER

ENTWEDER Ihr leistet unserer Forderung auf bedingslose Übergabe Folge. Dann sind Leben und Heim gerettet.

ODER Ihr leistet Widerstand. Dann werdet Ihr unter den Trümmern Eu-

daten und Fallschirmjäger sahen mit Entsetzen, was am Himmel auf sie zubrauste. So weit die Augen sehen konnten, war die Luft mit Flugzeugen angefüllt. Das unheimliche Dröhnen der Motoren, das immer mehr anschwoll, zerrte an den Nerven und zermürbte die Soldaten.

Alliierte Tiefflieger rasten immer wieder heran und feuerten aus ihren Bordkanonen auf jedes Ziel, das sich ihnen bot. Sogar einzelne Soldaten nahmen sie unter Beschuß.

Ein Regimentskommandeur der deutschen 7. Fallschirmjägerdivision sprang an den Feldfernsprecher, drehte an der schwarzen Kurbel und wartete, daß sich der Divisionsgefechtsstand meldet. Kurz darauf bekam er Verbindung.

»Wo bleiben unsere verdammten Jäger?« rief er ins Telefon.

Die Antwort lautete: »Alle Jäger im Einsatz!«

»Ich sehe hier aber keinen einzigen«, erwiderte der Kommandeur aufgeregt und wütend zugleich.

»Wir auch nicht«, gab man ihm Bescheid.

Der Kommandeur warf den Hörer auf den Apparat und eilte aus dem Bunker in den Graben, wo er wie alle übrigen zum Himmel hinaufblickte.

Die Infanteristen des 194. US-Lastenseglerregiments (sie nannten sich wegen ihrer kahlgeschorenen Köpfe »Apachen«) hockten in ihren Maschinen und warteten auf das Ausklinken. Sie hatten den Befehl, die Brücken über den Issel-Kanal möglichst unbeschädigt zu erobern.

Die Schleppzüge näherten sich der vorgeschriebenen Landezone.

Letzte Verständigung zwischen den Piloten; letzte Höhen- und Kurskorrekturen.

Ausklinken!

Schon beim Anflug war der Pulk in heftiges deutsches Abwehrfeuer geraten, das nun anschwoll. Pausenlos ratterten Maschinengewehre und Maschinenpistolen. Einzelne Gewehrschüsse fielen. Die Flak holte ein paar Segler vom Himmel, die brennend auf die Erde stürzten, auseinanderflogen und ausbrannten.

Die übrigen Piloten stellten ihre Maschinen sozusagen ganz auf den Kopf, um sie schneller herunterzubringen.

Die ersten Segler krachten in ein Gehölz westlich der Brücken, wurden aufgespießt, zerfetzt und auseinandergerissen. Soldaten fielen schreiend heraus. Es gab viele Verwundete und Tote. Die noch kampffähigen Männer gingen in Deckung, um sich vorerst im Gelände zu orientieren.

Das geradezu mörderische Feuer der Deutschen schlug auch weiterhin den immer noch herankommenden und zur Landung ansetzenden Lastenseglern entgegen. Deshalb setzten sie einfach dort auf, wo eine Möglichkeit vorhanden war. Andere krachten in sie hinein. Fetzen und Trümmer wirbelten durch die Luft.

Ebenfalls im steilen Sturzflug kamen Maschinen mit Munition und Geschützen an Bord herunter. Einige Piloten fingen zu spät ab, so daß die Segler in den Boden krachten. Andere rammten Bäume, Weiden, Weidezäune und rutschten mit hoher Geschwindigkeit in das Gehölz.

Der bei Wesel befindliche Angehörige des Royal Marine Commando 45 berichtete über das Unternehmen »Varsity« folgendes: »*Um genau 11.00 Uhr morgens erschienen die Luftlandetruppen. Der sonnige Himmel dröhnte von Hunderten von Flugzeugen, die wir zuerst nicht sehen konnten. Dann aber erkannten wir die riesigen Pulks von Liberators und Dakotas etwa zwei Kilometer östlich von Wesel. Sie flogen von Norden her in geordneter Formation an.*

Es war für uns ein wundervoller Anblick. Die deutsche Flak feuerte Sperrfeuer. Trotzdem aber wichen die Flugzeuge nicht von ihrem Kurs im geringsten ab. Immer wieder tauchten neue auf, bis sie genau über dem Ziel waren. Die Lastensegler kurvten ruhig ein, um ihre Landungszonen zu finden. Mitten in dem Gewirr der Flaksprengwolken

sahen wir Tausende von weißen Tupfern, die am Himmel hin und her schaukelten und herabsanken. Jeder Tupfen war ein Mann, von unserem Standort aus gesehen nicht größer als ein Fingerhut.

Das waren die Männer, auf die wir warteten; die Soldaten der britischen 6. Luftlandedivision und des amerikanischen 18. Luftlandekorps. Wir waren glücklich, sie zu sehen. Unter ihnen waren viele, die wir an der Orne (Fluß) in der Normandie ein paar Monate vorher getroffen hatten.

Ja, es war herrlich, diese Männer der 6. Luftlandedivision wiederzusehen.«

Um 13.04 Uhr landete der letzte alliierte Fallschirmspringer. Damit hatte das Absetzen der Luftlandetruppen samt Waffen, Gerät, Munition und Nachschub drei Stunden und zehn Minuten gedauert. Trotz aller Schwierigkeiten, Zwischenfälle und Verluste war es ein Meisterstück an Planung, Organisation und Durchführung gewesen.

Die amerikanischen Fallschirmspringer stellten Kontakt mit den bei Wesel vorgestoßenen britischen Kommandotruppen her. Außerdem kam es zu gemeinsamen Kampfhandlungen zwischen Teilen des Landheeres und britischen Fallschirmspringern.

Trotz des ungeheuren Trommelfeuers, der Bombardierungen und ständiger Tieffliegerangriffe war die deutsche Abwehrkraft noch nicht völlig gebrochen. Vor allem die britische 51. Division bekam dies später, als sie auf das völlig zerstörte Rees vorging, zu spüren.

Deutsche Fallschirmjäger lagen in den Ruinen, schossen britische Panzer mit Panzerfäusten ab und verwickelten die Angreifer in erbitterte Nahkämpfe.

Die Engländer erlitten schwere Verluste. Ihr Divisionskommandeur fiel im Kampf. Flammpanzer rollten heran und gingen mit ihren Flammenwerfern gegen die deutschen Stellungen vor. Kampfpanzer griffen ebenfalls in das Gefecht ein.

Vor dieser zusammengefaßten Übermacht mußten die Deutschen schließlich weichen, da sie außerdem unter Munitionsmangel litten. Es war auch in diesem Abschnitt nur ein letztes Aufbäumen gewesen, das wie überall schnell erlosch.

Die Engländer eroberten Rees, drangen weiter nach Osten vor und standen bereits gegen Mittag des 24. März 1945 am Rand des Münsterlandes.

Zur Mittagszeit ereignete sich ein Vorfall, der ebenfalls in die Geschichte des Krieges einging.

Der britische Premierminister Churchill ließ sich in einem Amphibienfahrzeug über den Rhein setzen, um von der zerstörten Rheinbrücke bei Wesel den weiteren Verlauf der Schlacht zu beobachten. Seine Generale hatten ihm dringend von solcheinem Schritt abgeraten, da die Schlacht noch im Gange war und Churchill Gefahr lief, verwundet oder sogar getötet zu werden. Doch er ließ sich davon nicht beeindrucken und entgegnete: »Der beste Tod ist, kämpfend abzutreten, wenn es in einem kocht und man nichts fühlt.«

Feldmarschall Montgomery, der zusammen mit Churchill über den Strom fuhr, erklärte dazu: »Er drängte so lange, bis ich ihn schließlich mitgenommen habe. Schließlich war ich froh, daß er nicht auf seinem ursprünglichen Plan bestand, vorn in einem Sturmpanzer mitzufahren.«

Aber Montgomery täuschte sich. Kurz darauf geschah nämlich folgendes: Bevor es Montgomery verhindern konnte, kletterte Churchill auf einen britischen Panzer und rollte damit weiter zur Front. Er wollte »persönlich dabeisein, wenn unsere Jungens in Westfalen einzogen«.

In seinen Memoiren berichtete er später über diese Augenblicke: »Für mich waren diese Stunden am Niederrhein die schönsten meines Lebens. Jetzt wußte ich, daß nichts mehr schiefgehen konnte.«

Trotzdem aber ging noch einiges schief...

Das deutsche Provisorium einer Hauptkampflinie war zwar vielfach durchstoßen und auseinandergerissen worden, so daß keine zusammenhängende Abwehrlinie mehr bestand.

Aber der Widerstand war nicht völlig gebrochen. Größere und kleinere Kampfgruppen kämpften zäh und verbissen gegen die zehnfach überlegenen Alliierten.

Im Abschnitt Hamminkeln-Dingden standen die deutschen Kanoniere noch immer an den Geschützen und feuerten auf die Engländer.

Diese verdammten Geschütze müssen unter allen Umständen zum Schweigen gebracht werden! hieß es bei den Engländern. Artillerie ging in Stellung.

Ein Artillerieduell begann, das sich immer mehr steigerte und schließlich mit dem Untergang der Deutschen endete.

Bei dem Ort Loikum rollten britische gepanzerte Spähwagen gegen den Isseldamm vor. Infanteristen gingen geduckt hinter den Kettenfahrzeugen her. Panzer walzten bei den Sturmtruppen mit. Kurze Zeit sah es so aus, als ob der Angriff gelingen würde; denn auf deutscher Seite rührte sich vorerst nichts.

Doch dieser Eindruck täuschte!

Die am Damm liegenden 600 Fallschirmjäger und Soldaten der Waffen-SS ließen die Engländer so nahe herankommen, bis sie im Wirkungsbereich ihrer Panzerfäuste und Handgranaten standen.

Dann brach eine Katastrophe über die Angreifer herein.

In den Erdlöchern und Gräben der Verteidiger zuckten die Abschußblitze von zahlreichen Panzerfäusten auf. Panzer und Spähwagen flogen auseinander.

Die englischen Infanteristen suchten in Granat- und Bombentrichtern Deckung. Der Angriff kam zum Stehen.

Diesen Augenblick der Verwirrung nutzten die Deutschen aus und traten zum Gegenangriff an.

Maschinengewehre und Maschinenpistolen ratterten. Handgranaten flogen durch die Luft. Die Deutschen trieben die Gegner vor sich her und

32

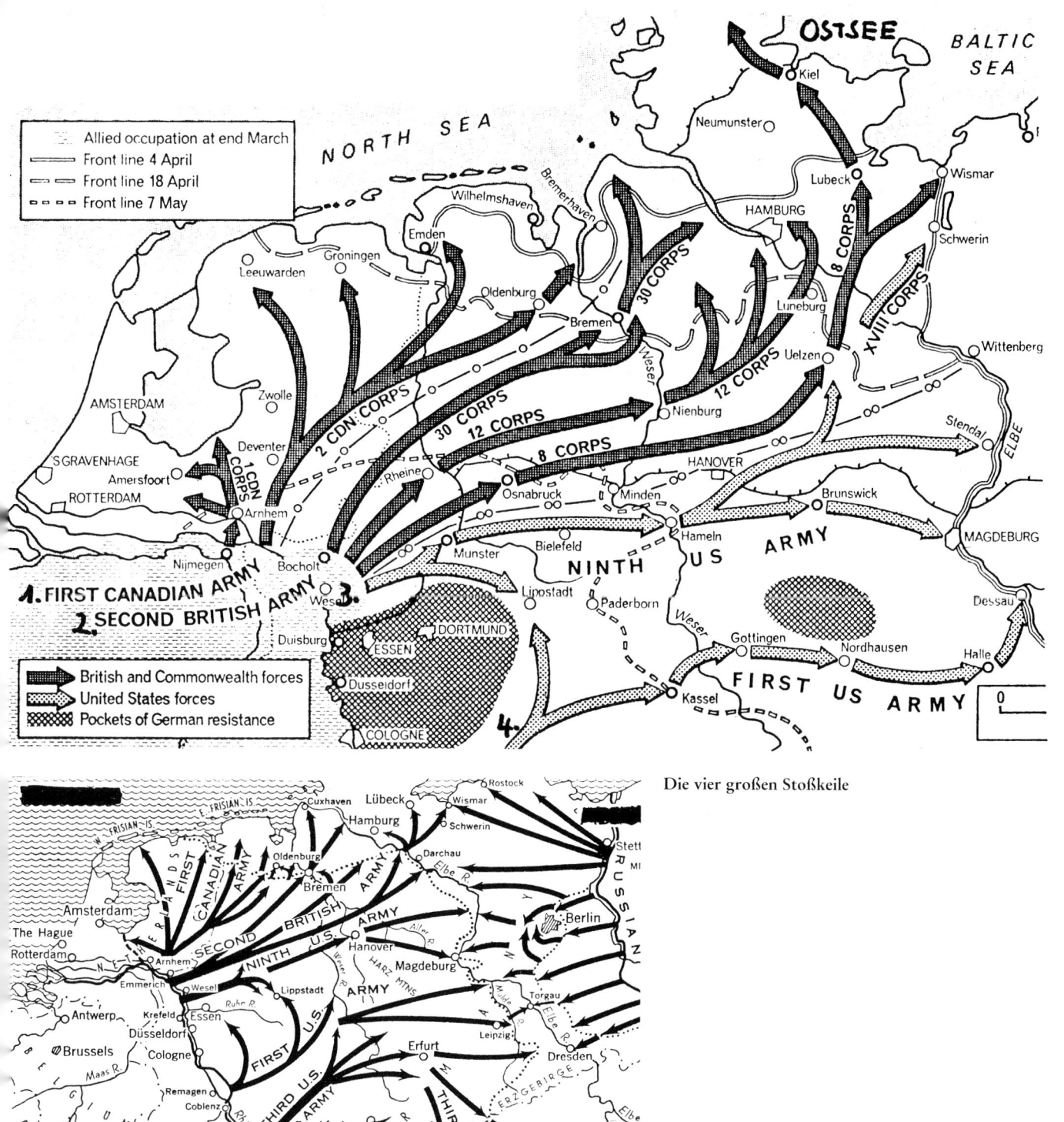

Die vier großen Stoßkeile

Übersicht über alle alliierten Einheiten und ihre
Bewegungen vom 23. März bis 8. Mai 1945

33

schlugen sie über die Issel bis südlich von Loikum zurück.

Dort gingen die Fallschirmjäger in Stellung und gruben sich im Abschnitt Hurnhorster Busch ein.

Die Engländer griffen wieder einmal zu einem bewährten Kampfmittel. Zahllose Artilleriegeschütze richteten ihre Rohre zum zusammengefaßten Feuer auf den Abschnitt ein, in dem die Fallschirmjäger lagen. Das geschah in der Nacht zum Sonntag (25. März 1945).

Am nächsten Tag um 10.00 Uhr eröffneten die Engländer das Feuer. Drei Stunden lang deckten sie die Deutschen ein.

Die Fallschirmjäger lagen in einer tosenden Hölle, der sie nicht mehr entrinnen konnten.

Gegen 13.00 Uhr schwiegen die Geschütze.

Eine lastende Stille breitete sich über dem völlig zertrümmerten Hurnhorster Busch aus.

Wieder gingen die Engländer vor. Von der Gegenseite fiel kein einziger Schuß mehr; denn die Kampfgruppe war vernichtet.

In Granattrichtern, zusammengeschossenen Erdlöchern und Gräben lagen 400 tote Fallschirmjäger, die später geborgen und beerdigt wurden.

Zu einem weiteren erbitterten Gefecht kam es an einem anderen Frontabschnitt, an dem ebenfalls deutsche Fallschirmjäger lagen. Dort waren die Kanadier in den Ort Bienen eingedrungen.

Die Deutschen traten zum Angriff an und warfen sie wieder hinaus.

Doch die Kanadier waren ebenfalls harte und zähe Kämpfer. Sie traten an und warfen die Fallschirmjäger wieder zurück.

Auf diese Art wechselte Bienen dreimal seinen Besitzer, bis es den Deutschen schließlich gelang, die Kanadier bis an den Rhein bei Grietherbusch zurückzujagen. Dort versteifte sich der Widerstand der Kanadier wieder. Sie griffen vom 24. bis zum 27. März 1945 die Fallschirmjäger dreimal an, die ebensooft die Stellungen halten konnten.

Am dritten Kampftag mußten sie jedoch der feindlichen Übermacht weichen und zurückgehen.

Nach der Eroberung von Bienen setzten die kampfkräftigen Divisionen der 1. Kanadischen Armee über Praest und Vrasselt den Vormarsch auf Emmerich fort. Sie eroberten die Stadt am 30. März 1945. Kurz darauf nahmen sie den an der Grenze befindlichen Ort Elten. Damit war der Raum Niederrhein von Emmerich bis Dinslaken in den Händen der Alliierten.

Zum Ausklang dieser Schlacht am Niederrhein schreibt der Historiker Herbert Bernhard:

»Hier auf dem schweren, schicksalhaften Boden mußte der deutsche Landser einen sinnlos gewordenen Kampf bis zuletzt ausfechten und den bitteren Becher restlosen Zusammenbruchs auf dem Trümmerfeld der Häuser und der eigenen Ideale bis zur Neige leeren.

Unser Niederrhein war die traurige Bühne, auf der sich die Tragödie des deutschen Soldaten abspielte: Er, der so tapfer an allen Fronten gekämpft hatte, mußte unter deprimierenden Bedingungen den Gang in die Gefangenschaft antreten. Und während der Stacheldraht für die nächsten Monate und Jahre seine karge Welt begrenzte, mußte er einsehen, wie sehr ihn die eigene Führung vergessen, verkauft und verraten hatte.

Ist der Krieg an sich schon ein Wahnsinn, so war es hier noch einmal im Besonderen sinnlos, auch nur eine Minute lang auf deutschem Boden gegen eine so erdrückende Übermacht zu kämpfen.

Das ›Dennoch‹ aus der Berliner Reichskanzlei hat unser Niederrhein blutig bezahlen müssen: Trümmer, Tote, brennende Bauernhöfe, leidzerfurchtes Land.«

Was der Niederrhein in diesem Augenblick hinter sich hatte, stand aber weiten Teilen Deutschlands noch bevor; denn der Krieg tobte weiter.

Nach dem Rheinübergang und der Luftlandeoperation »Varsity« bildeten die Engländer und Amerikaner auf dem rechten Rheinufer einen großen Brükkenkopf, der sich von Bottrop über Dorsten und Bocholt bis in die Nähe von Emmerich erstreckte.

Das war die Grundlage für alle weiteren alliierten Operationen, mit denen Deutschland im Westen endgültig besiegt werden sollte.

Zur Erreichung dieses Zieles waren vier große Stoßkeile vorgesehen, die verschiedene Kampfaufgaben hatten. Es waren:

1. Die 1. Kanadische Armee unter General Crerar. Ihre Aufgabe: Vorstoß in den Raum zwischen Weser und Ems bis zur Nordseeküste und Nordholland ostwärts des Ijssel-Meeres; außerdem Einschließung der deutschen 25. Armee in Westholland.

2. Die 2. Britische Armee, Oberbefehlshaber Generalleutnant Sir Miles Dempsey. Sie bestand aus dem 2. Kanadischen Korps, 8. Korps, 12. Korps, 18. US-Airborne-(Luftlande-)Korps und dem 30. Korps. Ihre Kampfaufgabe: Vorstoß von Teilkräften an die Ems, Weser, Aller und Elbe. Vormarsch von anderen Teilen über Rheine, Soltau, durch die Lüneburger Heide nach Harburg. Breiter Vormarsch des 8. und 12. Korps in das Münsterland. Ihr nördlichstes Korps sollte gegen Lingen und Bremen vorstoßen.

3. Die 9. US-Armee, Oberbefehlshaber Generalleutnant W.H. Simpson. Sie bestand aus: 12. Korps, 16. Korps und dem 19. Korps. Kampfaufgabe: Vorstoß des 19. Korps entlang der Lippe nach Osten bis Lippstadt; dort Verbindung mit der 1. US-Armee

herstellen. Weitere Operationen werden noch geschildert.

Die drei eben genannten Armeen bildeten die 21. Britische Armeegruppe (vergleichbar mit einer deutschen Heeresgruppe), die unter dem Oberbefehl von Feldmarschall Montgomery stand.

4. Die 1. US-Armee unter Generalleutnant Hodges. Aufgabe: Vorstoß aus dem Brückenkopf bei Remagen bis nach Lippstadt; Kontaktaufnahme mit der 9. US-Armee. Weitermarsch in den Raum Kassel, zur Saale und unteren Mulde.

So sahen, kurz geschildert, die großen Angriffssäulen aus.

Feldmarschall Montgomery verfolgte das große strategische Ziel, mit seinen Truppen so schnell wie möglich an die Ostsee vorzustoßen.

Warum?

Er wollte verhindern, daß die von Osten herankommende sowjetische Rote Armee Schleswig-Holstein, Dänemark und die Zugänge zur Ostsee besetzte und sie in ihre Interessensphäre einbringen würde.

Das war die Grundlage des Wettrennens zwischen den Truppen des hageren Feldmarschalls und der Roten Armee.

Zwischen Montgomery und seinen Truppen lag Nordwestdeutschland.

Um ihr Ziel zu erreichen, mußten sie darüber hinwegstürmen.

Sie taten es.

35

2. Der Sturm durchs Münsterland

Kein Heldentum zum Ladenschluß – Dülmen leer wie Pompeji – Wunderwaffe Bulldozer – Schwerpunkte – 30 000 in einem Dorf – Coesfeld ein Trümmerhaufen – Lage am 30. März 1945 – »Die Hölle ist hier los« – Feuerüberfall bei Appelhülsen – Beim Artillerieduell nach Münster – Der Stoß nach Norden – Coventry nichts gegen Dülmen, Stadtlohn und Ahaus – »Wüstenratten« für Rheine – Abiturienten gegen Stahlkolosse – Panzerfäuste am Aasee – Die Engländer – Einer für eine Stadt – Nationales Blut in den Knochen – Die Warendorfer flüchten – Panzerspitzen am Schützenhof – Beckum strategisch wichtig – Hängekommando requiriert – Die erste offene Stadt – Schwere Panzerkämpfe um Beckum? – 2000 Panzer, Kanonen und Spähwagen – Siebenmal »Nein« – Artillerieschlacht – Kanal-Front – Flammenwerfer – Keine Front mehr.

Am 28. März 1945 brach Montgomerys 21. Armeegruppe aus dem großen Brückenkopf auf der rechten Rheinseite zum Sturm los.

Die kanadische 1. Armee war direkt nach dem Rheinübergang nach Norden vorgestoßen, um die deutschen militärischen Kräfte in Holland abzuschneiden und später wieder in die Kämpfe im deutschen Nordwestraum einzugreifen, worüber noch berichtet wird.

Das 8. und 12. Korps der britischen 2. Armee dagegen stieß in breiter Front vorerst in das Land vor, von dem Montgomery gesagt hatte: »Es ist flach und ohne natürliche Hindernisse.« Er meinte das Münsterland.

Die amerikanische 9. Armee ging gleichzeitig mit den Engländern vor. Ihr Angriffsstreifen war auf der linken Flanke durch die Linie Wesel–Raesfeld–Coesfeld–Nottuln–Münster begrenzt, auf der rechten Seite durch die Linie Dinslaken–Kirchhellen–Dorsten–Haltern–Hamm.

Der gesamte Vormarsch erfolgte mit äußerster Vorsicht; denn Heldentum zum Ladenschluß war bei den Alliierten nicht mehr gefragt.

Bei der großen Anzahl von alliierten Einheiten, infolge von taktischen örtlichen Führungsentschlüssen, blieb es nicht aus, daß sich die alliierten Aktionen vermischten, überschnitten oder anders gestalteten, als es ursprünglich geplant war.

Aufgrund dieser Tatsache stießen die Voraustruppen der 6. Guards-Panzer-Brigade (Kommandeur: Brigadegeneral Greenacre) und Teile der polnischen 1. Panzerdivision am 29. März 1945 überraschend auf eine Stadt vor, die es an und für sich gar nicht mehr gab – Dülmen.

In den Planungen der alliierten Führung spielte Dülmen eine besondere Rolle. Der rechte Flügel der amerikanischen 9. Armee sollte zuerst in nordöstlicher Richtung bis nach Dülmen vorstoßen und dort eine Schwenkung nach Osten machen. Damit war Dülmen so etwas wie eine Drehscheibe für die Amerikaner. Um diese Aktion durchführen zu können, mußte der Widerstand in der Stadt so weit wie eben möglich gebrochen und vernichtet werden.

Das geschah durch Bombenangriffe.

»Strahlende Frühlingssonne über Dülmen am 21. März 1945. Um 09.00 Uhr fallen die ersten Bombenteppiche«, berichtete ein Augenzeuge, »aber der Schaden hält sich noch in Grenzen. Das Grauen beginnt erst um 11.00 Uhr. An der St.-Viktor-Kirche wird das Seitenschiff zerschlagen. Die Kreuzkirche ist mitten durchgeteilt. Schückings Mühle ist zertrümmert. Unter ihr liegen im Keller, vom rieselnden Getreide erstickt, die geflüchteten Menschen. Überall zerbombte Häuser, überall erstickender Staub und Qualm, überall die Schreie der eingeschlossenen Menschen aus verschütteten Kellern. Und immer neue Anflüge und immer neuer Bombenhagel. Nachmittags um 15.00 Uhr erfolgt ein neuer Angriff, diesmal mit Brandbomben.

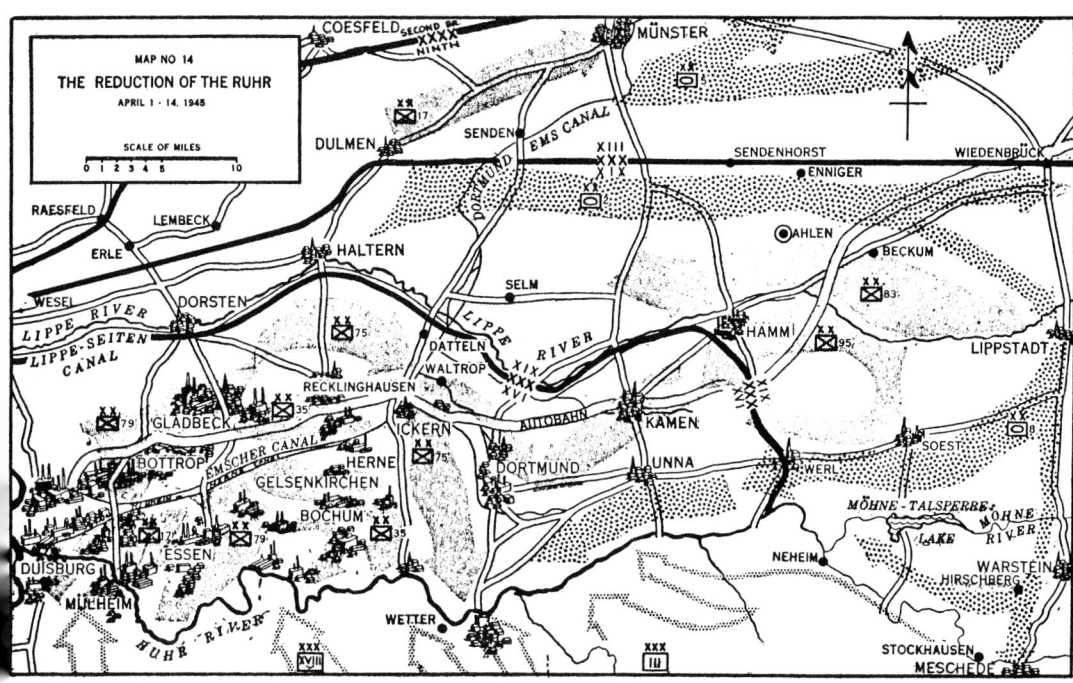

Die Vormarschwege der 9. US-Armee vom 1. bis 14. April 1945

Der 22. März zeigt das Bild wie am Vortage. Nachmittags um zwei Uhr sind gleich auf einmal an die 100 Bomber auf Dülmen angesetzt. Feuer regnet vom Himmel. Es ist, als habe die Hölle ihre Tore geöffnet. Die Stadt ist ein Meer von Rauch und Flammen; bis Samstag brennt sie völlig aus.«

Die Stadt wurde wie keine andere im Westen von den alliierten Bombern zerschlagen. Damit war das Ziel erreicht: Dülmen konnte kampflos besetzt werden.

»In England haben wir niemals eine Stadt gesehen«, berichtete ein englischer Kriegsreporter, *»die ausgelöscht, vollständig zertrümmert und aufgegeben wurde. Ein Ort – so leer wie Pompeji, der wie eine Müllkippe stank, und in dem das einzige Geräusch das Tropfen des Wassers von den Ruinen war.«*

92 Prozent der Innenstadt waren durch den Abwurf von Phosphor-, Spreng- und Brandbomben total vernichtet; etwa 200 Menschen, darunter 163 Dülmener, kamen ums Leben.

Dieses Flugblatt wurde über bereits besetzten Gebieten abgeworfen

37

Sofort machten sich amerikanische Bulldozer ans Werk, um für den weiteren Vormarsch der 9. US-Armee einen Weg zu bahnen.

Diese Spezialfahrzeuge zählten zu den »Wunderwaffen« der Alliierten, die zum Erfolg ihres Vormarsches beitrugen. Die Räumer bestanden im wesentlichen aus einer horizontalen Stahlschneide, die durch einen Motor angetrieben wurde und sich auf Raupen bewegte. Die Bulldozer konnten sich einwühlen und voranbewegen. Sie bahnten sich Wege durch Trümmerhaufen und legten Fahrwege in Straßen frei, die von eingestürzten Häusern verschüttet waren. Sie fegten zusammengeschossene Fahrzeuge von den Straßen und ebneten Gelände zur Anlage von Flugplätzen.

In Dülmen schufen sie quer durch Trümmer und Ruinen eine Straße, über die die alliierten Truppen weiterzogen.

Außer Dülmen sanken am 21. und 22. März noch Bocholt, Borken, Dorsten, Stadtlohn, Ahaus, Coesfeld und Münster in Trümmer und Asche.

Nach der Besetzung Dülmens versteifte sich der deutsche Widerstand Ende März vor Buldern und Appelhülsen. Darum war im deutschen Wehrmachtsbericht dreimal von Kämpfen im Raum um Dülmen die Rede.

Inzwischen waren Teile der britischen 6. Luftlandedivision auf Raesfeld vorgegangen und feuerten von dort auf Borken. Beim Vorstoß auf die Stadt gerieten die Voraustruppen bei Grütlohn in heftiges deutsches Abwehrfeuer. Die Engländer trommelten zwei Stunden lang auf die von Hitlerjungen und Resten deutscher Wehrmacht verteidigten Stellungen, um sie dann zu überrollen.

In Bocholt drangen die Engländer am 28. März gegen 23.20 Uhr ein. Erst am nächsten Tag zogen sich die letzten deutschen Soldaten vom Fallschirmjägerregiment 21 nach Norden zurück. Viele von ihnen wurden aber noch von den zwischen Rhede und Bocholt in nördlicher Richtung vorgehenden Engländern gefangengenommen.

Nach dem Fall von Bocholt gab es im westlichen Münsterland keinen schlagkräftigen deutschen Stützpunkt mehr.

Währenddessen waren die Panzer der 17. US-Luftlandedivision (Kommandeur: Generalmajor Miley) schon tief in das Münsterland vorgedrungen und erreichten am 29. März (Donnerstag) bei Senden den Dortmund-Ems-Kanal. Kurz vorher aber flog die Kanalbrücke noch in die Luft. Die Amerikaner überschritten den leergelaufenen Kanal und nahmen das Sprengkommando gefangen.

Am Abend des 28. März erschienen im ebenfalls stark bombardierten Borken die ersten englischen Panzer. Sie zogen sich dann aber wieder zurück und warteten den nächsten Tag ab.

Als die englischen Panzer vor Borken standen, feuerte englische Artillerie auf das Dorf Heiden. Am Morgen des Gründonnerstag drangen dann britische Panzer in Heiden, Groß-Reken und Borken ein, ohne noch auf Widerstand zu stoßen.

In einem britischen Gefechtsbericht heißt es dazu: »*In Borken erhielten wir von einer Stellung aus Maschinengewehrfeuer; später stellte sich heraus, daß diese am Judenfriedhof lag. Ursache wurde beseitigt. Unsere Artillerie nahm Ziele in Weseke und Öding unter Feuer, wo zum Teil noch gekämpft wurde.*«

Zwischen Borken und Ramsdorf stellte ein junger, mit dem Ritterkreuz ausgezeichneter Hauptmann mit Volkssturmmännern noch eine dünne Verteidigungslinie auf. Die Brücken und Straßen sollten vermint werden; doch die Bevölkerung lehnte sich dagegen auf.

Der Hauptmann drohte damit, jeden erschießen zu lassen, der seine Befehle nicht ausführte. Er ließ sich aber schließlich davon überzeugen, daß am Lünsberg und im Sternbusch eine bessere Verteidigungsstellung vorhanden sei und zog sich mit seinen Soldaten nach dort zurück.

Deutsche Flak ging nochmals am Wulfkamp und bei der Schule Holthausen in Stellung und feuerte

Feldmarschall Montgomery (rechts) und General Foster, Kommandeur der 4. Kanadischen Division

Am Morgen des Gründonnerstag 1945 rückten die Engländer in Borken ein

Am 19. März 1945 ging Dülmen im Bombenhagel unter. Das Bild zeigt die zerstörte Münsterstraße, Herzogliche Rentei, Lüdinghauser Türme

auf Borken, das die Engländer gerade durchkämmten.

Borken wurde nach der Einnahme zu einer Art von Drehscheibe für die britischen Sturmtruppen. Von dort aus stießen Einheiten nach Südosten und Osten vor; ferner nach Norden in Richtung Burlo. Das Dorf war vollgestopft mit 30 000 Einwohnern, Flüchtlingen und Evakuierten; das waren mehr Menschen als zu diesem Zeitpunkt in Münster hausten. Die Engländer glaubten deshalb, die »größte Stadt« im Münsterland erobert zu haben.

Einer Fahne des Roten Kreuzes hatte es Gemen und seine Bevölkerung zu verdanken, daß es bei der Einnahme des Ortes durch britische Fallschirmjäger nicht zu größeren Kampfhandlungen kam.

Die Bevölkerung mußte anfangs auf Anordnung der Engländer in den Kellern bleiben; die Bauern wurden in ihren Höfen eingesperrt. Es trat zwar Nahrungsmangel auf, aber zu schlimmeren Ereignissen kam es nicht.

Nach Verhandlungen mit dem britischen Ortskommandanten, dessen Hauptquartier sich im evangelischen Gemeindehaus befand, erreichten die Gemener schließlich eine einigermaßen zufriedenstellende Lösung in der Versorgungsfrage.

Dabei erklärte der britische Kommandant auch Näheres über die Einnahme des Ortes: »Wir sahen schon von weitem auf der Wasserburg eine Rote-Kreuz-Fahne. Deshalb haben wir an unsere Solda-

St. Viktor-Kirche, nur noch ein Trümmerhaufen

ten die Anweisung herausgegeben, den Ort möglichst ohne große Schießerei zu nehmen.«

Maschinengewehrfeuer schlug dagegen aber den Engländern vor Ramsdorf von der deutschen Kampfgruppe am Lünsberg entgegen. Die britischen Panzer schwärmten aus und gingen in Schießhalt. Die Kanonen knallten. Granaten zischten zu den deutschen Stellungen hinüber. Rückwärtige Artillerie mischte bei dem Beschuß mit. Eine halbe Stunde später war das Widerstandsnest zusammengeschossen worden.

Das Ergebnis der wahnwitzigen Tat: Ein paar deutsche Soldaten konnten flüchten; alle übrigen lagen tot an der Borkener Straße, unter ihnen auch vier Einwohner von Ramsdorf.

Wie bereits kurz angedeutet, kam es auch in Coesfeld am 21. März 1945 zu einer Katastrophe.

»Das große Unglück bricht herein«, heißt es in einem authentischen Bericht. »Es ist Mittwoch, der

Der verwüstete Marktplatz und das zerstörte Rathaus

Britische Luftaufnahme der
zerstörten Stadt Dülmen

Dülmen am 29. März 1945:
Britische Voraustruppen mit
Panzern auf dem Gelände
des Herzogs Croy

Die alliierte »Wunderwaffe«
Bulldozer räumte in der
Marktstraße auf

41

21. März 09.00 Uhr morgens. Wir kennen von vielen Angriffen her jene Unheil bringenden Vögel. Jetzt kommen sie wieder heran, in Wellen von 12 bis 18 Bombenflugzeugen. Ein Sausen in der Luft, ein einziger Donnerschlag, Staub, Feuer, Rauch und entsetzliche Schreie.

Die Südseite des Lamberti-Kirchplatzes und des Marktplatzes sind ein Trümmerfeld.

Schon fliegen neue Bombengeschwader an. Ein Beben der Erde kündet von ihren Abwürfen. Das Grauen wächst auf der Letter Straße. Die Jakobikirche liegt in Trümmern, der gestürzte Turm behindert jedes Weiterkommen. Also durch die Ritterstraße zum Vincenzhospital. Auf halbem Wege erfolgt ein neuer Bombenregen. Er trifft das Krankenhaus und vernichtet die Münsterstraße.

Es ist 10.00 Uhr. Jetzt regnet es Stabbrandbomben. Ringsum brennen die Trümmer. Es ist, als ob selbst die Steine Feuer gefangen hätten.

Bis zum Abend des 23. März folgt ein Anflug dem anderen. Am schlimmsten ist es an diesem Tage um 14.30 Uhr als etwa 350 schwere und schwerste Bomber eine Stunde lang ihre erbarmungslose Last auf Coesfeld abschütten.

Die Jesuitenkirche und das ehemalige Jesuitenkolleg sind ausgebrannt, das Rathaus hat einen Volltreffer erhalten, das Walkenbrückentor ist in zwei Teile gespalten, alle Industrieanlagen, alle gewerblichen und kaufmännischen Einrichtungen der Innenstadt und der näheren Umgebung sind zerstört.«

Man hörte von Absichten, den riesigen Trümmerhaufen auch noch zu verteidigen. Dazu kam es schließlich doch nicht mehr.

Am Morgen des Gründonnerstag tauchten in Höhe des Weißen Kreuzes englische Panzer auf. Die Besetzung der Stadt erfolgte ohne Widerstand.

Am Nachmittag des nächsten Tages fuhr Feldmarschall Montgomery in das zerstörte Coesfeld ein. In seinen Memoiren schrieb er später darüber: »*Ich sah die ausgehöhlten Ruinen, das Gewirr der Trümmer. Ich dachte immer wieder: Mein Gott, was für ein*

Ende ist das für sie!«

Der Kübelwagen hielt in der Süringstraße. Montgomery setzte sich auf die Tür an der Beifahrerseite.

Sein Adjutant klappte den Kartentisch auf und erklärte die Lage: »*Teile der 17. US-Luftlandedivision befinden sich bereits im Raum Nordkirchen und Herbern. Ein Regiment von ihnen ist aus dem Raum Lüdinghausen nach Norden vorgestoßen, um unsere 6. Panzerbrigade zu unterstützen, die bei Buldern auf starke Abwehrkräfte gestoßen ist.*«

Nach einem Blick auf die Karte ordnete Montgomery folgendes an: »*Dieser Keil stößt bis Münster vor. Ergibt sich die Stadt nicht, setzen wir die Artillerie und falls nötig auch die Air-Force ein. Am wichtigsten aber ist es, daß wir auf der Linie im Norden vorankommen. Münster ist nur eine Etappe, unser Ziel heißt Ladbergen und die Berge dahinter.*« Er meinte den Teutoburger Wald.

Die Lagebesprechung war damit beendet. Der Kartentisch wurde zusammengeklappt. Der Kübelwagen, begleitet von Militärpolizei, fuhr langsam weiter.

Am 1. April 1945 meldete der deutsche Wehrmachtsbericht: »*Zwischen Dülmen und Münster wurde der Feind aufgehalten.*«

Diese Meldung bezog sich auf die Geschehnisse bei Buldern, von denen bereits kurz die Rede war. Dort wollte die Kampfgruppe Faustmann die britische 6. Panzerbrigade aufhalten.

Eine Augenzeugin dazu: »*Sie kamen am Mittwochabend in Buldern an. Ich glaube, aus Iserlohn. Irgend jemand sagte, es handle sich um ein Ausbildungsbataillon. Sie hatten nicht einmal genügend Benzin. Zwei Fahrzeuge wurden ins Dorf geschoben. Sie besetzten die Häuser und sagten, jetzt würde gekämpft. Viele von ihnen waren noch ganz blutjunge Kerlchen; die reinsten Milchgesichter.*

Sie sollten Buldern verteidigen, weil angeblich in Münster die Vernichtung wichtiger Akten und Dokumente noch nicht abgeschlossen sei.«

DIE HEIMAT BRENNT!

SCHLUSS MIT DEM VERLORENEN KRIEG!

NSDAP

NUN SIND DIE AUCH PLEITE

Flugblatt vom März 1945

Ein abgeschossener »Dingo«, britischer Panzerspähwagen

Amerikanische Soldaten auf einem englischen Panzer in Dorsten (29. 3. 1945)

43

Weseke: Englische Soldaten in der Bahnhofstraße

Stadtlohn ein Trümmerhaufen

Ruine der Stadtlohner Pfarrkirche

Zum Vergleich: Die englische Stadt Coventry (ein wichtiges Rüstungszentrum) nach dem deutschen Luftangriff in der Nacht vom 14. zum 15. November 1940

Bericht in »Westfälischer Anzeiger« vom 31. 3./2. 4. 45

Hamm (Westf.), Sonnabend, 31. März, bis Monta

Nr. 72

Der Kampf um unsere Heimat

Schweres Ringen unserer Kämpfer im Münsterland und an der Lippe

Berlin, 30. März. Der Kampf um unsere engere Heimat geht mit unverminderter Härte weiter. Unsere tapferen Kämpfer setzen dabei der Materialüberlegenheit der Angreifer einen beispiellosen Heldenmut gegenüber. Vor allem hielten die Nordamerikaner ihren starken Druck sowohl am Donnerstag am Niederrhein, im Münsterland und an der Lahn weiterhin aufrecht. Beim Versuch, durch fortgesetzte schwere Rammstöße aus seinem niederrheinischen Brückenkopf auszubrechen, hatte der Feind schwere Verluste. Die zwischen Emmerich und Bocholt nach Norden angreifenden Briten scheiterten am Widerstand unserer Fallschirmjäger, während die südlich der Lippe bei Dorsten eingebrochenen Amerikaner durch deutsche Gegenangriffe zum Stehen gebracht wurden, wobei sie eine große Anzahl von Panzern verloren. Der am Ostrand des Brückenkopfes nach blutigen Kämpfen bei Borken und Haltern weiter vorgestoßene Feind lief sich bei Stadtlohn und östlich Dülmen an Stützpunkten und Riegeln fest, so daß der auch hier von ihm erstrebte operative Durchbruch mißlang. Während am Rhein zwischen Duisburg und Bonn feindliche Übersetzversuche abgeschlagen und an der mittleren Sieg örtlich vorgedrungene nordamerikanische Kräfte im Gegenstoß nach Süden zurückgeworfen wurden, trieb der Gegner aus dem Raum Marburg—Gießen starke Panzerverbände nach Norden gegen das Rothaargebirge, das östliche Sauerland und den Kellerwald sowie nach Osten gegen die nördlichen und südlichen Ausläufer des Vogelsberges vor. Unsere Gegenmaßnahmen aber hemmten die verhinderten unsere Bewegungen. Vor allem hemmten die verhinderten Sperrverbände zwischen Hanau und Gelnhausen durch energische Gegenstöße eine wirksame

Zwischen Hanau, das der Feind vergeblich angriff, und Miltenberg am Main versteifte sich unser Widerstand, so daß die Nordamerikaner bei Seligenstadt nur geringfügig vorwärtskamen. Die harten südlich Aschaffenburg vor unseren Gegenangriffen aber zurückweichen mußten. Die harten Kämpfe im Odenwald mit Schwergewicht an der Straße Michelstadt—Ebersbach und am unteren Neckar brachten dem Feind gegen den Widerstand unserer Sperrverbände nur geringen Bodengewinn.

Das Bild der Kämpfe wurde am Donnerstag durch die große räumlich gebundene Materialschlacht am Niederrhein und den Bewegungskrieg zwischen dem Rothaargebirge und dem Odenwald bestimmt. Durch die am Vortage in der Gegend von Gießen und Marburg durch Einsatz überlegener Kräfte erzielte Bresche breiten sich schnelle nordamerikanische Verbände nach Osten und Norden aus. Die bei Marburg angesetzten Panzerkräfte erreichten - unter gleichzeitigem Vorschieben von Flankensicherungen - mit ihren Spitzen den Raum östlich des Sauerlandes und den Eder-Abschnitt mit Brilon und Bad Wildungen. Von Gießen aus entwickelte sich ein weiterer Panzerstoß längs der nördlichen und südlichen Hänge des Vogelsberges nach Osten. Der Gegner versucht zur Zeit die empfindliche Flanke seiner frei im Raum stehenden Angriffskeile durch Vorstöße an der Sieg und im Kinzig-Tal zu sichern. An beiden Stellen erlebte er aber empfindliche Rückschläge. Die bei Wissel über die Sieg nach Norden vorgedrungenen Kräfte wurden zurückgeworfen, und im Kinzig-Tal riegelten unsere Eingelreserven den unter Umgehung von Hanau bis westlich Gelnhausen vorgedrungenen Feind unter Abschuß zahlreicher

wurden zugleich die Voraussetzungen für Gegenmaßnahmen gegen die zwischen dem Quellgebiet der Ruhr und dem Kinzig-Tal operierenden feindlichen Verbände geschaffen. Der hartnäckige Widerstand der Verteidiger von Hanau und die energischen Gegenangriffe bei Aschaffenburg ließen den Feind am Main nur geringfügig weiterkommen. Auch zwischen dem Main-Schleife bei Miltenberg und dem Neckar liefen sich die im Odenwald vor allem bei Michelstadt und Beerfelden angreifenden Nordamerikaner an den die Straßentäler beherrschenden Höhen fest.

Ebenso wie in der Mitte der Westfront die Flanken dem feindlichen Druck im wesentlichen standhielten, behaupteten sich unsere Truppen auch an der Nord- und Südseite des niederrheinischen Brückenkopfes gegen starke feindliche Angriffe. Britische Kräfte, die nach schwerer Artillerievorbereitung im Schutze künstlichen Nebels Emmerich aus unserer Front herauszubrechen versuchten, scheiterten unter schwersten Verlusten am Widerstand unserer Fallschirmjäger. Die südlich der Lippe, bei Dorsten und Gladbeck angreifenden Nordamerikaner holten sich ebenfalls blutige Köpfe und wurden nach geringfügigem Geländegewinn unter Verlust zahlreicher Panzer wieder zurückgedrängt. Nur im mittleren Teil des Brückenkopfes konnte der Gegner nach schweren Kämpfen um unsere zur Rundum-Verteidigung eingerichteten Stützpunkte tiefere Einbrüche erzielen. Bei Stadtlohn und östlich Dülmen konnten unsere Truppen aber auch diese Kräfte aufhalten. Die schweren Kämpfe mit frisch herangeführten feindlichen Verbänden, die den Aufbau neuer wirksamer Riegel zu verhindern suchten, waren bei Nacht

45

In der Nacht zum Gründonnerstag, etwa um 00.00 Uhr, walzten die ersten britischen Panzer langsam auf den Ostrand von Buldern zu. Panzerfäuste krachten. Infanteriewaffen knallten und ratterten.

»Die Hölle ist hier los!« meldeten die Spitzenpanzer der 6. Guards Panzerbrigade, zogen sich zurück und forderten Verstärkung an.

Artillerie eilte aus dem Raum Dülmen herbei. Amerikanische Fallschirmjäger rückten im Eilmarsch von Süden heran.

Ein Hagel von Granaten prasselte auf das Dorf. Leuchtspurketten zischten durch die Luft. An der Hauptstraße gingen Häuser in Flammen auf. Ihr glutroter flackernder Schein war bis nach Münster zu sehen.

Fünf Stunden lang dauerte das Gefecht, dann war die hauptsächlich aus Jugendlichen bestehende Abwehrgruppe zusammengeschossen worden.

Am Morgen des Gründonnerstag drangen Engländer und Kanadier in Buldern ein, trieben die Bevölkerung zusammen und sperrten sie in der Kirche ein. Danach durchsuchten sie die Häuser und machten, wie in vielen anderen Fällen, vom Recht des Siegers Gebrauch.

Südlich von Appelhülsen war ein Leutnant mit 25 Angehörigen einer Waffenschule (alle unter 20 Jahren!) in einem Wäldchen in Stellung gegangen, um die aus Richtung Senden heranrückenden Amerikaner aufzuhalten.

Das ungleiche Gefecht dauerte 20 Minuten; dann waren alle Deutschen »auf dem Felde der Ehre«, wie es damals hieß, gefallen.

Fast zur gleichen Zeit nahmen deutsche Geschütze die an der Spitze der 6. Panzerbrigade fahrenden Kampfwagen etwa 400 Meter vor Appelhülsen unter Feuer.

Die britische Artillerie ging blitzartig in Stellung und schoß zurück.

Währenddessen sperrten US-Fallschirmjäger die Bevölkerung in die Reithalle ein. Von dort mußte sie

kurz darauf in ein anderes Haus gebracht werden, weil ein Gebäude neben der Reithalle brannte.

Am Mittag des nächsten Tages ließ der britische Major Lundt alle Appelhülsener in der Kirche einsperren.

Sofort darauf feuerten deutsche 8,8-cm-Geschütze, die zwischen Tilbeck und Havixbeck (jenseits der Baumberge) standen, auf Appelhülsen und schossen Häuser in Brand.

Die britische Artillerie erwiderte das Feuer und brachte den Gegner zum Schweigen.

Am nächsten Morgen gegen 10.00 Uhr durften die Einwohner die Kirche wieder verlassen. Sie stellten fest, daß ihre Häuser geplündert worden waren. Einer, der damals dabei war, nahm an, daß man sie hauptsächlich deswegen eingesperrt hatte, damit die Besatzer freie Hand hatten.

Während dieses Gefechts geschah etwas Unerwartetes. Amerikanische Panzer stießen bis an den Stadtrand von Münster vor und feuerten von der Weseler Straße in die bereits ebenfalls gründlich zerstörte Stadt, die damit zum erstenmal in den unmittelbaren Frontbereich geriet.

Für den Sturm durch das nördliche Münsterland stellte Feldmarschall Montgomery im Rahmen der britischen 2. Armee folgende Einheiten bereit: Die 11. Panzerdivision unter Generalmajor Roberts, motorisierte Teile der 51. Highland-Infanteriedivision unter Generalmajor MacMillan, die 7. Panzerdivision unter Generalmajor Lyne, ferner einige kanadische Regimenter.

Ihre Aufgabe: Vormarsch über Stadtlohn-Ahaus-Nienborg-Gronau; dort Schwenkung nach Osten in den Raum Ochtrup-Burgsteinfurt.

Da Montgomerys Soldaten in diesem Abschnitt kaum auf nennenswerten Widerstand stießen, ließen sie Stadtlohn und Ahaus schneller hinter sich und standen am 31. März (Karsamstag) vor Nienborg.

»Wir sahen Stadtlohn und Ahaus«, berichtete ein englischer Kriegsreporter. *»Da erkannten wir, war-*

Er blieb erhalten – der Kiepenkerl

Oben: Hopsten, zuerst kam die englische Infanterie, dann walzten die Panzer vor

Mitte: Münster, von vielen Luftangriffen schwer getroffen

Unten: Telgterstraße

47

um dort kaum noch gekämpft wurde; denn dort gab es Hunderte von Ruinen, wegen denen sich kein Kampf mehr lohnte. Unsere Luftwaffe hatte gute Vorarbeit geleistet.

Wir konnten uns nicht vorstellen, daß in diesen Trümmerhaufen mit Ratten, Elend und Seuchen überhaupt noch Menschen lebten.

Wenn man einmal gesagt hat, Coventry sei ausradiert worden, dann muß man das heute berichtigen. Dülmen, Stadtlohn und Ahaus sind wirklich ausradiert worden. Diese Trümmerwüste ist fürchterlich.«

Nienborg dagegen war bis dahin verschont geblieben, obwohl es dort Startrampen für Raketen vom Typ V 2 gab. Sie waren allerdings, wie alle übrigen, von den Alliierten trotz genauer Suche nicht entdeckt worden.

Auch jetzt passierte Nienborg nichts, da ein mutiger Gastwirt namens Horstmöller den Panzern zu Fuß – sozusagen als lebende Schießscheibe – vorausging und in den Ort geleitete.

Die britischen Panzer stießen weiter vor. Nach Neuenkirchen, in den Raum Emsdetten (kampflose Übergabe am 30. März), Burgsteinfurt (ebenfalls besetzt), nach Mesum und Elte. Das war die Ausgangsstellung für einen weiteren Sprung, den die britischen »Wüstenratten« tun sollten; die 7. Panzerdivision, deren taktisches Zeichen eine Wüstenratte war. Ihr Ziel war – Rheine.

In drei Stoßkeilen traten sie an: von Mesum, Neuenkirchen und Elten her.

Donnernde Detonationen begleiteten ihren vorsichtigen Vormarsch: Die Elter-Brücke über die Ems flog in die Luft, auf dem Rheiner Flugplatz die Anlagen.

Die dort stehenden deutschen Kräfte räumten das linke Ufer der Ems und gingen auf dem anderen mit Panzerabwehrkanonen und Maschinengewehren in Stellung.

Auch aus der Altstadt zogen sich die Deutschen

zurück und sprengten die Emsbrücken mit Hilfe von Bomben.

Im Süden der Stadt flackerte Kampflärm auf. Die langsam herankommenden Engländer waren im Trümmerhaufen des Dorenkamps, an den Kalkwerken, am Waldhügel und an der Emsbrücke auf deutsche Abwehr gestoßen.

Langsam rollten die Panzer der amerikanischen 17. Luftlandedivision (Kommandeur Generalmajor Miley) von Mecklenbeck über Roxel nach Nienberge vor. Diese Umgehung der Landeshauptstadt war von vornherein eingeplant.

Am Ostermontag traten die stählernen Kolosse der Amerikaner zwischen Nienberge und Münster zum Angriff an.

Zwischen Schloß Wilkinghege und Haus Spital schlug ihnen heftiges Abwehrfeuer entgegen. Die dort liegende Kompanie unter dem Befehl von Hauptmann Philipsburg bestand hauptsächlich aus Münsteraner Abiturienten.

Die amerikanischen Panzer stoppten. Ihre Türme schwenkten herum. Die langen Rüssel der Kanonen senkten sich. Blaurote Feuerzungen zuckten aus den dunklen Mündungen. Fast pausenlos knallten und krachten die Granaten in die deutsche Linie.

Junge deutsche Männer brachen tot zusammen, sinnlos verheizt. Verwundete schrien. Die Überlebenden wollten aus der Feuerhölle fliehen.

»Wer sich ergibt, wird erschossen!« schrie Hauptmann Philipsburg und drohte mit der Pistole.

Die Folge war, daß die Kampfgruppe bis auf kümmerliche Reste zusammengeschossen wurde.

Die Panzer rollten weiter vor. Amerikanische Soldaten drangen in den Schloßhof ein.

Ein einzelner Schuß knallte. Der deutsche Hauptmann hatte Selbstmord begangen.

Warum war es zu diesem blutigen Gemetzel gekommen?

Man wollte angeblich Zeit gewinnen, um wichtige Papiere in der Stadt zu verbrennen. Papier war also damals wichtiger als Menschenleben.

48

Der zerstörte Romberger Hof

Amerikaner (links) und Engländer mit Panzer auf dem Prinzipalmarkt (3. 4. 1945)

Der Prinzipalmarkt damals. Amerikaner und Engländer drangen als Besatzer in die Stadt ein

49

Amerikanische Panzer rollten durch die Trümmer weiter vor

Die amerikanischen Panzer walzten langsam in die von vielen Bombenangriffen total verwüstete Stadt. Ein Beispiel wie sehr Münster zerstört war, war die Tatsache, daß in den Ruinen innerhalb des Promenadenringes nur noch 17 Familien hausten.

In der Nähe des Aasees feuerten deutsche Volkssturmmänner aus den Häuserruinen auf die Kampfwagen und versuchten mit Panzerfäusten, den Vormarsch zum Stehen zu bringen.

Die den Vorauspanzern folgende Marschkolonne beharkte die Widerstandsnester mit Granaten, deren Sprengpunkte hochgezogen waren. Das bedeutete, daß die Geschosse in der Luft zerlegten und die

Prinzipalmarkt in südlicher Richtung 1947

Prinzipalmarkt und Lambertikirche August 1946

herumsausenden Splitter den Gegner unschädlich machten.

Innerhalb kurzer Zeit waren die Volkssturmmänner tot und der Widerstand gebrochen.

Eine Stunde später, am Nachmittag des zweiten Ostertages, betraten mehrere amerikanische Offiziere und ein paar Unterführer den Franziskus-Bunker am Hohenzollernring und durchsuchten ihn aufgrund des Feuerüberfalls nach deutschen Soldaten.

Die Engländer waren ebenfalls zuerst westlich an Münster vorbeigestoßen. Am Karfreitag besetzten sie das fast unzerstörte Altenberge und am gleichen Tage noch Greven, wo der Luftkrieg einige Zerstörungen angerichtet hatte. Dort und auch in Borghorst kam es nicht mehr zu Kämpfen. Die deutschen Truppen hatten sich schon in der Nacht zum Karfreitag nach Osten und Südosten zurückgezogen.

Das Mauritztor August 1946

Aufräumungsarbeiten am Dom

STADT WARENDORF
DER STADTDIREKTOR

Akt.-Z. _____ / _____

441 Warendorf/Westf., den 27.4.81
Postfach 560
Fernruf (02581) 54-1
Durchwahl 54 –

Dr.Nowak, Stadtarchivar

Sehr geehrter Herr Niehaus,

als Antwort auf Ihre Anfrage vom 22.4.81 muß ich Ihnen
mitteilen, daß aich Bildmaterial aus der Endphase des
II! Weltkrieges nicht in unserem Archiv befindet.
Ich bedaure, Ihnen keine andere Mitteilung machen zu
können.

Mit freundlichen Grüßen

Zeitdokument vom 27. April 1981 im Zusammenhang mit den
Recherchen zu diesem Buch (Original)

Rechts oben: Zerstörte leichte Flugabwehrgeschütze in runden Betonkasematten. Sie fuhren in den Zügen zur Abwehr
von feindlichen Tiefffliegern mit

Taktisches Zeichen: eine Wüstenratte (ihre Farbe war rot).
Divisions-Symbol

52

Im britischen Kriegstagebuch hieß es über Borghorst: »*In Borghorst geschah etwas Merkwürdiges. Immer wieder wurden weiße Fahnen ausgehängt und wieder eingezogen. Wir wußten gar nicht, woran wir waren.*«

Der Grund dafür war, daß der Pfarrer die weiße Fahne hissen ließ. Kurz darauf aber kam ein Polizeibeamter zu ihm und meinte, daß die Fahne zu klein sei und von den Engländern nicht gesehen würde. Daraufhin schickte ein Fabrikant mehrere Leinenbahnen, die am Kirchturm ausgehängt wurden. Doch deutsche Soldaten und Lazaretthelferinnen versuchten immer wieder, die ausgehängten weißen Tücher zu beseitigen. Doch am Karsamstag Morgen, als die britischen Panzer in den Ort einrückten, hingen an den Fabriken und Panzersperren wieder weiße Fahnen.

Danach drangen sie von Westen her in Münster ein.

Am Osterdienstag trafen sie sich mit Soldaten der amerikanischen 17. Luftlandedivision auf dem Prinzipalmarkt.

Am Nachmittag erschien ein britischer General mit mehreren Offizieren im Franziskus-Bunker. Er erklärte Oberbürgermeister Hillebrand: »*Sie sind der erste Oberbürgermeister in diesem Land, den ich mit seiner Verwaltung im Dienst antreffe.*«

Die Stadtverwaltung hatte bis zuletzt gearbeitet und dafür gesorgt, daß Lebensmittel vorhanden waren und Konserven an die Bevölkerung ausgegeben wurden. Sie hatte verhindert, daß die Stadtwerke gesprengt wurden.

Der Oberbürgermeister blieb noch drei Tage im Amt. Dann verhafteten ihn die Amerikaner und brachten ihn ins Internierungslager Recklinghausen.

Während für die Stadt Münster der Krieg vorbei war, ging er an anderen Orten weiter.

Zuerst die Ereignisse um Warendorf.

»*Das Schicksal der Stadt liegt jetzt in Ihrer Hand. Bei einem Angriff auf Warendorf werden Sie jetzt entscheiden müssen. Bedenken Sie dabei aber, daß eine eventuelle Besetzung der Stadt nur kurze Zeit dauern wird; denn vom Teutoburger Wald aus, wo erhebliche Truppenverbände bereitstehen, erfolgt der Rückschlag.*«

Mit diesen Worten verabschiedete sich Bürgermeister Haase am 31. März, nachmittags gegen 17.00 Uhr, von Theodor Lepper, der damals Betriebsluftschutzleiter war und sich zu diesem Zeitpunkt in der Polizeiwache aufhielt.

Der Bürgermeister, der damalige Landrat Gerdes und die gesamte Polizei verließen an diesem Nachmittag die Stadt in Richtung Halle-Werther.

Theodor Lepper ging daran, sich für seine Vaterstadt einzusetzen und sie nicht zu verlassen. Er zog sofort alle noch vorhandenen Kräfte der Stadtverwaltung zusammen und richtete eine ständige Wache in der Polizeistation ein, wo sich auch sein Standquartier befand. Oberstudienrat Blum stand ihm als Helfer (Dolmetscher) zur Verfügung.

Etwa eine halbe Stunde nach dem Abrücken der eben genannten Personen wehte die erste weiße Fahne am Haus Markt 12, der bald andere folgten.

Mit Maschinengewehren, Panzerfäusten und Handgranaten bewaffnet schlichen um etwa 19.00 Uhr 30 Mann der Wehrkreis-Reit- und Fahrschule über den Marktplatz an den Häusern entlang. Ihr Kampfauftrag: Besetzen der Stadtausgänge gegen die heranrückenden feindlichen Truppen.

Auf der Polizeiwache erschien gegen 22.00 Uhr ein Hauptsturmführer der Waffen-SS, an dessen Hals ein Ritterkreuz hing. Er teilte Theodor Lepper mit, daß er den Befehl habe, Warendorf zu verteidigen. Er richtete seinen Gefechtsstand in der Wache ein. Er regte sich über die bereits ausgehängten weißen Fahnen auf und drohte damit, die entsprechenden Häuser zu beschießen. Aufgrund von Leppers Einwänden sah er dann aber von seinem Vorhaben ab und gab Befehl, die weißen Tücher wieder einzuziehen; was auch geschah.

53

Britische Soldaten der berühmten »Wüstenratten«-Division an der Ems

Dann erklärte er wörtlich: »*Wir haben noch nationales Blut in den Knochen; wir werden Warendorf verteidigen bis zum Letzten.*«

Inzwischen war auf dem Marktplatz eine SS-Kompanie auf zwei Lkw eingetroffen. Die Soldaten besetzten alle Stadtausgänge; an den Straßenkreuzungen im Stadtgebiet zogen Doppelposten auf.

Danach fuhren der Hauptsturmführer, sein Adjutant und ein Fahrer in Richtung Hoetmar ab, um dort die Lage zu erkunden.

Gegen 02.00 Uhr nachts kehrte der Fahrer allein und ohne Pkw zurück. Er berichtete, daß ein feindlicher Panzerspähwagen in Höhe der Wirtschaft

Beim Scharfschießen

Jungmann vor Hoetmar auf sie geschossen habe. Der Hauptsturmführer habe das Feuer erwidert, sei verwundet und vom Adjutanten verbunden worden; dabei sei dieser tödlich getroffen worden.

Ein junger Sturmführer übernahm jetzt (1. April 45) die Führung der SS-Kompanie, der aber nicht so hitzköpfig war wie sein Vorgänger.

Während der eben geschilderten Vorkommnisse war ein deutscher Spähtrupp in Richtung Münster vorgegangen. Er meldete, daß alliierte Truppen bis auf etwa zwei bis drei Kilometer auf Warendorf vorgestoßen waren. Da der Hauptsturmführer der SS in Gefangenschaft geraten war, nahm man nun in

In Ibbenbüren war Bankdirektor Karl Schroeder, Kirchenesch, Bildchronist der damaligen Zeit. Das Bild (Juni 1942) zeigt ein Flugabwehrgeschütz auf dem Übungsplatz bei dem Gasthaus Krusemeyer; Münsterstraße – Ecke Gartenstraße. Zweiter von links Karl Schroeder

Warendorf folgendes an: Der Gegner vermutete, daß die Stadt von SS-Truppen besetzt sei; deshalb zog er sich vermutlich zurück, um über Einen-Gröblingen Warendorf zu umgehen.

In dieser Nacht verließen viele Warendorfer aufgrund der sich immer mehr zuspitzenden Lage die Stadt in Richtung Emstor, um der Gefahr einer möglichen Beschießung zu entgehen. Auf Handwagen und in Kinderwagen führte dieser trostlose Zug aus Frauen, Männern und kleinen Kindern ein wenig Fluchtgepäck mit.

Nachdem der Ostersonntag (1. April) relativ ruhig verlaufen war, erschien am Ostermontag der Wirt Heinrich Böckenholt in der Polizeiwache. Er berichtete Theodor Lepper, daß ein Pionierkommando in der Villa Brinkhaus an der Milter Straße Quartier bezogen hätte; die Pioniere waren für die Sprengung der Brücken zuständig.

Lepper und Böckenholt wollten nun versuchen, die beiden, durch Wachtposten abgesicherten Brücken zu erhalten. Fabrikant Brinkhaus warnte sie; denn der Führer des Sprengkommandos hatte bereits vorher schon jemandem mit Erschießen gedroht, der sich in diese Angelegenheit einmischte.

Theodor Lepper kehrte wieder zur Polizeiwache zurück und versuchte telefonisch, den Standortältesten der Wehrkreis-Reit- und Fahrschule zu erreichen, um ihm vorzutragen, daß die Stadt bei einer Sprengung der Brücken längere Zeit ohne Licht und Wasser sein würde. Es meldete sich der Adjutant. Er versprach, Leppers Einwände und Besorgnisse dem Oberst vorzutragen.

Um etwa 10.00 Uhr erschienen zwei Herren vom Landwirtschaftsamt in der Polizeiwache. Sie zeigten Theodor Lepper ein Schreiben des Standortkommandanten, der jetzt militärischer Befehlshaber des Operationsgebietes Warendorf war. Er ordnete an, daß Fabrikant Schmücker von nun an Leiter der Stadtverwaltung sein sollte. Dieser trat sein Amt an,

konnte aber auch nicht verhindern, daß gegen 11.30 Uhr die erste Emsbrücke in die Luft gesprengt wurde.

Am Nachmittag erschienen amerikanische Panzerspitzen am Schützenhof, während ein Spähwagen durch die Stadt raste.

Theodor Lepper erhielt den Auftrag, die gegnerischen Voraustruppen am Eingang der Stadt zu empfangen und ihren Führer zum Rathaus zu geleiten. Er erfuhr aber einige Zeit später, daß sich die amerikanischen Kampfwagen wieder zurückgezogen hatten.

Am 3. April, um etwa 10.15 Uhr, erschien das Fräulein vom Telefondienst in Leppers Büro und erklärte: »Die Amerikaner sind soeben eingerückt und halten an der Ecke bei Pletzer. Sie wollen sofort den Bürgermeister sprechen.«

Theodor Lepper schickte einen Boten zur Kreisverwaltung, da sich der Beigeordnete Schmücker dort gerade aufhielt. Er selbst nahm mit dem gut deutschsprechenden amerikanischen Kommandeur Kontakt auf und erklärte ihm, daß der Bürgermeister aus der Kreisverwaltung geholt werden würde.

Der amerikanische Kommandeur erkundigte sich danach, ob noch deutsche Truppen in der Stadt seien und ob die SS deutsche Soldaten erschossen hätte.

Schließlich trafen Beigeordneter Schmücker und Oberstudienrat Blum ein. Der amerikanische Kommandeur gab ihnen folgende Anweisungen: Sofortige Räumung der Straßen. Lebensmittel durften nur von 09.00 bis 12.00 von der Bevölkerung gekauft werden; während der übrigen Zeit durfte sie die Straßen nicht betreten. Sofortiges Verkaufsverbot für Spirituosen.

Alle weiteren Anordnungen erfolgten dann von der US-Kommandantur, die sich von da an im Rathaus befand.

H. Schmücker und Oberstudienrat Blum sorgten in den ersten kritischen Tagen für die Aufrechterhaltung von Ruhe und Ordnung und einen möglichst reibungslosen Umgang mit den neuen Herren

Die St. Mauritius-Volks-
schule, Roggenkampstraße,
war Sitz des Flugmeldedien-
stes mit eigenem Sender

Ostern 1945. Englische Panzer verwandelten die Schule
in eine Ruine

Granaten beschädigten das
Dach des Hauses Maler Ben-
dieck, Poststraße (abgebrochen für den Neubau der
Weststraße)

56

in Warendorf – den amerikanischen Besatzungstruppen.

Nun zu dem, was südlich von Münster geschah.

Kurz nach dem Vorpreschen der britischen 2. Armee und der amerikanischen 9. Armee erkannte die deutsche Führung, daß beide Großkampfgruppen (vor allem aber die 9. US-Armee) eine strategisch wichtige Aufgabe hatten.

Die 9. US-Armee unter Generalleutnant Simpson sollte so schnell wie möglich ostwärts nach Lippstadt durchstoßen und sich dort mit der von Süden aus dem Remagener Brückenkopf herankommenden amerikanischen 1. Armee (Oberbefehlshaber General Hodges) vereinigen. Gelang die Zangenoperation, dann war der sogenannte Ruhrkessel geschlossen und etwa 320 000 deutsche Soldaten steckten in der Falle; das waren zahlenmäßig mehr als 1942/43 in Stalingrad.

Das wollte man nun deutscherseits verhindern. Der Mann, der dies verwirklichen sollte, war Major Rudolf Dunker (29) vom Infanterieregiment 37. Er erhielt am 30. März vom Divisionskommandeur der 116. Panzerdivision den Befehl, im Raum Beckum–Ahlen eine Kampfgruppe zu bilden und mit dieser die Vereinigung der beiden US-Armeen so lange aufzuhalten, bis die 116. Panzerdivision aus dem Ruhrkessel entwichen war.

Dafür stand dem in Santiago de Chile geborenen Major das Feldersatzbataillon der 116. Panzerdivision in Stärke von 2 000 Mann zur Verfügung, die allerdings nur mit Infanteriewaffen ausgerüstet waren.

Am Nachmittag des 30. März orientierte sich Major Dunker über die Lage. Er erkannte, daß Beckum von strategisch entscheidender Bedeutung war. Die Stadt war ein wichtiger Straßenknotenpunkt für den weiteren Vormarsch der amerikanischen Panzer in Richtung Lippstadt. Deshalb beschloß er, am 31. März Beckum zu verteidigen, damit dieser Knotenpunkt nicht zu schnell in die Hände der Alliierten fiel.

Zu diesem Zeitpunkt standen die amerikanischen Panzerspitzen bereits 15 Kilometer vor Ahlen und Beckum.

Dunker richtete seinen Gefechtsstand im Beckumer Wehrmeldeamt ein. Die elf Kompanien des ihm zur Verfügung stehenden Feldersatzbataillons bekamen den Befehl, sich im Raum Beckum–Ahlen zu sammeln.

Der Kreisleiter übergab im Kreishaus dem Major ein Telegramm des Reichsverteidigungskommissars und Gauleiters Dr. Meyer. Darin hieß es: »*Die Stadt Beckum ist wegen ihrer strategischen Bedeutung bis zum letzten Mann zu verteidigen.*«

Etwa gegen 12.00 Uhr (31. März) fuhr Major Dunker zur weiteren Orientierung über die Lage in Richtung Ahlen.

Drei Kilometer östlich von Ahlen traf er einen jungen Hauptmann, Führer eines Fahnenjunkerregiments.

Dieser berichtete: »*Heute Morgen wurde ich mit meinem Fahnenjunkerregiment in Stärke von etwa 1 400 Mann gegen die vorstoßenden Amerikaner und Engländer westlich Ahlen mit dem Auftrag eingesetzt, diesen Vorstoß aufzuhalten.*

Wir sind aber innerhalb weniger Stunden bis hierher zurückgeschlagen worden. Ich habe außer einigen schweren Infanteriewaffen keine weiteren schweren Waffen. Ich habe bis jetzt etwa die Hälfte meiner Leute verloren.« Die meisten Fahnenjunker (Offiziersanwärter) kamen bei den schweren Gefechten im Raume Drensteinfurt ums Leben.

Major Dunker befahl dem Hauptmann, mit seiner Einheit nach Beckum zu marschieren und dort weitere Befehle abzuwarten.

Eine Stunde später stieß Major Dunker auf einen SS-Verband. Dessen Führer erklärte: »*Ich führe ein SS-Bataillon in Stärke von 600 Mann und habe einen Sonderauftrag des Reichsführers-SS (Himmler d. V.) im Hinterland der kämpfenden Truppe zu erfüllen.*«

Während der Kampftage des Jahres 1945 wurde auch das Wohnhaus Hermann Schäfer, Poststraße, beschädigt (von hinten gesehen); damals Sudetenstraße, heute Kirchenesch

Ehemalige Brennerei Bergschneider, dann Turnhalle des Turnvereins, durch Bomben zerstört

Munitionsbunker an der Sudetenstraße (jetzt Kirchenesch)

58

Flugabwehrkanonen-Turm (Flak-Turm) an der Ecke Kirchenesch (damals Sudetenstraße). Dieses Geschütz schoß bei einem Luftangriff auf die Kanalschleusen in Bergschövede einen alliierten Bomber ab

Flakturm. Im Hintergrund rechts die Häuser Althaus, Schroeder und Evangelische Kirche. Kirchenesch noch unbebaut

Einer der Flaksoldaten erhält das Eiserne Kreuz II. Klasse (Dezember 1943)

59

Dunker erkannte, wen er vor sich hatte – ein sogenanntes Hängekommando, das durch Erschießen und Aufhängen von Wehrmachtsangehörigen die Moral der Truppe aufmöbeln sollte. Er erklärte dem SS-Obersturmführer die Lage und befahl ihm, sich ihm zu unterstellen.

Der SS-Offizier weigerte sich zuerst. Dann aber gab er schließlich nach, ging nach Beckum zurück, um dort ebenfalls weitere Befehle abzuwarten.

Major Dunker stellte nach einer genauen Erkundung der Lage fest, daß im Raum Beckum bis nach Münster keine weiteren deutschen Einheiten mehr standen.

Während sich der Infanterieoffizier auf einen Kampf vorbereitete, setzte sich ein anderer Mann in diesem Raum dafür ein, Ahlen kampflos zu übergeben.

Vierzehn Stunden lang verhandelte Oberfeldarzt Dr. Rosenbaum mit örtlicher Wehrmachtsführung und Parteigrößen darüber, Ahlen zur offenen Stadt zu erklären.

Sein immer wieder vorgebrachtes Argument: *»Ahlen ist eine Lazarettstadt. In dieser Stadt wird nicht gekämpft. Denken Sie an die Tausenden von Verwundeten.«*

Am Mittag des 31. März hatte er schließlich Erfolg. Die führenden Nationalsozialisten der Kreisleitung waren damit einverstanden, daß Ahlen zur offenen Stadt erklärt wurde.

Nach Überwindung einiger Schwierigkeiten, nach Verhandlungen mit dem amerikanischen Oberst Hinds in der Nähe einer Mühle bei Walstedde, fuhr Oberfeldarzt Dr. Rosenbaum zusammen mit dem amerikanischen Oberst um 14.20 Uhr in Ahlen ein.

Im Gefechtsbericht der 95. US-Infanteriedivision (Kommandeur Generalmajor H. L. Twaddle), die zur 9. US-Armee gehörte, hieß es darüber: *»Ahlen ist die erste offene Stadt in Deutschland, die den amerikanischen Truppen kampflos übergeben wurde. Der Mann, der dieses seltene, aber für die Einwohner erfreuliche Kunststück fertiggebracht hatte, war Oberst Paul Rosenbaum. Ein 50 Jahre alter deutscher Sanitätsoffizier, der sich den örtlichen Naziführern widersetzte und den Kampf um die Stadt Ahlen mit ihren großen Lazaretten beendete, bevor er begonnen hatte.«*

Doch damit war die segensreiche Tätigkeit des Oberfeldarztes Dr. Rosenbaum noch nicht beendet. Er griff noch einmal in die Geschichte ein.

Am Nachmittag des 31. März ging Major Dunkers Kampfgruppe in Stärke von 3 400 Mann am Stadtrand von Beckum in Stellung. Die Front verlief von Osten nach Südwesten. An den Hauptausfallstraßen lagen fünf Sturmgeschütze und vier Panzer vom Typ »Tiger« in Stellung.

Am Abend ließ Major Dunker Angehörige der Stadtverwaltung in seinen Gefechtsstand kommen und informierte sie über die militärische Lage. Am nächsten Tag, so führte Dunker aus, sei ein deutscher Gegenangriff aus dem Raum Lippstadt–Beckum–Hamm zu erwarten, der die Abschnürung des Ruhrgebietes verhindern sollte. Dabei würde es mit Sicherheit zu schweren Panzerduellen bei Beckum kommen. Außerdem müßte mit feindlichem Artilleriefeuer und Bombenangriffen gerechnet werden. Aus diesen Gründen sei es angebracht, die Einwohner Beckums während der kommenden Nacht zu evakuieren.

Dunker hatte inzwischen erfahren, daß in der Stadt schon weiße Fahnen zu sehen waren. Dazu erklärte er jetzt: *»Wenn sich so etwas wiederholt, sehe ich mich gezwungen, ein Standgericht einzusetzen.«*

Doch die Lage gestaltete sich schließlich anders, als es sich der Infanterieoffizier gedacht hatte. Es wurde ihm gemeldet, daß ein Teil seiner Kampfgruppe nicht einsatzfähig war, da sie zu viel Schnaps getrunken hatte, der aus den Beckumer Brauereien stammte. Fast gleichzeitig traf die Meldung bei ihm ein, daß die Lippebrücken von Lippborg-Hersfeld

60

Abmarsch zur Heldengedenkfeier im März 1944

Gegen 22.45 Uhr rasselte in Dunkers Gefechtsstand das Telefon.

Oberfeldarzt Dr. Paul Rosenbaum meldete sich aus dem bereits von den Amerikanern besetzten Ahlen und sagte: »Herr Major! Ich spreche freiwillig mit Ihnen. Ich bin nicht durch irgendwelche Einflüsterungen beeinflußt worden. Ich bin der Chefarzt der Ahlener Militärlazarette, Oberfeldarzt Dr. Paul Rosenbaum.«

Der Arzt erklärte dem Major, was für eine ungeheure Kriegsmaschinerie auf ihn zukommen würde, die er persönlich gesehen habe.

»Etwa 2000 motorisierte Panzer, Kanonen und Spähwagen konnte ich auf vier verschiedenen Anmarschwegen zählen.«

Er wies darauf hin, daß Beckum von Westen her im Halbkreis umschlossen war; ähnlich wäre die Lage im Osten. Um 23.30 Uhr würde mit der Beschießung der Stadt begonnen.

Aufgrund dieser Lage riet er dem Major, Beckum zur offenen Stadt zu erklären, genau so, wie er es in Ahlen getan hätte.

Major Dunker erklärte, daß er mit seinem vorgesetzten Kommandeur sprechen wollte und bat den Arzt, eine halbe Stunde später nochmals anzurufen. Da Dunkers Vorgesetzter weder telefonisch noch

und Benninghausen auf Befehl des Bezirkskampfkommandanten von Soest gesprengt werden sollten. Dadurch waren die Rückzugsmöglichkeiten der Kampfgruppe Dunker wesentlich geschmälert.

Bombenblindgänger in der Bauernschaft Lehen bei Ibbenbüren. Nach dem Krieg wollten Bauern das Sprengpulver als Kunstdünger verwenden. Dabei explodierte eine Bombe; alle Landwirte wurden getötet

61

per Funk zu erreichen war, mußte der Offizier allein entscheiden. Seine Vernunft obsiegte schließlich über den wahnsinnigen Befehl, den er als Soldat hätte ausführen müssen.

Um 23.15 Uhr erklärte er Dr. Rosenbaum telefonisch: *»Herr Oberfeldarzt, ich bitte Sie, dem amerikanischen Kommandanten von Ahlen folgendes zu übermitteln: Der Kampfkommandant von Beckum bittet den Kommandanten von Ahlen um eine Waffenruhe bis 01.00 Uhr früh, um mit ihm mündlich oder gegebenenfalls fernmündlich in Verhandlungen einzutreten zwecks Erklärung von Beckum zur offenen Stadt.«*

Nachdem Dunker den kommissarischen Bürgermeister, Dr. Illigens, und Stadtoberinspektor Kerstin über die Lage informiert hatte, ließ er sämtliche Unterführer seiner Kampfgruppe zu sich kommen.

Er erklärte ihnen: *»Ist einer von Ihnen bereit, Beckum befehlsgemäß zu verteidigen und damit die volle Verantwortung für die Weiterführung des Kommandos zu übernehmen?«*

Die sieben Offiziere antworteten mit Nein.

Dunker befahl: *»Die Stadt Beckum wird nach Verhandlung mit dem Feind als offene Stadt erklärt und ist bis 01.30 Uhr von allen eigenen Soldaten zu räumen.«*

In dieser dramatischen Nacht gab es noch weitere Telefongespräche, während sich die deutschen Soldaten schon zurückzogen. Um 01.45 Uhr traf in Dunkers Gefechtsstand die Meldung ein, daß die letzte Kompanie ihre Stellung verlassen hatte. Eine Viertelstunde später fuhr auch Major Dunker mit einem Wagen zu seinem neuen Gefechtsstand in Oestinghausen.

Am 1. April 1945, um 04.00 Uhr morgens, rollten die ersten amerikanischen Panzer in die Stadt.

Vor dem Rathaus ging Bürgermeister Dr. Illigens mit einer weißen Fahne auf den amerikanischen Oberst Hinds zu.

Die Vernunft hatte gesiegt. Der Stadt und der

Ahlen: Bombentreffer am Markt, Haus Wüller

Bevölkerung waren die fürchterlichen Schrecken des Krieges erspart geblieben.

Eine Schlacht von strategischer Bedeutung war nicht geschlagen worden. Damit war der Weg der 9. US-Armee nach Lippstadt frei und das Schicksal des Ruhrkessels so gut wie besiegelt.

Wie ging es nördlich von Münster weiter?

Vor dem Teutoburger Wald hatten deutsche Kräfte eine neue Widerstandslinie gebildet, um dort

62

den Vormarsch der britischen 2. Armee aufzuhalten.

Als die Engländer auf Bevergern vorgingen, schlug ihnen von den Hängen des Teutoburger Waldes Flakfeuer entgegen. Panzer flogen auseinander und brannten aus.

Da die Deutschen das Vorfeld beherrschten, gab es nur ein Mittel, um diesen Widerstand zu brechen – Artillerie.

Innerhalb von 24 Stunden gingen im Raum Riesenbeck über 400 schwere Geschütze in Stellung. Schlagartig donnerten die Kanonen los.

Die Granaten vernichteten die deutschen Gräben am Abhang des Birgter-Berges, am Lager-Berg und bei Gravenhorst.

Deutsche Artillerie mischte in dieser mörderischen Schlacht mit. Ihren Granaten fielen deutsche Schulkinder zum Opfer, die nach draußen gegangen waren, um sich die vielen Panzer anzusehen.

Schwere Kämpfe fanden auch im Raume Bevergern, Bergeshövede, am Dörentherberg und am Kammweg im Raum Ibbenbüren statt.

Zwischen Altenrheine und Dörenthe, an der sogenannten Kanal-Front, versuchten deutsche Fahnenjunker, Reste der 490. Infanteriedivision, Soldaten der Kraftfahr-Truppenschule Hannover, der Unteroffiziersvorschule Celle, versprengte SS-Einheiten, Flaksoldaten und Volkssturmmänner ihre Stellungen zu halten. Sie waren fast nur mit leichten Infanteriewaffen ausgerüstet und standen von vornherein auf verlorenem Posten.

Das »Light-Somerset-Infantery-Regiment« stürmte als erste Einheit über den Dortmund-Ems-Kanal und erlitt dabei schwerste Verluste. Unaufhörlich ratterten die deutschen Maschinengewehre und trafen in die Reihen der Engländer.

So kommen wir nicht weiter, hieß es bei den Engländern. Sie stellten einen neuen Angriffsplan auf, um den Bergabschnitt hinter dem Kanal zu

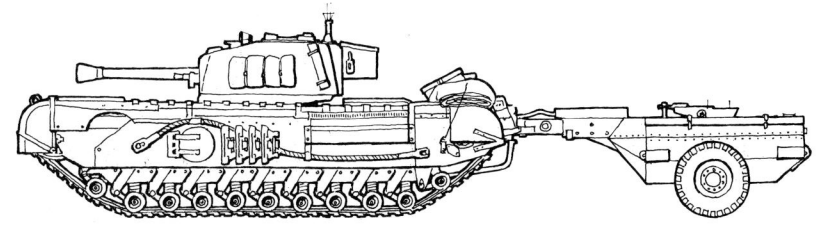

Flammpanzer vom Typ »Krokodil« (Zeichnung), der in den Endkämpfen zum Einsatz kam. Reichweite der Stichflamme bis über 100 Meter; am Heck angekuppelt der Flammöltank

erobern. Sie griffen gleichzeitig von drei Seiten an, brachen den deutschen Widerstand und setzten ihren Vormarsch fort.

Nördlich von diesem Frontabschnitt wehrten im Raum Spelle SS-Verbände und Fahnenjunker jeden Versuch der Engländer ab, über den Kanal zu stürmen.

Die Briten brachten ein Radikalmittel zum Einsatz, – Flammenwerfer. Ein Augenzeuge dazu: »*Die Engländer stürmten mit hochstehenden Flammenwerfern vor. Ihre Artillerie zwang die Deutschen mit hochgezogenen Luftkrepieren in Deckung. Im gleichen Augenblick brachen die Flammenwerfer (Flammpanzer) in die Stellungen ein. Ihr Strahl war 40 Meter lang und etwa einen Meter breit. Das war das Ende.*«

Die verbrannten Soldaten begrub man sofort in ihren zerschlagenen Gräben und Ein-Mann-Löchern.

Mit der Besetzung von Lienen, Lengerich, Brochterbeck, Riesenbeck, Bevergern, Dreierwalde, Hörstel, Hopsten und Ibbenbüren gab es keine Front mehr im östlichen Münsterland.

Damit war dort die Schlacht geschlagen und der alliierte Vormarsch beendet. Doch östlich, nördlich und südlich ging es weiter.

63

3. Die Schlacht am Teutoburger Wald

Rendezvous in Lippstadt – »Hölle auf Rädern« – Sieger und Besiegte auf Panzern – »Verdammt, Deutsche!« – »Ikes« neue Befehle – Im großen Stil – Festung Bielefeld – Genickschuß – 1,5 Millionen Meter Webwaren – Kämpfe bei Jöllenbeck – Bei Borgholzhausen – Ereignisse bei Gütersloh – Lämershagen und Oerlinghausen – Gefechte bei Steinhagen – Geschehen in der Senne – Fortsetzung bei Hillegossen – Wie ging es bei Oerlinghausen weiter? – Einmarschtag – Am Lönkert – Lutterkolk Sperre – Sperre Kreuzapotheke – Vorbeimarsch und Schießerei – Weißes Tuch auf dem Rathaus – Plünderungen – Die Parteigrößen flohen – Die Bevölkerung atmete auf – Brackwedes Kriegsschicksal – Nicht nur die Amerikaner – Osnabrück: Der Schrei der Sirenen – Volltreffer auf das Marienhospital – Der Tod der Kinder – Düstere Karwoche – Entscheidende Stunden – Engländer am Stadtrand – Das »Aus« – Um die Teutopässe.

Am 1. April 1945 radelte der Volkssturmführer Wilhelm Oberwinter in Lippstadt zu den Flakkasernen. Dort befand sich das Geschäftszimmer seines Bataillons. Durch Zufall wurde er Zeuge eines historischen Ereignisses.

Auf dem Eisenbahnübergang bei der Westfälischen Union sah er 20 bis 30 russische Kriegsgefangene. Aus ihrem Verhalten schloß Oberwinter, daß sie etwas Außergewöhnliches bemerkt haben mußten.

Der Volkssturmführer erreichte den Bahnübergang und sah, was los war: Drei amerikanische Panzer, begleitet von amerikanischen Soldaten mit vorgehaltenen Maschinenpistolen, passierten die Eisenbahnbrücke über die Südliche Umflut und walzten auf den Gleisen zum Bahnhof.

Die Skizze zeigt den Vormarsch vom Rhein. Bei Lippstadt (Pfeil) trafen sich am 1. April 1945 Voraustruppen der 2. US-Panzerdivision und der 3. Panzerdivision der 1. US-Armee

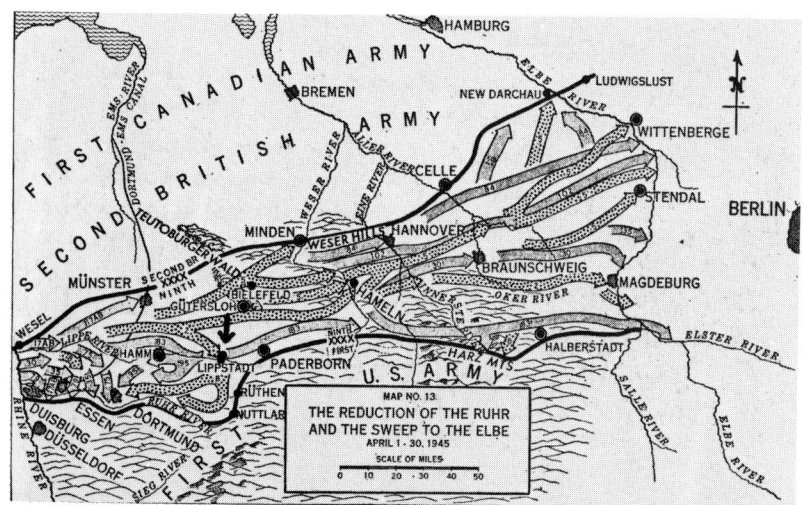

Eine andere Panzergruppe traf ebenfalls gegen Mittag am Lippstädter Bahnhof ein. Das, was im Münsterland bei Beckum und auch noch woanders deutscherseits verhindert werden sollte, war endgültig eingetreten.

Der Ring um das Ruhrgebiet war geschlossen. Was der Augenzeuge Oberwinter damals nicht wußte, war folgendes:

Die von Westen herangerückten Amerikaner gehörten im Rahmen der 9. Armee zur 2. Panzerdivision, deren Kommandeur General Isaac White war. Die Einheit trug die Bezeichnung »Hölle auf Rädern«, war dementsprechend gut ausgerüstet und machte ihrem Namen alle Ehre. Es war der stärkste amerikanische Truppenverband an der Westfront. Mit ihren Panzern, Schützenpanzerwagen (Spw), Halbkettenfahrzeugen, Zugmaschinen, Lkw, Räumern und sonstigen Fahrzeugen bildete sie einen riesigen Heerwurm von über 115 Kilometer Länge.

Mit Zustimmung des Führers der 9. US-Armee, General Simpson, bekam eine Kampfgruppe den Befehl, nach Lippstadt durchzustoßen. Mit der Durchführung dieses Auftrags wurde die Kompanie »E« des 67. US-Regiments beauftragt. Ihr Führer war First Lieutenant (Oberleutnant) William Dooley. Der Vormarsch nach Lippstadt sollte in der Nacht des 31. März 1945 durchgeführt werden.

Die weiteren Vormarschwege der Engländer und Amerikaner.
Aufspaltung des Ruhrkessels am 14. April (Mitte links)

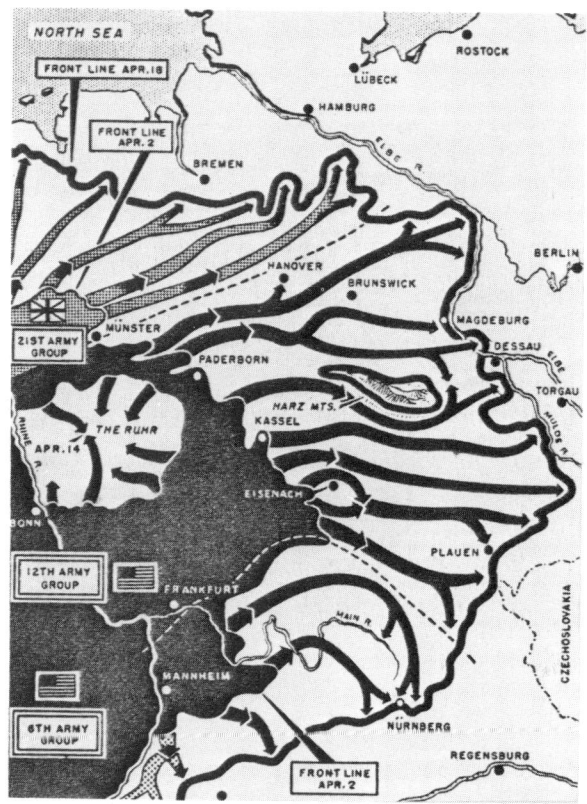

Dooley hatte keine Ahnung davon, welche große strategische Bedeutung gerade sein Auftrag hatte. Ihm war lediglich bekannt, daß er so schnell wie möglich auf die westfälische Mittelstadt vorgehen, sie erobern und halten sollte.

Die vollmotorisierte Kolonne setzte sich in Bewegung. Die Fahrzeuge rollten mit höchster Geschwindigkeit durch die Dunkelheit. Niemand trat ihnen entgegen.

Die Kolonne legte in dieser Nacht etwa 80 Kilometer zurück und erreichte im Morgengrauen die Straße von Beckum nach Lippstadt. Es war genau 06.00 Uhr am Ostertag des Jahres 1945.
Lippstadt war unter Zwang und Druck der NSDAP-Führung mit Panzersperren und mehr oder weniger dürftigen Befestigungen und Stellungen umgeben worden, in denen Soldaten, Hitlerjugend und Volkssturmmänner lagen. Die noch vorhandenen Brücken waren gesprengt worden.

Sofort nach Erreichen der Stadt sickerten Dooley und seine Soldaten in die ersten Häuser ein, um diese zu durchsuchen.

Deutsche Soldaten schossen mit Maschinenge-

wehren aus Stellungen, die sie in Gärten angelegt hatten. Ein Panzer vom Typ IV tauchte auf und feuerte auf den vorn fahrenden »Sherman« (amerikanischer Panzertyp). Eine Granate streifte den Turm und hinerließ eine tiefe Rille.

Die Fähnchen markieren die Orte, an denen sich die Hauptquartiere von General Simpson (9. US-Armee) befanden. Auf deutschem Boden: Aachen, Mönchengladbach, Haltern, Gütersloh und Braunschweig

65

General Simpson (vorderste Reihe dritter von links) mit seinen kommandierenden Offizieren im letzten Hauptquartier Braunschweig

Die Amerikaner erwiderten das Feuer und zwangen die Deutschen zum Rückzug. Aus den Fenstern der Häuser wurden jetzt nach und nach weiße Fahnen oder Tücher gehängt.

Bielefeld: Nach einem Bombenangriff. Am Luftschutzstollen Lessingstraße-Schubertstraße. Zerstörtes Wohnhaus von Justizrat Semler, 1944

Die Kindermannstraße; im Hintergrund ist der Fabrikschornstein der Firma Gläntzer zu sehen, Aufnahme 1945

Dooleys Kompanie näherte sich vorsichtig einer Straßensperre, die aus mit Zement gefüllten Röhren und anderem, schnell zusammengerafften Material bestand. Bewohner der Stadt tauchten auf, die das Hindernis beseitigten und den Amerikanern für den Weitermarsch Platz machten.

Gegen 12.30 Uhr waren die Amerikaner in die Vororte eingedrungen.

66

Nun bekam Second Lieutenant (Leutnant) Donald Jacobsen den Befehl, weiter in die Stadt vorzugehen. Er ließ seine Soldaten auf Panzer aufsitzen, setzte sich an die Spitze der Kolonne und fuhr los.

Nirgendwo gab es mehr Widerstand. Über 35 deutsche Soldaten kamen freiwillig aus ihren Stellungen und Deckungen heraus und ergaben sich.

Jacobsen forderte sie auf, daß sie auf die amerikanischen Panzer klettern und mitfahren sollten. Die Deutschen saßen auf. So kam es, daß Sieger und Besiegte zusammen in Lippstadt einzogen.

Jacobsens Kolonne durchquerte die Stadt. Als sie am Ortsausgang hielt, blickte Leutnant Jacobsen durch ein Fernglas und entdeckte Panzer, die von Osten her anrollten.

»Verdammt, Deutsche!« stieß er aus. *»Fertigmachen zum Angriff!«*

Die »Shermans« fächerten auseinander und formierten sich. Dabei sprangen die GI's und auch die deutschen Soldaten ab und gingen in Deckung.

Die Kanonen der amerikanischen Panzer schwenkten herum und senkten sich.

Ein letzter Blick durch das Fernglas. Die Panzer waren inzwischen näher herangekommen, so daß ihre Konturen deutlicher zu sehen waren.

Jacobsen stutzte plötzlich. Im letzten Augenblick erkannte er, was wirklich anlag. Es handelte sich um amerikanische Panzer vom Typ M-5, die von Osten her auf die Stadt zurollten.

Sie hatten an der Schlacht bei Paderborn (darüber wird noch berichtet) teilgenommen und waren von dort aus nach Westen durchgebrochen.

So trafen sich die beiden Vorausabteilungen der 9. und 1. US-Armee am 1. April 1945 um 13.00 Uhr.

Jacobsen und seine Männer begrüßten die GI's der 1. Armee freudig. Alles sprang aus den Kampfwagen und lief aufeinander zu. Man umarmte sich und schlug einander auf die Schultern.

Dabei wußte keiner der amerikanischen Soldaten, was an diesem Apriltag wirklich geschehen war. Sie ahnten nicht, daß sie eine historische Tatsache geschaffen hatten und damit in die Geschichte des Zweiten Weltkriegs eingegangen waren.

Später erklärte Jacobsen dazu: *»Es war an und für sich erstaunlich, daß die Soldaten nichts von dem wahren Ausmaß ihres Kampfeinsatzes wußten.«*

Am selben Tag gab der Oberbefehlshaber aller alliierten Streitkräfte, General »Ike« (Spitzname) Eisenhower, neue Befehle heraus.

Die 12. Armeegruppe unter General Omar Bradley sollte weiter mit Hauptrichtung auf Kassel und Leipzig vorstoßen und *»jede Gelegenheit ergreifen, einen Brückenkopf über die Elbe herzustellen«*.

Aufgrund dieser Befehle bereiteten sich außerdem die 9. US-Armee und die 1. US-Armee darauf vor, mit zwei Korps an der vordersten Front weiterzumarschieren.

Stoßrichtung der 9. Armee: Zu beiden Seiten der Autobahn Ruhrgebiet-Hannover; Eindringen in den Teutoburger Wald in der Nähe von Bielefeld; Übergang über die Weser zwischen Minden im Norden und Hameln im Süden.

Aufgabe der 1. Armee: Durchbruch nach Hofgeismar (nördlich Kassel) und von dort aus weiter nach Veckerhagen (heute Reinhardshagen, entstanden aus den Gemeinden Vaake und Veckerhagen), um dort ebenfalls die Weser zu überqueren.

Generalleutnant Simpsons 9. US-Armee trat ganz groß an.

Sie stellte folgende Kräfte zum weiteren Angriff bereit: die 5. Panzerdivision (Generalmajor Oliver), hinter ihr die 84. und 102. Infanteriedivision (unter Generalmajor Bolling bzw. Generalmajor Keating).

Ferner die 2. Panzerdivison (Generalmajor White), die 30. und 83. Infanteriedivision (Generalmajor Hobbs und Macon).

Diese beiden Stoßkeile drangen auf zwei Wegen in den Raum Bielefeld vor:

Siekerstraße mit Durchblick auf die Breitestraße. Links: Häuser Dortmunder Bierstube (Krüger), Neigenfind, Schoneburg; rechts Wirtschaft Rheinbold, 1945

Soldaten beim Aufräumen nach dem Bombenangriff vom 30. September 1944

Die zerstörte Altstädter Kirche im Jahre 1945

68

Der eine auf der nördlichen Vormarschstraße von Warendorf über Versmold, Halle auf Herford mit schwächeren Teilkräften von Halle auf der Straße nach Quelle sowie über Brockhagen auf Steinhagen.

Der andere auf der südlichen Vormarschstraße entlang der Reichsautobahn von Rheda auf Hillegossen unter Abzweigung von Verbänden über Gütersloh, Ummeln, Brackwede, Bielefeld; sowie Vorstoß geringer Kräfte auf Windelsbleiche, Buschkamp, Stiller Frieden auf Sieker.

Die Kommandeure dieser amerikanischen Einheiten rechneten von nun an mit stärkerem Widerstand vor allem in und um Bielefeld.

Wie sah es dort aus?

Am 16. März 1945 kam Generalmajor Becher nach Bielfeld und wurde Wehrmachtskommandant. Als Sicherungsbezirke unterstellte man ihm folgende damalige Landkreise: Minden, Lübbecke, Osnabrück, Melle, Halle, Bielefeld, Herford, Bad Salzuflen, Lemgo und Paderborn.

Generalmajor Becher hatte den Auftrag: 1. Sicherung und Beobachtung gegen gegnerische Luftlandungen. 2. Ausbau der Städte und Dörfer zur Verteidigung; Bau von Panzersperren. 3. Vorbereitungen zum schnellen Einsatz der Truppen und des Volkssturms gegen aus der Luft gelandete Gegner.

Becher teilte seinen 60 km breiten und tiefen Bezirk von Hilter bis Horn in drei Unterabschnitte ein und ernannte je einen Offizier zum Unterabschnittskommandeur: Oberst Dr. Hülle in Gütersloh, Oberst Sommer in Bielefeld und Generalmajor Goerbig in Lage.

Für den gesamten Abschnitt standen Becher etwa 6 500–7 000 Mann zur Verfügung. Normalerweise hätte man für solch einen Frontabschnitt sechs bis acht Divisionen, also rund 100 000 Mann aufbieten müssen.

In und um Bielefeld selbst, nach Westen bis etwa Steinhagen, nach Norden bis Jöllenbeck, nach Osten bis zur Autobahn einschließlich standen schätzungsweise 3 500 Mann in drei Abschnitten unter dem Befehl von Oberst Sommer. Von der Autobahn bis Kohlstädt, also für etwa 25 km Luftlinie, etwa 2 000 Mann unter Generalmajor Goerbig.

Die Kampfführung in und um Bielefeld wurde dadurch erschwert, daß kaum Führungs- und Nachrichtentruppen vorhanden waren.

Die Militärdienststellen und die Stadtverwaltung diskutierten außerdem noch in den letzten Märztagen darüber, ob Bielefeld überhaupt verteidigt oder zur offenen Stadt erklärt werden sollte; denn zu einer erfolgreichen Verteidigung waren alle Mittel unzureichend. Keine Artillerie, keine panzerbrechenden Waffen, abgesehen von Panzerfäusten, nicht genügend Soldaten. Die Stadtverwaltung, mit Oberbürgermeister Budde an der Spitze, war von vornherein gegen eine Verteidigung, damit die Stadt nicht noch mehr Schaden erlitte.

Auch die oberste Führung in Berlin war sich bis Ende März noch nicht darüber im klaren, ob der etwa 70 km lange Teutoburger Wald und das sich südostwärts anschließende 40–50 kam lange Eggegebirge mit den verhältnismäßig wenigen Übergängen überhaupt als Verteidigungslinie ausgenutzt werden sollte. Oder ob sich die Truppen in ihren jeweiligen Standorten verteidigen sollten.

Erst am Abend des 30. März soll nach Angaben von Generalmajor Becher und eines weiteren glaubwürdigen Zeugen ein Führerbefehl eingetroffen sein. Inhalt: Alle Truppen an den Teutoburger Wald heranführen und diesen bis zum letzten Mann verteidigen!

Generalmajor Becher befahl daraufhin allen seinen Truppen, die zugewiesenen Stellungen am Teutoburger Wald bis zum 31. März, 11.00 Uhr, zu besetzen.

Da nur relativ wenige Soldaten zur Verfügung standen, konnten nur Stützpunkte eingerichtet werden. Die Front verlief etwa wie folgt: Einschlingen – Flugplatz – Friedrich Wilhelm-Bleiche – Kupferhammer – Südrand Brackwede – Buschkamp – Hö-

Die Ritterstraße gesehen vom Klosterplatz

Blick vom Landgericht auf Kreuzstraße und Neustädter Kirche

Jahnplatz: Hotel zur Post (Mann) vor der Räumung. Standort: Jahnplatz Kreuzung der Linie 1 und 2. Richtung Nordwest (1949)

70

henzug südlich Lämershagen bis zum Höhenzug südlich Oerlinghausen.

Abends um 20.00 Uhr heulten die Sirenen in Bielefeld »Feindalarm«. Der Bevölkerung wurde so bekannt gemacht, daß der Gegner mit seinen Spitzen die nähere Umgebung der Stadt erreicht hatte.

Etwa 90 Minuten später wurde die westlich des Wirtshauses Deppe über die Autobahn führende Steinbrücke auf Befehl des Kreisleiters Reineking durch Bielefelder Sicherheitsdienstmänner mit Hilfe von Bomben in die Luft gesprengt.

Am nächsten Tag (1. April, Ostersonntag) stieß der erste amerikanische Panzer von Westen her gegen die gesprengte Brücke vor und drehte wieder um. Gegen 18.00 Uhr erschienen amerikanische Infanteristen in der Wirtschaft Deppe. Sie zwangen die Bewohner, sich im Keller aufzuhalten und untersuchten das Haus.

Etwa ab 09.00 Uhr morgens griff amerikanische Infanterie von der Autobahn her die Kompanie des Hauptmanns Holzhey am Ostrand Buschkamps und an der nach Nordosten führenden Straße mit starken Kräften und Granatwerferfeuer an.

Während dieses Gefechts landete ein amerikanischer Lastensegler auf der Autobahn. Gegen Mittag setzten vier weitere auf der Autobahn auf, aus denen Kisten ausgeladen wurden.

Die Kompanie Holzhey ging im Verlauf des Morgens bis zum Café Busch zurück, wo sie Verbindung mit einem Volkssturmbataillon aufnahm, das an der Panzersperre bei Busch und bis südlich des Sennefriedhofs lag.

Weiter südlich ereignete sich an diesem 1. April folgendes:

In der Fühe des Morgens bezog der Stab der 9. amerikanischen Panzerdivision in Niedergassel Quartier und blieb dort bis zum 5. 4. Die Familie Gassel durfte sich weiterhin in ihrem Haus aufhalten. Die amerikanischen Offiziere verhielten sich ihr gegenüber korrekt.

Gegen Mittag rückte die erste amerikanische

Kompanie mit Panzern in Wilhelmsdorf ein, stellte Panzerabwehrgeschütze im Ort und am Ausgang auf.

Am 1. 4. gegen 10.00 Uhr begann der Angriff auf Oerlinghausen. Dort waren alle Panzersperren geschlossen und besetzt; eine Einheit hielt die Stellungen auf den Südhängen der Stadt. Um etwa 18.00 Uhr feuerten die Amerikaner auf die Stadt, wobei

Extrablatt der »Westfälischen Zeitung« vom 10. April 1945

sie sich zunächst auf die äußere südliche Bergkette und das nördliche Stadtviertel beschränkten. Die Bevölkerung hatte teilweise die Stadt aufgrund deutscher Aufforderung verlassen.

Bis zum Abend gelang es den Amerikanern, den Südrand der Stadt zu besetzen. Einige Häuser im Südteil waren durch das Grantwerferfeuer in Brand geraten.

Bei diesen Kampfhandlungen spielte sich folgender Vorfall ab:

Gegen 08.00 Uhr rollte ein deutscher Panzer vom Typ »Königstiger« von Schloß Holte in Richtung Buschkampf. Er war mit SS-Männer besetzt.

Auf dem Hof des Kaufmanns Freitag, Lebensmittelgeschäft beim Bahnhof Kracks, hielt sich ein versprengter Heeresangehöriger namens Walter Barking auf; geboren am 1. 12. 1919 in Bocholt, wohnhaft in Sende. Durch Gerüchte war Barking darüber informiert worden, daß amerikanische Panzer heranrollten.

Barking versteckte sich im Stallgebäude des Hofes Freitag und warnte herumstehende Kinder zu verschwinden.

Von Südosten näherte sich ein einzelner Panzer dem Haus Freitag. Als er wenige Meter davorstand, feuerte Barking aus dem Stall heraus seine Panzerfaust ab und traf den Kampfwagen vorn am Turm mit Streifschuß. Zwei auf dem Panzer aufgesessene Soldaten waren auf der Stelle tot. Erst jetzt erkannte der Schütze, daß es sich um einen deutschen Kampfwagen handelte. Völlig verstört lief Barking weg, um sich nach Sende zu seiner dort wohnenden Frau zu begeben und sich als Täter zu stellen.

Doch kurz darauf kehrte er wieder um. Die Besatzung des Panzers ergriff ihn, prügelte ihn und führte ihn in ein etwa 80 Meter entfernt liegendes Wäldchen. Barking wollte sich rechtfertigen, doch man ließ ihn nicht zu Wort kommen, verprügelte ihn weiter und nahm ihm seine Papiere und Wertsachen ab.

Ein SS-Mann schoß ihn durch Genickschuß nieder. Als er am Boden lag, feuerte der Pistolenschütze noch mindestens fünf Schuß auf ihn ab, bis das Magazin leer war. Angehörige der Familie Freitag waren Zeugen dieser Untat.

Die SS-Besatzung arbeitete noch etwa eine Stunde am Panzer und fuhr dann am Bahnhof vorbei zum Elbrechter Hof, um amerikanische Panzer auf der Autobahn anzugreifen.

Der Kampfwagen erreichte die Weggabel etwa 500 Meter ostwärts des Elbrechter Hofes. Dort schossen ihn amerikanische Panzer von der Autobahn in Brand. Die gesamte Besatzung fand den Tod. Nur ein verwundeter Mann konnte sich entfernen.

Vom Wasserturm Windelsbleiche beobachtete man bereits am Morgen des 1. 4. etwa 70 amerikanische Panzer auf der Autobahn, die Höfe in Brand schossen; einige von ihnen wurden von der deutschen Abwehr abgeschossen.

Aus Richtung Buschkampstraße tauchten gegen 11.00 Uhr die ersten Amerikaner beim Werk Windelsbleiche auf. Eine größere Menge bewaffneter Russen folgte ihnen.

Alle am und im Pförtnerhaus befindlichen Deutschen, unter ihnen auch zwei sich zufällig dort aufhaltende Hitlerjungen, wurden verhaftet und mit erhobenen Händen zu Birkemeiers Hof geführt.

Danach drangen die Amerikaner und Russen in das Werk ein. Die Amerikaner zur Durchsuchung, die Russen begannen mit der Plünderung und betraten dabei auch das Wohnhaus von Gustav Windel. Bei der Firma Windel wurden in den nächsten Tagen etwa 1,5 Millionen Meter Webwaren gestohlen, von denen die Firma aufgrund einer öffentlichen Bekanntmachung nur etwa ein halbes Prozent zurückerhielt.

Gustav Windel hißte dann die weiße Fahne, um Artilleriebeschuß vom Werk fernzuhalten. Bei ihm erschienen daraufhin zwei amerikanische Offiziere,

72

Aufräumungsarbeiten nach 1945. Breite Straße vom Gehrenberg mit Feldeisenbahn

Der Luftschutzgraben am Rathaus wurde wieder zugeworfen (1949)

Herford: Trümmer zwischen Rennstraße und Gertrudstraße. Das Foto entstand im Januar/Februar 1945

73

die ihn aufforderten, sofort das Amt des Bürgermeisters zu übernehmen, was der Angesprochene aufgrund seines Alters ablehnte.

Vom Hause Mikus in der Bahnhofstraße übernahm dann ein amerikanischer Panzer die Wache für Windelsbleiche. Alle übrigen Amerikaner verschwanden im Laufe des Tages wieder, nachdem sie die Häuser nach Soldaten und Waffen, vor allem aber nach Alkohol, Fotoapparaten, Füllfederhaltern und ähnlichen Dingen durchsucht hatten.

Sonstige Ereignisse am 1. 4.: Etwa um 11.00 Uhr wurden die Munitionslager bei Buschkamp gesprengt, damit sie dem dort seit zwei Stunden angreifenden Gegner nicht in die Hände fielen.

Am Güterbahnhof Brackwede entluden Männer vom Volkssturm einige Güterzüge und verteilten Fleisch in Dosen, Mehl und Zucker an Soldaten, Krankenhäuser, das Gefangenenlager und die Zivilbevölkerung. An und für sich sollten die Lebensmittel ins Ruhrgebiet transportiert werden. Doch die Züge konnten wegen Bombenschäden nicht weiterfahren.

Gegen 22.00 Uhr sprengten Angehörige des Sicherheitsdienstes die große Autobahnbrücke südlich von Hillegossen. Dadurch war der Verkehr auf der Autobahn etwa 14 Tage unterbrochen. Zur Aufrechterhaltung eines provisorischen Nachschubverkehrs setzten die Amerikaner die gesamte Zivilbevölkerung ein, die einen Erdwall errichten mußte.

Was geschah in Jöllenbeck?

Am 2. April drangen die Amerikaner westlich Bielefeld von Versmold her über Halle gegen 13.00 Uhr nach Werther vor. Über Schröttinghausen, Dreeke und Häger erreichten sie um etwa 14.30 Uhr den Raum westlich von Jöllenbeck.

Dort sollten Angehörige der Nachrichten-Ersatz-Abteilung 6 aus Bielefeld zusammen mit Volkssturm die Panzersperren verteidigen. Dabei kam es zu Gefechten bei der Sperre am Westeingang des Ortes.

Als den Amerikanern Abwehrfeuer entgegenschlug, eröffneten ihre Panzer das Feuer. Dann teilte sich der angreifende Verband und umfuhr die Sperre zu beiden Seiten.

Als die Panzerbesatzungen sahen, daß Soldaten und Volkssturmmänner zum Gehöft Böckmann liefen, nahmen sie dies unter Feuer. Ein Gebäude ging in Flammen auf.

Die deutschen Soldaten wichen ferner vor vorgehender amerikanischer Infanterie aus, so daß die Häuser der Freudenburg (nördlich der Wertherstraße bei Böckmann) schnell in ihre Hände fielen. Als Vergeltung für den deutschen Widerstand wurde in mehreren Häusern Feuer gelegt, das aber nach dem Abmarsch der Soldaten schnell gelöscht werden konnte, so daß nur Zimmerbrandschaden entstand.

Schließlich öffneten die amerikanischen Panzer die Sperre mit mehreren Schüssen. Danach wurden das Lefelmannsche Haus, Bielefelder Straße 1, und einige Gebäude der Ravensberger Seidenweberei angesteckt. Während dieses Gefechts bekam das Bahnhofsgebäude mehrere schwere Treffer ab.

Der kleine deutsche Kampfverband zog sich daraufhin nach Bielefeld zurück; der Volkssturm löste sich auf.

Zwischen 16.00 und 17.00 Uhr rollten die ersten Panzer feuernd über die Bahnhofstraße. Sie schossen mit Brand- und Leuchtspurmunition das »Kantorhaus«, eins der ältesten Häuser Jöllenbecks, in Brand. Da in ihm Farben und Lacke gelagert waren, brannte es völlig ab.

Gegen 16.30 Uhr erreichten die amerikanischen Panzer Eickum und stießen nach kurzer Schießerei mit ihren Spitzen bis nach Diebrock vor.

Einige Panzer zweigten westlich Eickum auf Laar ab, um Herford zu erreichen. Am Roonstein kam es zu kurzen Gefechten, bei denen zwei Angehörige des Volkssturms fielen.

Gegen 18.00 Uhr erreichten die ersten Panzer auf der Straße von Diebrock die Höhe des sogenannten Stöhnebrinkes. Dort schlug ihnen Feuer aus Pan-

74

zerabwehrgeschützen entgegen. Die Amerikaner schossen zurück und vernichteten ein Geschütz samt Bedienung. Auf ihrer Seite ging ein Panzer verloren.

Die Amerikaner verzichteten darauf, Herford noch an diesem Tag zu besetzen. Sie zogen ihre Truppen zurück und brachten sie zwischen Eickum und Stöhnebrink zu beiden Seiten der Straße in Stellung. Hin und wieder feuerten Panzer und Artillerie auf Herford und Umgebung. Dabei gab es aber nur geringe Gebäudeschäden und wenige Tote, deren genaue Zahl nicht bekannt ist.

In der Nacht zum 3. 4. verließen die deutschen Soldaten, Reste der Ersatz-Bataillone, die Stadt in östlicher Richtung.

Was tat sich bei Borgholzhausen?

Die von Versmold auf Halle vorstoßende amerikanische Kampfgruppe zweigte eine Nebenkolonne ab, die von Süden her auf die Enge bei Borgholzhausen vorstieß und gegen 14.00 Uhr die Straße Halle-Osnabrück erreichte.

Der Gebirgspaß südlich von Borgholzhausen wurde von einer SS-Abteilung in Stärke von ein bis zwei Kompanien und versprengten Heeressoldaten verteidigt. Sie verfügten über vier Pak (Panzerabwehrkanonen).

Gegen 14.00 Uhr begannen die Panzer mit dem Angriff, der sehr vorsichtig und zögernd durchgeführt wurde. Deshalb zog er sich trotz der geringen deutschen Kräfte bis etwa 19.00 Uhr hin. Die deutsche Truppe verlor etwa 20 Mann durch Tod und setzte sich gegen 22.00 Uhr in Richtung Melle ab.

Erst am nächsten Tag (3. 4.) rückten die Amerikaner in Borgholzhausen ein. Gegen 05.00 Uhr gingen ihnen Einwohner mit weißen Tüchern entgegen und boten die Übergabe an. Die Truppen durchfuhren den Ort ohne Aufenthalt. Am Vormittag waren es mehrere hundert Panzer und andere Fahrzeuge, die in Richtung Barnhausen, Rotenhagen und Wallenbrück rollten.

Britische Panzer auf dem Marsch nach Osnabrück

Lagebesprechung von amerikanischen (Stahlhelme mit weißen Sternen), kanadischen und britischen Offizieren in der Nähe von Osnabrück

75

Wie sah es bei Gütersloh aus?

In Gütersloh befanden sich während der Ostertage 1945 folgende deutsche Verbände: Kampfkommandant Oberst der Luftwaffe Kröhl, Luftwaffenregiment; Luftnachrichtenausbildungs- und Ersatzregiment 2; Stabskompanie des Luftgaunachrichtenregiments 6; 3. Kompanie/Panzerjägerabteilung 272; 2. Kompanie/leichte Flakbatterie; Kraftfahrzeugwerkstatt der OT (Organisation Todt); OT-Bauleitung; Luftschutzabteilung 39 und Sammeldurchgangslager. Dazu – auf dem Papier – etwa 5 000 Angehörige des Volkssturms, von denen allerdings in den Tagen des Angriffs nur etwa 250 völlig unzureichend bewaffnet zum Einsatz kamen.

Die Spitzen der amerikanischen Kräfte stießen auf der Autobahn seitlich an Gütersloh vorbei und erreichten am 31. 3. abends die Straße Brackwede-Schloß Holte und am 1. 4. das Gebirge beiderseits der Autobahn. An diesem Tag wurden ebenfalls die Orte Wiedenbrück und Neuenkirchen besetzt.

In der Nacht vom 1. zum 2. April verhandelte die Gütersloher Stadtverwaltung mit dem Kampfkommandanten über die Aufgabe der Verteidigung.

Am 2. April erschienen die ersten Panzer auf der Wiedenbrücker- und Neuenkirchener Straße. Von den Stadteingängen wurde auf sie geschossen; sie feuerten zurück und machten kehrt.

Die Bevölkerung der Außenbezirke hißte bereits weiße Fahnen, die aber auf Anweisung des Kreisleiters Reineking wieder entfernt wurden.

Zweifel bestehen darüber, wer den Befehl zum Abmarsch der deutschen Truppen aus Gütersloh gegeben hat. Generalmajor Becher hat dazu erklärt, daß die Gütersloher Truppen von ihm am 31. März morgens den Befehl erhalten hätten, den Gebirgsabschnitt zwischen Halle und Werther zu besetzen. Sie seien aber dort aus ihm unbekannten Gründen nicht eingetroffen.

Der Kampfkommandant dagegen will am Vormittag des 2. April den Befehl zum Abzug seiner

AN DEN

BÜRGERMEISTER

Wenn Sie Ihren Ort und die Bevölkerung retten wollen, müssen die folgenden Anweisungen sofort ausgeführt werden:

1. **Eine weisse Fahne ist sichtbar am höchsten Gebäude des Ortes auszuhängen.**

2. **Ein Bevollmächtigter unter weisser Fahne ist in der Richtung der amerikanischen Truppen zu entsenden.**

3. **Alle Minen und Barrikaden sind zu beseitigen.**

Gewissenlose Elemente können durch das Abgeben von auch nur einigen Schüssen Ihre Bemühungen zunichte machen und die Zerstörung Ihres Ortes herbeiführen.

Dieses Flugblatt ist dem Bürgermeister sofort zu übergeben.

Dieses alliierte Flugblatt wurde während der Schlacht am Teutoburger Wald abgeworfen

Truppen erhalten haben. Bis zum Nachmittag des 2. 4. hat er, nach seinen Angaben, die Stadt noch gehalten. Dann setzten sich die letzten deutschen Soldaten zwischen 16.00 und 17.00 Uhr auf der Brockhager Straße in Richtung Halle ab.

Gegen 18.00 Uhr rückten die Amerikaner in Gütersloh ein und stießen noch am gleichen Tag bis nach Isselhorst vor, wo sie die Nacht über blieben.

Was ereignete sich in Lämershagen und Oerlinghausen?

Die amerikanischen Einheiten, die am 1. April den Raum um das Wirtshaus Deppe und westlich davon

76

erreicht und während der Nacht dort gelegen hatten, setzten ihre Angriffe am Vormittag des nächsten Tages (2. 4.) fort.

Nach starker artilleristischer Vorbereitung versuchten sie ab 08.00 Uhr den weiteren Vormarsch durch das Gebirge zu erzwingen. Ostwärts der Autobahn gelang der erste Einbruch. Amerikanische Infanterie mit Granatwerfern besetzte die Höhen bei Wrachtrup. Gegen 11.00 Uhr griff dann amerikanische Infanterie westlich der Autobahn an. Aufgrund des zähen deutschen Widerstandes zog sie sich aber sehr schnell wieder bis an den südlichen Höhenrand zurück. Eine amerikanische Batterie unterstützte den Angriff aus einer Stellung etwa ein Kilometer nördlich des Bahnhofs Kracks durch lebhaften Beschuß.

Gegen 13.00 Uhr stießen die Amerikaner mit einer größeren Zahl von Panzern auf der Autobahn vor. Dicht vor der gesprengten Brücke beim Wirtshaus Deppe rollten die Panzer von der Autobahn herunter, fuhren über einen Weg weiter und drangen bis in die Gegend der Lämershagener Schule vor.

Die nachfolgende Infanterie stieß in dem unübersichtlichen Gelände immer noch auf zähen Widerstand. Deshalb setzte stärkeres Artilleriefeuer ein, das mehrere Stunden dauerte und die Abschnitte zu beiden Seiten der Autobahn abstreute. Die Panzer und die Infanterie feuerten ebenfalls bei diesem Gefecht. Die deutsche Infanterie erlitt empfindliche Verluste.

Rast der britischen Panzertruppen auf dem Vormarsch im Raum Osnabrück

An alle, die reisen müssen!

Fliegergefahr!
Den Zug räumen.

Feindliche Terrorflieger führen auch Tiefangriffe auf Personenzüge durch. Wenn also die Bahnbeamten die Reisenden auffordern, die Wagen wegen drohender Angriffsgefahr zu räumen, so ist dieser Aufforderung ruhig und schnell nachzukommen! Frauen, Kinder und Gebrechliche durch die Türen – Männer aus den Fenstern – so geht es am schnellsten! Gepäck bleibt im Zug, nur das Notwendigste wird in einer leichten Tasche mitgenommen. Und dann: niemals am Zug stehen bleiben! Sofort ins Gelände verstreuen und einzeln oder in kleinsten Trupps etwa 300 bis 400 m vom Zuge entfernt Deckung nehmen! Abwarten, bis die Bahnbeamten das Zeichen zur Rückkehr geben. Neugier kann sehr gefährlich werden!

Ausschneiden! Aufheben! Weitere Ratschläge folgen.

»Reisetips« von damals (Aus: »Westfälischer Anzeiger«)

Den amerikanischen Panzerspitzen gelang es schon bald, gegen die nördliche Bergkette vorzustoßen. Auf dem »Pastorenweg« fuhren sie über die Kuppe und gingen am Abend am Nordhang bei Ubbedissen in Stellung.

Damit war der erste Durchbruch durch den Teutoburger Wald gelungen.

Südostwärts von diesem Frontabschnitt setzten die Amerikaner am 2. 4. ihren Angriff auf Oerlinghausen in verstärktem Maße fort. Es kam zu erbitterten Kämpfen; aber trotz der heftigen deutschen Abwehr setzten sich die Amerikaner in einigen Häuserreihen und Straßen fest.

77

Osnabrück: Erster Tagesangriff (13. Mai 1944) von amerikanischen Bombern gegen das Industrieviertel, Klöcknerstraße und Hauptbahnhof. Tausende von Spreng-, Brand- und Phosphorbomben fielen. 239 Menschen kamen ums Leben

Tagesangriff: Bomben schlagen in und bei den Stadtwerken ein

Zerstörte Geschäfts- und Wohnhäuser an der Krahnstraße

78

Die Deutschen gingen auf den Tönsberg, die Stadtmitte und auf das Schöpketal zurück, um von dort aus zu Gegenstößen anzutreten. Dabei wurde am Tönsberg, im Welschenweg, im alten Stadtteil, bei der Kirche und dem Pfarrhaus, auf dem Berg und am Piperweg, bei der Jugendherberge und auf dem Tönsberg erbittert gekämpft. Ein amerikanischer Panzer wurde bei der Kirche von einer deutschen Panzerfaust getroffen und schwer beschädigt. Daraufhin schossen die Amerikaner einige Häuser in Brand. Es gelang ihnen aber nicht, am 2. 4. über die Kirche, die Tönsbergstraße und den Tönsberg selbst weiter vorzustoßen. Deshalb blieben sie in der Nacht in den von ihnen erreichten Stellungen und setzten ihre Angriffe erst am nächsten Tag fort.

Im deutschen Wehrmachtsbericht hieß es über den 2. April 1945, daß der Gegner beiderseits Bielefeld bis an die Ränder des Teutoburger Waldes vorstoßen konnte, dort aber unter hohen Panzer- und Menschenverlusten zum Stehen gebracht worden sei. Weitere Ereignisse am 2. 4. 1945:

Um etwa 16.00 Uhr verlegte der Stab des Generalmajors Becher von Bielefeld nach Lemgo.

Gegen 20.00 Uhr marschierte die gesamte Polizei und Gendarmerie des Amtsbezirks Brackwede nach Uchte an der Weser ab, wo sie der kämpferischen Truppe unterstellt werden sollte.

Um etwa 21.00 Uhr feuerten die Amerikaner auf Bielefeld. Granaten schlugen in der Viktoriastraße, Webereistraße und bei den Dürkopp-Werken ein, wo zwei holländische Arbeiter getötet wurden. Es waren die einzigen Granaten, die auf die Stadt geschossen wurden.

In Brackwede spielte sich eine der vielen Tragödien jener hektischen Tage ab, als Deutschland unterging. Zwischen 22.00 und 23.00 Uhr gab Bürgermeister Bitter den Befehl zur Öffnung der Panzersperren heraus. Er wurde daraufhin in der Nacht von Major Martin verhaftet und nach Bielefeld in den Sedan-Bunker gebracht, wo sich die Parteidienststellen befanden.

Auf Befehl des Kreisleiters Reineking wurde Bitter am nächsten Tag um 10.04 Uhr durch ein Exekutionskommando beim Waldkrug erschossen.

Was kam bei Steinhagen vor?

In der Morgenfrühe des 3. 4. löste eine Kompanie der Nachrichtenersatzabteilung 6 aus Bielefeld unter Führung von Leutnant Regel in und nördlich von Steinhagen SS-Männer ab. Die Einheit besetzte die Erdlöcher beim Hof Rellmann, südlich des Bahnhofs und westlich bis über die Straße, die in den Ort Steinhagen führt.

Die Amerikaner feuerten am frühen Morgen auf die noch offene Panzersperre am Landbach südwestlich der Fabrik König mit Artillerie und gaben einige MG-Feuerstöße auf Steinhagen ab.

Bürgermeister Meyer ging daraufhin, anfangs begleitet von Herrn Hallerberg, dann allein, mit einem weißen Tuch durch die Sperre bis an die Straßengabelung der Isselhorster Straße den wartenden Amerikanern entgegen.

Meyer erklärte über einen Dolmetscher (anscheinend ein Franzose), daß der Ort nicht verteidigt werden würde.

Die Amerikaner sagten ihm zu, daß Steinhagen verschont werden würde, wenn innerhalb von einer halben Stunde alle Sperren geöffnet würden.

Das gelang allerdings innerhalb der kurzen Zeit nicht, obwohl Meyer ein Motorrad benutzte. Deshalb ging Lehrer Schröder vor Ablauf der halben Stunde nochmals zu den Amerikanern und erklärte ihnen, daß die Verzögerung durch das Zurücklegen der weiten Wege entstanden war.

Die Amerikaner warteten deshalb noch zwei Stunden und rückten dann mit 17 schweren und leichten Panzern in den Ort ein, in dem an fast allen Häusern weiße Tücher zu sehen waren.

Sie blieben bis zum Nachmittag in Steinhagen und gingen dann wieder in Richtung Isselhorst zurück. Die deutsche Kompanie wich auf die Höhe nördlich des Bahnhofs aus.

Und nun die Ereignisse in der Senne.

Eine größere Anzahl von Amerikanern rückte am 3. 4. in Windelsbleiche ein, wo sie ihre Panzer und sonstigen Fahrzeuge im Werk abstellten. Sie quartierten sich im Verwaltungsgebäude ein.

Die Werksleitung brachte es fertig, daß die Amerikaner das Tor I bewachten. Doch durch die übrigen Tore, die alle aufgebrochen worden waren, ging die Plünderung weiter. Kampfhandlungen gab es in und bei Windelsbleiche nicht.

Hauptmann Holzheys Kompanie lag weiterhin in Stellung beim Cafè Busch. Holzhey war inzwischen durch einen Motorradunfall ausgefallen und in das Möllerstift in Brackwede gebracht worden. Von nun an führte Oberleutnant Riedel die Kompanie.

Gegen 14.00 Uhr fuhren drei Lkw der Amerikaner von Buschkamp her zum Café Busch. Hinter den Steuern saßen Neger.

Von der Sperre her feuerte ein deutscher Soldat eine Panzerfaust auf den mittleren Wagen, der mit Benzinkanistern beladen war und sofort brannte. Der dritte Wagen fuhr auf das brennende Fahrzeug auf und geriet ebenfalls in Brand. Er war mit Lebensmitteln beladen. Die Bevölkerung eilte sofort herbei und zog mit Stangen und Haken alles aus dem Lkw heraus, was noch zu retten war. Der unbeschädigte vorderste Wagen, der ebenfalls mit Benzinkanistern beladen und von seinem Fahrer im Stich gelassen worden war, wurde später von einem Zivilisten nach Brackwede und von dort nach Bielefeld zur Kaserne gefahren.

Gegen 17.30 Uhr tauchten aus Richtung Buschkamp amerikanische Panzer und Spähwagen auf, die von den entlang der Straße eingesetzten deutschen Soldaten nicht angegriffen wurden. Es ist anzunehmen, daß sich diese gar nicht mehr in ihren Stellungen befanden.

Die noch beim Café Busch befindlichen Soldaten feuerten auf die Panzer, aber ohne Erfolg. Dabei fielen zwei deutsche Soldaten. Die übrigen wichen aus und verschwanden in den dort stehenden Häusern. Die Amerikaner mußten dies wohl beobachtet haben; denn sie schossen auf die Gebäude, von denen manche über 100 Treffer abbekamen.

Fortsetzung bei Hillegossen.

Das Grenadierausbildungsbataillon 167 hatte am 1. und 2. 4. südlich von Hillegossen gekämpft; am 3. 4. leistete es erneut Widerstand, diesmal mit Front nach Osten.

Nach heftiger Artillerievorbereitung griffen die Amerikaner mit Panzern und Infanterie Hillegossen von Osten und Südosten her an. Es gab kaum noch Widerstand, die Besatzung war schwach und völlig übermüdet; deshalb gelang es den Amerikanern, langsam in Hillegossen einzudringen. Da sie jedoch sehr vorsichtig und zögernd vorgingen, dauerte es bis zum Spätnachmittag, bis sie die Deutschen aus Hillegossen nach Westen und Nordwesten verdrängt hatten.

Was folgte nun bei Oerlinghausen?

In und bei Oerlinghausen setzten die Amerikaner am 3. 4. morgens ihre Angriffe bei der Kirche, dem Pfarrhaus, in der Tönsbergstraße und am Tönsberg fort. Das Gefecht dauerte bis zum Nachmittag, als sich die deutschen Truppen absetzten.

Eine große Anzahl amerikanischer Panzer rollte in Richtung Lage weiter auf die Weser zu.

Bei Oerlinghausen fielen insgesamt 71 Soldaten; ein Beweis für den harten, im Grunde aber völlig sinnlosen Abwehrkampf. Die Amerikaner sollen ebenfalls hohe Verluste gehabt haben. Es wurde eine Zahl von 300 Toten genannt, die aber anscheinend nicht der Wahrheit entspricht. Rektor Diekmann war zusammen mit anderen Einwohnern beim Bergen der Gefallenen eingesetzt. Er hat zusammen mit anderen aus einem Haus, in das eine Panzerfaust gefeuert worden war, 19 tote Amerikaner herausgeholt. Wie bei den Amerikanern üblich wurden sie sofort mit Lkw in rückwärtiges Gebiet gefahren.

80

Im Wehrmachtsbericht vom 3. 4. 45 hieß es, daß den Amerikanern südlich von Bielefeld ein tiefer Einbruch in Richtung auf Herford gelungen war.

Wie ging es in Brackwede weiter?

Am 3. 4. waren die Amerikaner nun auch östlich von Bielefeld durch den Teutoburger Wald vorgestoßen und konnten die Autobahn nach Hannover für ihren weiteren Vormarsch benutzen. Die gesprengten Brücken und sonstige Zerstörungen hielten den Vormarsch nicht wesentlich auf, da schnell Umleitungen gefunden wurden.

Die unter dem Befehl von Oberst Sommer stehenden deutschen Truppen in und um Bielefeld verblieben in den Stellungen, in denen sie in den Vortagen bereits gestanden hatten.

Die Amerikaner hatten sich am Abend des 3. 4. auf der Gütersloher Straße bis auf einen Kilometer (Gaststätte Klostermann) Brackwede genähert.

Am nächsten Tag gegen 06.00 Uhr setzten sie von Ummeln zum weiteren Vormarsch an. Die beiden 3,7–cm–Pak am Südwesteingang Brackwedes feuer-

Die zerstörte Krahnstraße

Nur noch Trümmerhaufen, wo vorher Geschäftshäuser standen (Stadtmitte)

ten keinen einzigen Schuß ab; die Bedienung setzte sich vielmehr ab.

Amerikanische Infanterie sprang von den Panzern ab und durchsuchte das kleine Waldstück östlich der Straße, die aber ergebnislos verlief. Die Infanteristen schoben sich wieder an die Straße heran. Gleichzeitig ging westlich der Straße amerikanische Infanterie durch die Felder kampflos in Richtung auf Kupferhammer vor.

Als erster in Brackwede fiel der Volkssturmmann Karl Kleineberg an der Gütersloher Straße. Er wollte gerade auf sein Fahrrad steigen, als er durch einen Schuß aus einem Panzer getötet wurde.

Gegen 09.00 Uhr gingen die Amerikaner zu beiden Seiten der Niederstraße auf den von Leutnant Rettig geführten Schützenzug vor, der den Bahndamm in einer Frontlänge von etwa 200 bis 300 Metern besetzt hatte. An der Sperre, die an der Straßenunterführung etwa 200 Meter südlich der Gaststätte Waymann errichtet worden war, stand Volkssturm.

81

Da die Angreifer nur äußerst zögernd und vorsichtig vorgingen, zogen sich die Gefechte bis zum Mittag hin.

Die Amerikaner zwangen den Polizeibeamten Herbert Meyer aus Brackwede mit erhobenen Händen bei ihrem Angriff mitzugehen. Meyer kam dabei ums Leben. Ob er von Deutschen oder Amerikanern erschossen wurde, ist nicht bekannt.

Bei den Kämpfen schossen die Amerikaner das Eckhaus am Preßwerk, ein Nachbarhaus und einen Stall neben dem Anwesen Artois in Brand. Das zuerst genannte Gebäude brannte völlig aus, weil es der Besitzer wegen des Schußwechsels nicht löschte; der Brand an den beiden anderen Häusern konnte dagegen schnell gelöscht werden.

Auf dem Gelände des Gaswerkes waren etwa 20 bis 30 deutsche Soldaten in Stellung gegangen. Es fielen Oberfeldwebel August Ollerdissen durch Halsschuß und Fahnenjunker-Unteroffizier der Reserve Walter Kuhlmann.

Der große Gasometer wurde von mehreren Gewehrschüssen getroffen. Eine Stichflamme flackerte auf, die später nach dem Gefecht vom Direktor des Gaswerks, Bunte, zusammen mit Werkmeister Hachmeister durch Pfropfen erstickt wurde.

Gegen 09.00 Uhr erreichten die ersten Amerikaner die Sperre unter der Bahn westlich der Gasanstalt. Ein amerikanischer Panzer fuhr auf der Gütersloher Straße von Südwesten bis zur Straßenkreuzung etwa 200 Meter westlich der Sperre. Dort blieb er stehen und sicherte das Vordringen der Infanterie gegen die Sperre. Die Infanteristen besetzten den Bahndamm zu beiden Seiten der Panzersperre und feuerten in Richtung Gaswerk und Ruhrstahlgelände.

Dann fuhr ein gepanzerter Spähwagen vor. Die Besatzung stieg aus, brachte eine Sprengladung an und jagte die Sperre in die Luft. Die Trümmer wurden nur oberflächlich beiseitegeräumt und die Panzerspitzen rollten auf der Straße in Richtung Bielefeld weiter. Augenzeuge dieses Geschehens

war der Werkmeister Hachmeister.

Mittags zog sich die deutsche Truppe vom Bahndamm auf das Dorf Brackwede zurück. Die Amerikaner überquerten die Bahnlinie nicht, sondern zogen sich auf die Gütersloher Straße zurück.

Was geschah am Lönkert?
Während der Gefechte am Gaswerk und Ruhrstahlgelände griffen die Amerikaner gegen 11.00 Uhr die Deutschen an, die auf dem Grundstück Dr. Günther an der Straßenbahnhaltestelle Bahnhof Brackwede und oberhalb davon am Lönkert in Stellung lagen. Obwohl die Deutschen nur mit Gewehren, Panzerfäusten und wenigen Maschinengewehren ausgerüstet waren, leisteten sie mehrere Stunden lang heftigen Widerstand.

Um etwa 15.00 Uhr setzten die Amerikaner dort einen Lautsprecherwagen ein, der den deutschen Soldaten nach einer sofortigen Kapitulation gute Behandlung zusicherte. Fast bei jeder Durchsage ratterte ein MG der SS los, um die Aufforderung zur Übergabe zu übertönen.

Zivilisten hängten daraufhin an ihren Häusern weiße Tücher heraus. Der Sprecher erklärte, nicht die Zivilisten seien gemeint, sondern die Soldaten, die sich ergeben sollten.

Fast zum gleichen Zeitpunkt kamen etwa 35 deutsche Soldaten von der Lönkerthöhe herunter. Sie hatten ihre Waffen bereits abgelegt und wollten sich ergeben. Die SS-Soldaten bei der Bäckerei Teckentrup bemerkten dies und feuerten mit MG auf die eigenen Soldaten; glücklicherweise gab es keine Verluste. Die Soldaten gingen daraufhin wieder zur Lönkerthöhe zurück.

Einige deutsche Soldaten lagen auch bei der katholischen Kirche. Bei der Verfolgung der Deutschen drangen ein amerikanischer Offizier und fünf Mann vom Lönkert bis zur Kirche vor. Dabei mußte sie ein Deutscher namens Gundlach begleiten. Von der Sparkasse aus feuerten sie in Richtung auf die evangelische Kirche und zogen sich danach zum Lönkert zurück.

82

Geschäftsviertel der Altstadt (Stadtmitte)

Das Gefecht am Lönkert war zwischen 16.00 und 17.00 Uhr beendet. Etwa 30 bis 35 Deutsche ergaben sich; die übrigen setzten sich in Richtung Berg und katholische Kirche ab.

Jetzt die Ereignisse an der Lutterkolk- und Kreuzapotheken-Sperre.

Gegen 11.00 Uhr drangen die Amerikaner westlich der Bielefelder Straße im Schutz der Häuser gegen die Sperre am Lutterkolk vor. Sie war von einer aus 20 Mann und Volkssturm bestehenden Kampfgruppe unter Oberleutnant Mex besetzt. Oberhalb des Hindernisses lag eine Kompanie des Panzerregiments 27. Dort hielt sich gerade Volkssturm-Bataillonsführer Dohse auf, als die ersten Amerikaner etwa 200 Meter vor der Stellung standen. Dohse forderte die Soldaten zum Schießen auf. Sie lehnten aber ab, da es ihnen noch nicht klar war, ob es sich nicht doch um eigene Truppen handelte.

Unmittelbar darauf eröffneten die amerikanischen Infanteristen, denen dichtauf Panzer folgten, das Feuer und die Deutschen zogen sich schnell zurück.

Drei amerikanische Panzer rollten um 13.00 Uhr gegen das Hindernis an der Kreuzapotheke vor. Panzerfäuste blitzten und fauchten. Die durch die Luft sausenden Sprengkegel trafen aber nicht.

Die Panzer setzten sich ab und rollten wieder vor, wobei sie aus allen Rohren und MG feuerten.

Später fuhr ein Panzerspähwagen durch die Breitenbachstraße in den Rücken der Sperre und feuerte mit seinem MG planlos in der Gegend herum. Auch die Maschinengewehre der Panzer in der Gütersloher Straße ratterten.

Der Volkssturmführer, Fabrikant Dohse, der für die Verteidigung der Sperre zuständig war, setzte sich telefonisch mit der Volkssturmführung im Sedan-Bunker in Verbindung und bat um Unterstützung, weil er die Sperre sonst nicht halten konnte.

Die Antwort über den Draht lautete: »Sie haben noch zwei Karabiner mit je fünf Patronen. Das gibt zehn tote Amerikaner. Sie haben bis zum letzten Mann zu halten!«

Später schickte Dohse seinen Adjutanten, Daniel Delius, in einem Pkw zum Sedan-Bunker. Delius sollte dort noch einmal die Lage vortragen und weitere Befehle bewirken.

Daniel Delius traf vor dem Bunker den Stabsleiter Brüggen, der jetzt Wehrmachtsuniform trug und gerade in seinen Pkw steigen wollte.

Der Stabsleiter rief ihm zu: »*Ich habe einen anderweitigen Verwendungsbefehl erhalten! Im übrigen ist die Sperre bis zum letzten Mann zu halten!*«

Daniel Delius nahm dann mit Oberst Sommer Kontakt auf, der die Anweisungen des Stabsleiters mitgehört hatte.

Oberst Sommer widerrief die Anweisung des Stabsleiters nicht und erklärte, Bielefeld sei eine offene Stadt, zu deren Verteidigung aber keine weiteren Kräfte zur Verfügung stehen würden.

»*Soll der Volkssturm denn noch weiter verteidigen?*«

Sommer antwortete: »*Bielefeld ist eine offene Stadt. Im übrigen ist bereits Militär an die Sperre in Marsch gesetzt worden!*«

Gegen 13.00 Uhr erschien tatsächlich die letzte Kampfreserve, zwei schwache Gruppen, unter einem Feldwebel an der Sperre. Es handelte sich um Soldaten, die mit Gewehren, Handgranaten, leichten Maschinengewehren und einem schweren MG bewaffnet waren. Eine Truppenbezeichnung hatte die Einheit nicht, die von Dohse mit ihren Aufgaben vertraut gemacht wurde. Dohse ging daraufhin mit dem Führer der Einheit bis zur Bethel-Ecke vor. Von dort aus war ein größerer Panzerverband auf der Gütersloher Straße zu sehen.

Um 14.30 Uhr etwa feuerte die amerikanische Ar-

Oben und rechts: Trümmer, Trümmer in der Stadtmitte

84

tillerie, und Panzer rollten vor. Die Geschütze feuerten mit hohen Sprengpunkten auf den Johannisberg.

Eine größere Panzergruppe fuhr etwa eine halbe Stunde später vor und stoppte zwischen Bethel-Ecke und der Sperre an der Kreuz-Apotheke. Zehn- bis zwölfjährige Jungen warfen aus dem Keller der Druckerei Wilhelm Kramer, in der Nähe der Martini-Kirche, eine Handgranate gegen einen Panzer. Das Haus wurde daraufhin von den Panzern in Brand geschossen.

Auch dort forderte ein Lautsprecherwagen die Deutschen zur Übergabe auf. Gute Behandlung wurde zugesichert. Der gutes Deutsch sprechende Ansager sprach die Soldaten sogar einzeln an. Zum Beispiel: »Der Mann in Feldgrau an der Hausecke, legen Sie doch Ihr Gewehr weg und kommen Sie her zu uns!«

Die Aufforderung hatte keine Wirkung; deshalb erfolgte gegen 15.30 Uhr ein heftiger Feuerüberfall, wobei die Sperre zusammengeschossen wurde.

Kurz darauf stellten die Deutschen ihren Widerstand ein. Die Soldaten bei der Kreuz-Apotheke und der Oetker-Fabrik ergaben sich. Der Volkssturm verschwand.

Die ersten amerikanischen Schützen drangen in die Apotheke ein und feuerten planlos in den Straßen herum; dabei beteiligten sich auch einige Panzer.

Um 16.00 Uhr räumte ein Bagger die Überreste der Sperre weg. Gleichzeitig arbeiteten sich amerikanische Infanteristen, Zigaretten im Mund, in Gruppen zu vier Mann vorsichtig vor. Dabei fiel der als Volkssturmmann eingesetzte Redakteur Dr. Walter Goch in der Bunnemannstraße.

Nach Brechung des letzten Widerstandes fuhren ab etwa 17.30 Uhr mindestens 60 Panzer verschiedener Typen und zahlreiche Schützenpanzerwagen (Spw) mit aufgesessener Infanterie sowie andere Kraftfahrzeuge in schneller Fahrt über die Gütersloher Straße in das Innere der Stadt. Teils fuhren sie

zum Rathaus, teils zum Sedan-Bunker, angeblich geführt von Ortskundigen.

Der Sedan-Bunker war inzwischen geräumt worden. Oberst Sommer hatte ihn vermutlich bereits um 16.00 Uhr verlassen. Zusammen mit ihm flüchteten die anderen Dienststellen nach Osten. Der Oberbürgermeister begab sich vom Rathaus nach Bethel in ein Krankenhaus.

Gerüchten zufolge soll im Sedan-Bunker während der Untergangstage viel Alkohol getrunken worden sein; die führenden Männer hätten meistens unter Alkohol gestanden. Eine Vermutung, die historisch nicht bewiesen, aber – im Hinblick auf ähnlich gelagerte Fälle – wahrscheinlich ist.

Auf dem Jahnplatz nahm ein höherer amerikanischer Offizier den Vorbeimarsch seiner Truppe ab. Die Marschkolonne fuhr zügig über die Herforder Straße weiter. Die Panzer feuerten dabei mit ihren Kanonen und MG wild in der Gegend herum. Dabei wurden auch Fenster bei der Kreissparkasse zerschossen.

Um etwa 18.00 Uhr ging Direktor Kunze zur Bethel-Ecke und bat einen amerikanischen Major, den Schutz der Bethel-Anstalten zu übernehmen. Bemerkenswerterweise stimmten die Amerikaner sofort zu. Der Major schickte sofort eine Sicherung in das Pförtnerhaus an der Ecke Kantensiek – Graf Baudissin-Straße. Ein mit MG ausgerüstetes Fahrzeug fuhr zur Überwachung und Verhinderung möglicher Ausschreitungen durch Bethel. Dadurch wurden Zwischenfälle seitens der amerikanischen Soldaten und anderen Ausländern im Keim erstickt. Ab 10. April 1945 etwa stellten die Amerikaner Direktor Kunze sogar eine Sicherheitsgruppe zur persönlichen Verfügung. Den gleichen Schutz gewährten auch die Engländer, als sie die Amerikaner ablösten.

Auf dem Rathaus wurde zwischen 17.00 und 18.00 Uhr von unbekannten Personen ein weißes Laken

Johannis-Straße und -Kirche damals

gehißt. Diese Maßnahme kann noch Einfluß auf die Kampfhandlungen bei der Einnahme der Stadt gehabt haben. Denn Pastor Pawlowski hatte das weiße Tuch gesehen und informierte die an der Gütersloher Straße – Ecke Kreuzstraße liegende deutsche Truppe darüber. Die Soldaten gaben daraufhin ihren Widerstand auf und marschierten durch die Hindenburgstraße ab.

Pastor Pawlowski unterrichtete auch die Spitzen der amerikanischen Verbände darüber, daß die weiße Fahne gehißt worden war.

Die amerikanischen Verbände rollten bereits zwei Stunden lang durch Bielefeld, als Pastor Pawlowski eine deutsche Kampfgruppe von etwa 200 bis 300 Mann entdeckte, die bewaffnet und in guter Ordnung auf der Jöllenbecker Straße in Richtung Güterbahnhof marschierte. Der Geistliche leitete sie um bis zum Johannisstift und wies sie nach Vilsendorf ein.

Sofort nach dem Abmarsch der deutschen Truppen begann die Plünderung des Heeresverpflegungsamtes, das in den Gebäuden in der Verlängerung der Meisenstraße untergebracht war. Andere Depots befanden sich in der Turnerstraße (Spedition Mönkemöller), in der Langemarck-Kaserne und bei der Oetker-Teilfabrik in der Weddingenstraße.

Es gab dort mehrere tausend Tonnen Konserven aller Art, Mehl, Millionen Zigarren und Zigaretten, ungefähr 100 000 Liter Wein und Schnaps sowie 4 000 Tonnen Hafer und andere Vorräte. Ihr Gesamtwert betrug mehrere Millionen Mark.

Die ausgehungerte Bevölkerung stürmte nun die Lager, die nach dem Abrücken der Polizei nur noch von einigen älteren Landesschützen bewacht wurden. Aus der Umgebung kamen Bauern mit Wagen und fuhren zentnerweise Lebensmittel und Hafer ab. In dem Gedränge von mehreren tausend Menschen wurden große Mengen Getreide und Mehl zertrampelt und somit unbrauchbar. Es gab aber auch ältere Menschen, die bescheiden anfragten, ob sie etwas haben könnten.

Daneben kam es aber auch in Stadt und Land zu vielen Plünderungen durch die frei herumvagabundierenden Fremdarbeiter und Kriegsgefangenen. Am 6. April wurden beispielsweise in Brackwede der Schuhmacher Bockermann von Russen in seiner Wohnung erschossen und sein Gehilfe von Polen erstochen.

Am Spätnachmittag des 4. April 1945 waren die Kämpfe in und um Bielefeld vorbei. Die Stadt war ohne Artilleriebeschuß oder Bombenangriffe und den damit verbundenen Schäden in den letzten Stunden davongekommen.

Die Frage, wem das zu verdanken war, ist schwer zu beantworten. Die Endsituation war weniger dem Einwirken einzelner Persönlichkeiten zu verdanken, sondern entstand vielleicht mehr aus den sich zwangsläufig entwickelnden Umständen.

Hauptsächlich wird das auf die Tatsache zurückzuführen sein, daß die Alliierten in der Stadt keinen großen Widerstand erwarteten und deshalb weder ihre Artillerie noch ihre Luftwaffe in größerem Umfang einsetzten.

Der Standortkommandant, Oberst Sommer, hatte außerdem nicht den Befehl bekommen, die Stadt selbst zu verteidigen. Außerdem erkannte er richtig, daß mit den geringen ihm zur Verfügung stehenden Kräften eine erfolgversprechende Verteidigung überhaupt nicht möglich war; diese Einstellung hat er allerdings nicht offen zugegeben.

Es kann ferner auch nicht daran gezweifelt werden, daß die Stadtverwaltung, an der Spitze Oberbürgermeister Budde, die Unmöglichkeit einer Verteidigung erkannten und sie deshalb ablehnten.

Nur die Führung der NSDAP (Nationalsozialistische Deutsche Arbeiter Partei, Hitlers Partei) tat so, als sei sie zu ernsthaftem Widerstand entschlossen. Sie verhielt sich aber in Wirklichkeit ganz anders und kämpfte nicht mit Waffen an den Panzersperren, sondern flüchtete aus der Stadt. Als faden-

87

Bomben und Feuer zerstörten den Dom

scheinige Begründung der Flucht wurde vorgegeben, von höchster Stelle sei befohlen worden, daß die Parteiführer an fremden Orten, wo sie nicht bekannt seien, untertauchen sollten, um den Partisanenkampf hinter der Front des Gegners zu organisieren.

Am 5. April 1945 war Bielefeld in den Händen der Amerikaner und weiteren Zerstörungen durch Bomben und Granaten glücklich entronnen. Die Bevölkerung atmete auf, daß die fürchterlichen Kriegstage endlich vorüber waren.

Jetzt sprach man darüber, wie sich die Besatzungstruppen verhalten würden.

Amerikanische Lautsprecherwagen fuhren durch die Straßen und gaben bekannt, daß die Bewohner ab sofort die Straßen nur zwischen 07.00 und 08.00 Uhr betreten durften und sofort Waffen aller Art, Munition, Ferngläser und Fotoapparate an bestimmten Stellen abliefern mußten.

Außer der Stadtverwaltung mußten alle Behörden vorläufig ihre Arbeit einstellen. Für die Angehörigen der Stadtverwaltung wurden ab 6. April Ausweise mit der Berechtigung ausgestellt, die Straßen der Stadt und auch im Landkreis in der Zeit von 08.00 bis 20.00 Uhr betreten zu dürfen.

Da die einzige noch bestehende Zeitung ihr Er-

88

Domturm ohne Haube

scheinen einstellen mußte, wurden alle Bekanntmachungen zunächst durch Lautsprecherwagen und Anschläge bekanntgegeben.

In einzelnen Stadtteilen gab es vorerst weder Wasser noch Strom. Erst ab 8. April brannte wieder das elektrische Licht und in allen Stadtteilen gab es wieder Wasser.

Am Morgen des 5. April erschien ein amerikanischer Offizier zusammen mit einem deutschen Polizeibeamten in der Wohnung des zweiten Bürgermeisters, Dr. Graeven. In einem Wagen wurde dieser zu einem höheren Besatzungsoffizier (General oder Oberst) in der Gütersloher Straße gefahren. Dieser beauftragte Dr. Graeven, dafür zu sorgen,

daß die Plünderungen des Lebensmittellagers beim Gemeinschaftswerk in der Blücherstraße sofort eingestellt würden.

Man fuhr Dr. Graeven dorthin, wo amerikanische Soldaten bereits den Plünderungen ein Ende bereiteten und den Hof schnell freimachten.

Mit dem gleichen Wagen fuhr man Dr. Graeven dann zu dem höheren Offizier zurück, der sich mit ihm in das Rathaus begab. Es war bis auf wenige Angestellte leer.

Dort befanden sich zwei amerikanische Offiziere, ein Hauptmann Herbert Fried und ein Oberleutnant namens Weiß, der fließend deutsch sprach.

Der ältere der beiden Offiziere verlangte von Dr. Graeven aufgeregt, er solle sofort alle »Notabeln« der Stadt ins Rathaus zusammenrufen.

Dr. Graeven erkundigte sich danach, was er unter Notabeln verstehen würde.

Die Antwort: Die Spitzen des Gerichts, der Bank, der Post, des Krankenhauses und die Vertreter der Kirchen.

Dr. Graeven wies daraufhin, daß er die Herren nicht herbeizitieren konnte, weil er nicht wußte, wo sie sich aufhielten. Er beauftragte aber dann die Angestellten im Rathaus, die Genannten sofort ins Rathaus zu holen.

Gegen Mittag wurde dann Josef Niestroy von dem amerikanischen Hauptmann zum Oberbürgermeister und Dr. Graeven zum Zweiten Bürgermeister ernannt.

Der erste Schritt in eine neue Zukunft war damit getan. Weitere sollten folgen.

Was war noch in Brackwede geschehen?

»Essen ohne Fett,
Sieben Uhr in's Bett,
Hintern – kaum warm,
Fliegeralarm!«
Dieser Spruch kursierte in jenen Kriegstagen in Brackwede, das hauptsächlich unter dem Luftkrieg zu leiden hatte.

89

Verschiedene Ansichten des zerstörten Doms

90

Ab 1944 heulten die Luftschutzsirenen immer häufiger. Die Intervalle zwischen den einzelnen Alarmen wurden immer kleiner, so daß sich diese bald über halbe Tage erstreckten und zu einer Art von Dauerzustand wurden. Die Bewohner kamen kaum noch aus den Luftschutzräumen heraus. Sie warteten ständig gespannt auf die Radiomeldungen des Militärsenders »Primadonna«, der in Lintel in der Nähe der Gastwirtschaft Schalück bei Gütersloh stand und rund um die Uhr feindliche Einflüge meldete.

Neunmal schlug die alliierte Luftwaffe gegen Brackwede zu. Einer der schwersten Angriffe fand am 24. Februar 1945 statt. Etwa 40 amerikanische Flugzeuge flogen von Osten her an und lösten ihre Bomben aus. Die Ruhrstahlwerke, der am Bahnhof liegende Rüstungsbetrieb Bochumer Verein und die Wohnviertel der Hauptstraße wurden zum größten Teil zerstört; ferner zitterten und bebten die Viertel des Lönkerts, der Gütersloherstraße, Schul-, Uhlandstraße, Hangenbrock, Teutoburger-, Mittel-, Schillerstraße und andere.

65 Menschen fielen den Spreng- und Stabbrandbomben zum Opfer; unter ihnen viele Angehörige der Ruhrstahlwerke. Obwohl Selbstschutzkräfte tapfer und erfolgreich gegen viele Brände vorgingen, brannten andere Häuser, deren Einwohner geflüchtet waren, nieder.

Am 3. März 1945 dröhnte die Luft wieder von den Motoren feindlicher Bomber. Um 10.53 Uhr flogen etwa 60 Maschinen an. Einige von ihnen lösten große Mengen von Stabbrandbomben über den Wäldern bei der Kaffeewirtschaft Waterbör aus; dort befand sich eine Dienststelle der Gestapo (Geheime Staatspolizei).

Der Rest warf etwa 185 Sprengbomben leichten, mittleren und schweren Kalibers auf den Marktplatz und dessen Umgebung. Unter den dort stehenden Ulmen lag schon seit einigen Monaten eine Nachrichtenabteilung, deren Fahrzeuge eingegraben waren. Die Soldaten hatten Maschinengewehre in Erd-

löchern in Stellung gebracht. Sie nahmen wiederholt Tiefflieger unter Beschuß; zuletzt am Vormittag des 2. März.

Beim Bombenangriff verloren 23 Menschen ihr Leben, darunter ein russischer Kriegesgefangener. Ein im ehemals Finkeschen Garten ausgebauter Deckungsgraben erhielt einen Volltreffer, alle darin Schutz suchenden Menschen wurden getötet.

Große Bombentrichter klafften in der Grünstraße (wo die Ferngasleitung Dortmund-Hannover zerstört wurde), in der Markt-, Senner- und Siekstraße. Die Trichter hatten zum Teil einen sehr großen Durchmesser. Hinter dem Haus Markt 21 klaffte ein Trichter von 12 Meter Durchmesser und 3,50 m Tiefe. Andere waren 10 mal 3,50 m groß.

Etwa 13 Wohnhäuser auf dem Marktplatz, an der Markt-, Grün-, Senner-, Brink-, Teich-, Falk-, Kamp-, Siek-, Nieder-, Querstraße und im Rickerfelde wurden total zerstört; andere schwer und zahlreiche leichter beschädigt.

In den letzten Kriegstagen hatte Brackwede auch schwer unter Tieffliegerbeschuß zu leiden. Viele Lokomotiven wurden auf freier Strecke zusammengeschossen, wobei vielfach der Lokführer und dessen Heizer ums Leben kamen. Auch Personenzüge, Autos, Radfahrer und Fußgänger waren Angriffsziel. Aus diesem Grund waren an allen verkehrsreichen Straßen Deckungslöcher und Gräben zum Schutz der Bevölkerung angelegt worden.

Die Tiefflieger griffen auch mit Bordwaffen und Spezialbrandbomben Fabriken an; dadurch entstanden Anfang März 1945 bei der Firma Kastrup und der Spinnerei Vorwärts Brände.

Infolge der Höhenlage Brackwedes waren Tagesangriffe auf nahe gelegene Orte gut zu sehen. Nachts konnten aber auch die Angriffe gegen Bad Lippspringe, Dortmund, Hamm, Bochum, Osnabrück und Münster beobachtet werden.

Als die alliierte Luftwaffe Anfang März 1945 die großen Öltanks bei Nienburg durch Bomben und Beschuß in Brand versetzt hatten, wehte der Ost-

Straßenkampf in Osnabrück

wind zwei Tage lang dicke schwarze Rauchwolken über Brackwede hinweg.

Ende März 1945 rückten die Amerikaner immer näher heran. In der Nacht zum 1. April (Ostersonntag) heulten die Sirenen Großalarm für Luftlandetruppen; es war der 991. Vollalarm.

»Die Aufregung stieg aufs Höchste«, berichtete der Augenzeuge Jesper. »Aber die Amerikaner machten etwa auf der Linie Eckardsheim, Windelsbleiche, Friedrichsdorf, Halt.

Eiligst wurden letzte deutsche Reserven herangezogen. Als die Brackweder am Ostersonntag aus den Fenstern sahen, war ihre Stadt Hauptkampflinie geworden. Nur eine geringe Anzahl kaum einsatzfä-

higer Soldaten standen zur Verteidigung bereit. Aber erst am 4. April kam es zu Kämpfen um Brackwede. 33 deutsche Soldaten fanden den Soldatentod. Um 17.00 Uhr zog sich die deutsche Streitmacht in Richtung Lemgo zurück.

Am folgenden Tag (Donnerstag, 5. April 1945) in der Frühe rückten amerikanische Soldaten in Brackwede ein.«

In der Schlacht am Teutoburger Wald wirkten aber nicht nur die Amerikaner, sondern auch die Engländer mit. Feldmarschall Montgomerys 2. Britische Armee kämpfte nördlich der 9. US-Armee. Einen Schwerpunkt gab es dabei bei der alten Bischofsstadt Osnabrück.

92

»Es ist ein schöner freundlicher und klarer Maitag. In den tätigen Arbeitsfrieden gellt um 12.45 Uhr der Schrei der Luftschutzsirenen: Fliegeralarm«, so heißt es in einem Bericht eines Osnabrückers aus Schinkel über den Luftangriff vom 13. Mai 1945, der alle bisherigen übertraf. *»Die im Verwaltungsgebäude an der Bessemerstraße tätigen Frauen und Mädchen packen eiligst ihre Schreibmaschinen ein und hasten über die Werkstraße dem Stahlwerksbunker zu. Als sie endlich den großen, mit Menschen und Kindern vollgestopften Bunker keuchend erreichen, ist es noch still.«*

Doch das Verhängnis hing bereits in der Luft: Ein großer amerikanischer Bomberverband mit viermotorigen »Fliegenden Festungen« (Boeing B-17) und »Liberators« (B-24).

Bei der Befehlsstelle der Luftschutzpolizei trafen die ersten Positionsmeldungen der noch weit entfernten Bomber ein. Um 13.09 Uhr zeichnete es sich ab, daß Osnabrück in großer Gefahr schwebte; denn es wurden je ein Bomberverband bei Friesoythe, Emlichheim, Hellendorf und Assen mit Ostkurs gemeldet; also bereits über Osnabrücker Gebiet.

In den überfüllten Räumen des großen Stahlwerkbunkers ahnte noch niemand etwas von dem, was auf die Stadt zudröhnte. Frauen strickten, um die Nerven zu beruhigen. Ein Mädchen vom Stahlwerk erzählte sogar einen Witz.

Währenddessen trafen in der Zentrale immer mehr Meldungen, auch von den Beobachtern auf den Türmen Osnabrücks, über die Bomber ein.

Um 14.05 Uhr erschienen Flugzeuge über der Stadt. Zwei Minuten später entfernten sie sich nach Westen. Es schien so, als wenn die Gefahr an der Stadt vorbeigegangen war. Doch drei Minuten später änderte sich die Lage. Starkes Motorengeräusch aus Osten! 14.11 Uhr: Die Flak bei Hörne, Kalkhügel und dem Ausbesserungswerk eröffnete das Feuer; eine Minute später donnerten auch die Geschütze bei Gartlage und Sonnenhügel.

Soldaten der 1. Britischen Kommando Brigade hissen ihre Flagge in der Stadt

»Die Minuten der Vernichtung beginnen. Mächtige Bomberverbände öffnen über der Stadt ihre Bombenklappen und drehen wieder ab. Neue Verbände fliegen an und schütten über Stahlwerk und Fledder, über Eisenbahn und Schinkel ihre Bombenteppiche aus.

93

Das Licht erlischt, und in der Finsternis vermeinen die Menschen noch deutlicher zu spüren, wie der riesige Bunker unter den Fausthieben der Bombeneinschläge und der Minenexplosionen erzittert, ja, wie er schwankt.«

Etwa eine halbe Stunde dauerte das Inferno. Noch während die letzten Bomben fielen, fuhren bereits Bergungstrupps zum Brunnenweg an der Ecke Thomasburgstraße. Dort befand sich ein mit Betonplatten und Erdaufschüttungen abgesicherter Deckungsgraben. Er war durch Bombeneinschläge und Luftdruck in seiner ganzen Länge aufgerissen worden. 115 Personen lagen jetzt unter den Betonplatten und Erdmassen. Sie wurden erschlagen und zu Tode gedrückt. An der Bessemerstraße kamen 39 Bewohner unter den Trümmern eines zusammenbrechenden Hauses ums Leben. An einer anderen Stelle verschütteten Trümmermassen 49 Kriegsgefangene. An der Rotenburger Straße, Kölner Straße, Schinkelstraße, Großen Straße, Georgstraße, Krelingstraße, Buerschen Straße, Bohmter Straße und Johannisfreiheit waren Einwohner unter Trümmern begraben. Aber nicht alle waren tot.

Um 15.39 Uhr heulten die Sirenen Dauerton der Entwarnung. Der Luftangriff war vorbei.

Zum erstenmal waren mehr als 1 000 Sprengbomben auf die Stadt geworfen worden, ferner 20 Luftminen und 2 500 Brandbomben, meistens schwere Flüssigkeits- und Phosphorbomben. Der Bericht der Stadtverwaltung sprach von 239 Toten, 104 Verletzten, 200 Wohnhäuser und 2 Betriebe total zerstört, 3 407 Wohnhäuser, 7 öffentliche Gebäude, 1 Kirche, 4 Schulen, 1 Krankenhaus und 26 Betriebe beschädigt. Der Sachschaden betrug 75 Millionen Reichsmark. Bei späteren genauen Untersuchungen stellte man fest, daß die Zerstörungen noch größer waren. 11 Industriebetriebe waren so gut wie völlig zerstört, 14 schwer und 13 leicht beschädigt. 6 000 Osnabrücker waren obdachlos.

»Wie aber sieht es in der Stadt aus? Die schwersten

Schäden erlitt diesmal der Stadtteil Schinkel, insbesondere die Buersche Straße und die Thomasburger Straße. Güterbahnhof, Stahlwerk und die Industrie im Fledder wurden von Spreng- und Brandbomben vernichtend getroffen. Auch die Straßenzüge rund um den Hauptbahnhof erlitten große Schäden. Das Marienhospital erhielt einen Volltreffer und mußte geräumt werden. Die Altstadt wurde hart betroffen.

An der Großen Straße, Hasestraße, am Markt, an der Möser-, Wittekind-, Schiller-, Herrenteichs- und Dielingerstraße wurden viele Häuser dem Erdboden gleichgemacht. Im westlichen Stadtviertel wurden der Wall am Hegertor, die Lotter Straße und die Bismarckstraße getroffen. Das Gaswerk erhielt so schwere Beschädigungen, daß die Gasversorgung für längere Zeit ausfiel. Die zahllosen Rohrbrüche an den Wasserleitungsrohren machten Osnabrück zu einer Stadt ohne Wasser.«

Der Fernsprechverkehr fiel für mehrere Tage aus, da die Hauptpost durch einen Volltreffer ausgeschaltet wurde. Auch der Eisenbahnverkehr konnte infolge von Schäden nur notdürftig aufrechterhalten werden.

Das Stahlwerk war zum größten Teil zertrümmert. Im Fleddergebiet wurden zerstört oder schwer beschädigt: die Landmaschinenfabrik Heinrich Dreyer, die Pharmazeutische Großhandlung Hagen und Co., die mechanische Weberei Heywinkel, die Fahrzeugfabrik Karmann, die Klöckner-Eisenhandel, die Chemische Fabrik Möllering, der Sattlerbedarfbetrieb Vordemberge, die Gartenmöbelfabrik Runge, die Metallwaren- und Rollofabrik Heede und Tobergte, die Firma Krone, das Sägewerk Sander, die Firma Waldmann an der Neulandstraße und auch im Stammhaus an der Turmstraße); im Stadtteil Schinkel die Fabrik Rawie, die Eisengießerei Ortmann und die Elektrogroßhandlung Wilhelm Koch, an der Eisenbahnstraße die Kleiderfabrik Sonntag.

»Osnabrück größtes Industriewerk, das Eisen- und Stahlwerk, stellte nach diesem 13. Mai folgende

94

Bilanz auf: Fast alle Hallen und Gebäude wurden mitsamt ihren Einrichtungen und Maschinen zerstört oder schwer beschädigt. Dazu wurden die werkseigenen Häuser und Wohnungen vernichtend getroffen. Die Häuser Hamburger Straße 4 und 7, Kölner Straße 1, 1 a und 2, Rotenburger Straße 10 und 25, Siemensweg 56, 57, 58, 59 und 60 wurden völlig zerstört. Der Gebäudeschaden des Werkes betrug an diesem Tag 5.5 Millionen, der Maschinen- und sonstige Sachschaden schätzungsweise 10 Millionen Reichsmark. 93 für das Werk arbeitende Personen wurden getötet.«

Die Osnabrücker begannen sofort mit der Ausbesserung der entstandenen Schäden und Zerstörungen, wobei Improvisation das Motto der Stunde war. Die Eisenbahnstrecken waren innerhalb von wenigen Tagen wieder in Betrieb; die Fabriken, vor allem die der Schwerindustrie arbeiteten und die obdachlos gewordenen Bewohner wurden irgendwie behelfsmäßig untergebracht.

Die Kreisleitung und Stadtverwaltung gab bekannt: *»Alle wichtigen Einzelhandelsgeschäfte und Handwerksbetriebe haben sich ausschließlich in den Dienst der Versorgung der Bevölkerung zu stellen. Die Geschäftszeiten sind diesen Erfordernissen anzupassen. Der freie Tag im Gaststättengewerbe fällt bis auf weiteres aus. Alle Gaststätten, die noch in der Lage sind, Speisebetrieb aufzunehmen, erhalten auf Antrag die vorläufige, jederzeit widerrufliche Genehmigung, den Betrieb sofort aufzunehmen. Alle Dienststellen, die mit der Abfertigung von Bombengeschädigten und mit der Bearbeitung der Fliegerschäden befaßt sind, müssen tagsüber durchgehend geöffnet sein bis mindestens 21.00 Uhr.«*

Man lobte die tapfere Haltung der Bevölkerung und erging sich in dem damals üblichen Pathos, das von der allgemeinen Misere ablenken sollte: *»Leiden und Schmerzen härten nur unseren Willen, diesem Terror zu trotzen. Unsere Toten mahnen uns, in der Kraft des Widerstandes nicht zu erlahmen. Unser Haß, das wissen wir, wird einmal in der Stunde der Abrechnung zu gnadenloser Auswirkung kommen. Alle Kräfte vereinigen sich in dem Willen, den deutschen Sieg zu erringen.«*

Doch der Sieg rückte in immer weitere Ferne. Die Katastrophe dagegen kam immer näher.

Davon waren auch die Kinder betroffen.

Schwächere Luftangriffe fanden am 11. und 15. November 1944 statt. Am 21. November warfen die alliierten Bomber wieder 553 Sprengbomben in Stadtteilen ab, in denen die Bevölkerung sich weniger gefährdet glaubte und deshalb von dem Angriff völlig überrascht wurde.

Eine Bombe schlug auf dem Schölerberg in der Nähe des Eingangs zum Schutzraum des Kinderheims ein. Die dabei entstehenden Kohlenoxydgase drangen in den Raum ein und töteten sämtliche Insassen, fast ausschließlich Kinder. Der Chronist berichtet darüber: *»Den Jammer der Eltern erleben zu müssen, die ihre toten Kinder wiederfanden, war herzzerbrechend. An diesem Tag verlor der Osnabrücker Josef Tiermann seine Frau und vier Kinder im Alter von sieben, vier, zwei und einem Jahr. Die Familie Müller drei Kinder im Alter von 18, acht und sechs Jahren. Sie bedeuteten keine Einzelfälle, sondern Beispiele. Unter den Toten an dieser Stelle waren auch der Osnabrücker Maler Franz Hecker und seine Schwester.«*

Insgesamt mußte die Bevölkerung im Monat November sieben kleinere und größere Luftangriffe ertragen.

Am 6. Dezember (Nikolaustag) kamen die britischen Bomber in der Nacht und warfen 27 Minen, 2 230 Spreng- und 62 185 Brandbomben ab. Sie richteten neue Zerstörungen an bisher erhaltenen Bauten an, rissen neue Lücken in das Stadtbild und vernichteten das, was inzwischen wieder mühsam hergerichtet worden war.

Folgende Luftangriffe im Monat Dezember: 12. (fünf Minen, 356 Spreng- und 7 252 Brandbomben), am 15. (76 Sprengbomben, elf Tote, 43 Verletzte),

Einst Staatskarosse – jetzt Beute der Engländer in Osnabrück:
Ein Wagen des ehemaligen Oberbefehlshabers der deutschen Luftwaffe Hermann Göring

ferner am 23., 24., 28. und 31. des Monats.

Im Januar 1945 ging das Bombardement weiter, wobei vor allem die Verkehrsanlagen am Bahnhof zerstört wurden. Neunmal kamen die feindlichen Bomber im Februar; dabei griffen sie zweimal mit 1 871 und 1 638 Spreng- sowie einer großen Zahl von Brandbomben an und hinterließen wieder weitere Schäden und Verluste.

Doch das Inferno steigerte sich noch.

Im März 1945 erlebte und erlitt Osnabrück den Höhepunkt des Luftkrieges mit zehn Angriffen; darunter vier Großangriffe.

Einer von ihnen übertraf alles, was die Stadt und ihre Bewohner bis dahin mitgemacht hatten. Am 25. März (Palmsonntag) dröhnten viermotorige britische Bomber vom Typ »Lancaster« heran.

Im Tagebuch der Stadt (übrigens die letzte Eintragung dieser Art) hieß es über diesen Angriff: 35 überschwere Minen, 2 518 schwere Spreng- und 201 500 Brandbomben. Sachschäden: 934 Wohnhäuser, zwei öffentliche Gebäude, eine Kirche, drei Schulen und 13 Betriebe zerstört. 2 820 Wohnhäuser, ein öffentliches Gebäude, zwei Kirchen, eine Schule und sechs Betriebe beschädigt. 175 Tote und 244 Verletzte.

96

Ein Erlebnisbericht eines Volkssturmmanes über diesen letzten Luftangriff auf Osnabrück: *»Der Sonntag Palmarum leitete eine der düstersten Karwochen in der Geschichte der Stadt ein.*

Das Inferno kam von Westen her: viermotorige »Lancaster«, Englands schwerste Bombenflugzeuge, von denen jedes einzelne bis über zehn Tonnen Bombenlast zu tragen vermochte.

Gemächlich ging eine Maschine nach der anderen auf Tiefe und lud ihre Bombenlast über der Stadt ab. Ununterbrochen zitterte die Erde unter der vernichtenden Gewalt der Einschläge. Wo die Stadt lag, stieg immer höher und dunkler eine Wolkenwand empor, aus der riesige blau-weiße Qualmtürme aufwuchsen.

Die letzten Bomben heulten, die letzten Detonationen sprangen auf.

Das Brummen der Motoren war verhallt, als alle Mann der Kompanie auf dem Weg nach Osnabrück waren.

Dann stand ich auf der Höhe der Gaststätte Bellevue und sah auf die Stadt. Nie werde ich das Bild vergessen. Nur wenige Häuser der Stadtrandgebiete waren zu sehen, der Bergkirchenturm, die Caprivikaserne auf der Höhe des Westerberges, im Süden die äußeren Bezirke der Iburger Straße – das war alles. Die übrige Stadt, Altstadt wie Neustadt, lag unter einer undurchdringlich schwarz-grau-weißen Rauchwolke, durch die hier und dort die Flammen riesiger Brände zuckten. Gerade zerriß die Unheilswolke an einer Stelle. Ich sah den Turm von St. Katharinen in Flammen gehüllt, sah Osnabrücks mächtiges Wahrzeichen von der Lohe der Vernichtung erfaßt.

Ich fuhr über Trümmer und Splitter, über brennende Holzstücke und glühende Eisenteile. Meine Reifen gingen in Fetzen. Ich fuhr auf ratternden Felgen weiter.

Endlich bog ich beim Realgymnasium um die Ecke und erblickte das Heger Tor. Schwarze Brandwolken zogen darüber hin. Eine Minute später lag *mein halbzertrümmertes Fahrrad im Hausflur, begrüßte ich erschüttert meinen Vater, der gerade aus dem Krankenhausbunker zurückkam.*

Dann saß ich auf dem Dach eines brennenden Hauses an der Dielingerstraße, um das Feuer einzudämmen. Einige Männer meinten, es habe ja doch keinen Zweck; aber da waren Frauen, die zugriffen. Sie schleppten Wasser aus Löschteichen heran, reichten es mir auf Leitern zu, halfen brennende Balken abräumen und waren unermüdlich.

Die ganze Stadt lag unter einem lang wallenden dunklen Schleier. Unten trug man Leute vorbei, die während des Angriffs getötet, andere, die beim Rettungswerk verunglückt waren.«

Nur noch die Johanniskirche stand, allerdings auch getroffen und beschädigt. Alles Leben in der Johannisstraße, Kommenderiestraße und in den Nachbarbezirken war erloschen. Das, was noch in der inneren Neustadt vorhanden gewesen war, vernichtet. In der Altstadt gab es nur noch Reste der Butenburg (Heger Straße, Marienstraße, Bocksmauer), der Hasestraße und der Großen Domsfreiheit, in anderen Straßen da und dort ein einzelnes Haus.

Der Chronist berichtet dazu: *»Der 25. März 1945 bedeutete den furiosen Schlußakkord in der düsteren Symphonie vom Versinken einer Stadt im Bombenhagel. Als die Menschen wieder zur Besinnung kamen, sahen sie, daß die Stadt ihr Gesicht verloren hatte.«*

In dieser Trümmerwüste lebten allerdings immer noch etwa 50 000 Osnabrücker und mit ihnen ungefähr 10 000 Kriegsgefangene und Zivilarbeiter aus Rußland, Polen, Holland, Belgien, Frankreich, Italien, Jugoslawien und der Tschechoslowakei.

Nach diesem schweren Luftangriff glaubte niemand mehr in Osnabrück daran, daß es gelingen würde, die alliierten Truppen vor der Stadt aufzuhalten.

Man erfuhr, daß bereits südlich der Stadt alliierte

Verbände nach Mitteldeutschland vorgestoßen waren, daß Münster gefallen war, daß der Gegner von dort und von Rheine her auf Ibbenbüren und Lengerich zuging und damit in das Vorfeld von Osnabrück geriet.

Rund um die Stadt lagen Feldwachen und an den Panzersperren Volkssturmeinheiten, deren Kampfwert auch hier wie überall sehr fraglich war. Es gab gelegentliche Verstärkungen durch Osnabrücker Marschbataillone und vom Celler Lehr-Regiment, die aber meistens schon nach ein paar Stunden an die Front geworfen und dort verheizt wurden. Artillerie gab es, abgesehen von einigen Flakbatterien, so gut wie gar nicht, die vorhandene Munition war völlig unzulänglich.

Der heranrückende Gefechtslärm wurde von Tag zu Tag lauter. Die dumpfen Detonationen riefen Panik unter der Bevölkerung hervor und führten zu den Gerüchten, daß die Stadt mit schwersten Geschützen beschossen würde.

Die entscheidenden Stunden kündigten sich am 2. April 1945 (zweiter Ostertag) an. Über den britischen Rundfunk erfuhren die Bewohner, daß englische Einheiten Lengerich genommen hatten und auf Osnabrück vorgehen würden.

Kurz darauf gab der Osnabrücker Kreisleitungssender bekannt, daß alle marschfähigen Frauen, Kinder und Greise die Stadt verlassen sollten. Das Marschziel würde nach vier Stunden erreicht; nichtmarschfähige Personen mußten zurückgelassen werden. Doch der größte Teil der Bevölkerung folgte dieser Aufforderung nicht.

Der Chronist berichtete über die damalige Lage: *»In dieser Nacht wurde in Osnabrück nicht viel geschlafen. Von Westen, Nordwesten und Südosten näherte sich die Front der Stadt. Die Horizontlinien waren durch zuckende Lichter erhellt. Scheinwerfer schickten ihre Lichtbündel suchend durch das dunkle Land. Maschinengewehre ratterten, Leuchtspurgeschosse zogen rote Perlenschnüre über den Nachthimmel, Gewehrschüsse knallten trocken und hart.«*

Am Morgen des 3. April regnete es sehr stark. An der am weitesten vorgeschobenen Panzersperre in Gaste an Potts Brücke über den Goldbach erschienen Reste deutscher Kampftruppen und Verwundete. Sie berichteten von den sinnlosen Kämpfen gegen einen überstarken Gegner.

Noch während der Dunkelheit fuhren britische Panzerspähwagen auf der Landstraße nach Rheine heran und feuerten mit Maschinengewehren auf die Panzersperre und setzten die Schmiede an der Straßenbiegung in Brand. Der dort noch stehende Volkssturmtrupp setzte sich daraufhin ab und erfuhr erst in der Stadt, daß der Volkssturm bereits am 2. April aufgelöst worden war.

Die Parteigrößen verschwanden, wie auch in anderen Fällen, lautlos aus der Stadt.

Am 3. April erreichten britische Truppen den Stadtrand und die Außenbezirke. Von dort aus schwärmten sie nach Süden, Norden und Osten aus; dadurch blieb schließlich nur noch der Stadtausgang nach Bremen einigermaßen in deutscher Hand.

Unter der in ihren Wohnungen, in Luftschutzräumen, Bunkern und Stollen wartenden Bevölkerung liefen die verrücktesten Gerüchte um. *»Osnabrück ist zur offenen Stadt erklärt worden«*, hieß es. *»Es wird nicht gekämpft.«* Andere besagten: *»Nein, die Engländer haben ein Ultimatum gestellt. Das ist aber abgelehnt worden. In einer Stunde beginnt die Beschießung.«*

Die abziehenden deutschen Truppen zündeten die Heeresmagazine im Gelände der Winkelhausenkaserne an der Netter Heide an. Doch die Soldaten hatten das Feuer absichtlich so angelegt, daß es nicht viel Schaden anrichtete.

Nach ihrem Abzug begann der große Ansturm der Bevölkerung auf die mit Nahrungs- und Genußmitteln vollgestopften großen Gebäude. Zuerst waren es nur Hunderte, dann aber erschienen Tausende und Zehntausende.

98

Dieses Foto entstand unmittelbar nach der Besetzung von Osnabrück. Die Bevölkerung konnte endlich wieder lachen, denn für sie war der schreckliche Krieg aus

»Hin und wieder gingen gewaltige Regen- und Hagelschauer nieder. Sie störten die Massen nicht. Sie störten ebenfalls so wenig wie die englischen Flugzeuge, die über dem Gelände kreisten und dächerhoch über das Gewühl hinwegstrichen. Ringsum krachten Detonationen, dröhnten die Geräusche des Kampfes um Osnabrück. Auf der Netter Heide ging es um die Beute, um die Nahrung. Mancher sorgende Hausvater sah die kommende Hungerperiode voraus.«

Währenddessen rückten die Engländer heran. Ein Soldat der 1. Commando-Brigade berichtete folgendes darüber: »Die Fahrt nach Osnabrück war lang und anstrengend. Über 19 Stunden saßen wir auf den Lkw, die sich langsam über die beschädigten Straßen quälten. Hin und wieder regnete es.

Acht Kilometer westlich von Osnabrück hielten wir schließlich und bekamen Anweisung, von den Wagen zu steigen und zu warten. Es war genau 03.15 Uhr am Morgen des 4. April.

Major Blake ließ die Zugführer zusammenrufen, um ihnen neue Befehle zu erteilen. Die Brigade sollte geradewegs auf Osnabrück vorgehen; an der Spitze das Commando 3, gefolgt vom Commando 45, 46 und 6. Die Stadt sollte von Hügeln im Nordwesten her vor Morgengrauen betreten werden.

99

Wir marschierten um 03.45 Uhr los. Der Marsch verlief ohne Zwischenfälle. Als wir Osnabrück erreichten, stand für uns fest, daß sich die Deutschen nicht auf ein Gefecht vorbereitet hatten. Sie beschränkten sich vielmehr auf Scharfschützen, die aus Fenstern und von Häuserdächern schossen.

Wir verloren bei den Straßenkämpfen ein paar Mann. Um etwa 08.00 Uhr morgens war die Stadt mehr oder weniger gesäubert.

Mehrere Einheiten der Brigade gingen zur weiteren Säuberung von ganz Osnabrück über. Innerhalb von wenigen Stunden hatten wir die bis dahin größte deutsche Stadt erobert; das hatte vor uns noch keine andere britische Einheit geschafft. Die Zahl der Gefangenen betrug etwa 450.

Unser größtes Problem waren nun die Tausenden von Fremdarbeitern aus Frankreich, Belgien, Polen und anderen von den Deutschen besetzten Ländern. Am Bahnhof und dessen Gelände (das von der RAF mit großem Erfolg (!) bombardiert worden war) waren eine große Menge dieser Personen versammelt. Lachende polnische Mädchen trugen Pelzmäntel, französische Frauen erplünderten sich Strümpfe, doch die Masse der Menschen war auf der Jagd nach Nahrung.

Es kostete uns viel Zeit, Posten an die Warenhäuser zu stellen, um Diebstähle zu verhindern. Wir ahnten, was geschehen würde, wenn wir weitermarschierten und Osnabrück unbewacht zurückließen.

Wie schnell unser Vormarsch stattfand, bewies die Tatsache, daß der letzte Zug aus Osnabrück fünf Stunden vor unserem Einmarsch nach Berlin abfuhr.«

Aus deutscher Sicht sah die Besetzung der Stadt so aus: Während der Dunkelheit drangen die britischen Truppen über die Einfallstraßen ins Stadtinnere vor. Sie besetzten die Lotter-, Iburger-, Natruper-, Bramscher-, Katharinen-, Martinistraße und standen schließlich an den Wallanlagen. Weiße Fahnen hingen bereits an allen Häusern der Vormarschstraßen.

Hin und wieder knallten Gewehrschüsse, Maschinenpistolen ratterten. Gefallene oder verwundete deutsche Soldaten wurden weggetragen. Zivilisten mit weißen Fahnen kümmerten sich ebenfalls um diese letzten Opfer des Krieges. Die Engländer ließen sie gewähren.

Die deutschen Soldaten verschwanden schließlich ganz aus der Stadt. Am Mittag des 4. April 1945 arbeiteten sich die Engländer in Gruppen zur weiteren Säuberung der Stadt vor. Doch da war der Widerstand bereits erloschen.

Der Chronist zu diesem historischen Augenblick: *»Die Niedersachsenstadt Osnabrück war aus dem Verband des Hitlerreiches gesprengt. Hitlers Regime bedeutete für sie Vergangenheit.«*

An den nächsten Tagen hörten die Bewohner aus immer weiteren Entfernungen noch Detonationen, die meistens von sinnlosen Brückensprengungen herrührten.

Die Osnabrücker standen an den Straßen und verfolgten die Durchfahrt der alliierten Panzermassen und die der endlosen Kolonnen von Motorfahrzeugen; denn der alliierte Vormarsch ging weiter.

Denn jetzt waren die Teutopässe dran.

Am Mittag des 3. April erreichten die Amerikaner den ersten Paß über den Teutoburger Wald, als sie südlich von Borgholzhausen zum Angriff antraten.

Ihnen gegenüber lagen eine SS-Einheit und zwei Kompanien Infanterie, die ein SS-Offizier befehligte. Ihnen standen vier Panzerabwehrkanonen zur Verfügung.

Nach einem etwa dreistündigen Gefecht, in dem 20 Deutsche fielen, zogen sich die Überlebenden in Richtung Melle zurück. Der Paß und die Straße nach Norden waren frei; der Vormarsch und der Nachschub konnten sie benutzen.

Weiter südlich kam es zu Gefechten bei Augustdorf. Nach der Einnahme setzten die Amerikaner ihren Marsch nach Detmold fort. Deutsche Kräfte hielten sie auf.

Die Führung der 9. US-Armee forderte Unter-

100

Weiter auf dem Weg zum Sieg: Feldmarschall Montgomery (rechts neben dem Fahrer) überquert eine Baileybrücke bei Osnabrück

stützung aus der Luft an. Ihre Geschütze eröffneten das Feuer. Jagdbomber rasten über die Stadt hinweg und warfen Brandbomben. Dann traten die Sturmspitzen der 2. Panzerdivision zum Angriff an. Die Panzer des 82. Aufklärungsbataillons unter dem Befehl von Colonel Merriam rollten als erste in die Vororte ein. Colonel Merriam glaubte, daß Detmold bereits besetzt sei und befahl deshalb seiner Einheit zur Weser weiterzumarschieren.

Doch als kurz darauf amerikanische Infanterie nachrückte, stieß diese in und um der Stadt auf heftigen Widerstand von SS-Einheiten, der erst niedergekämpft werden mußte.

Anders dagegen sah die Lage in Lemgo aus. Dort übergab Bürgermeister Wilhelm Gräfer die Stadt kampflos an Colonel Hugh Farell von der 2. US-Panzerdivision. Der Deutsche wurde allerdings am nächsten Tag vor ein Standgericht gestellt, zum Tode verurteilt und erschossen. Am Abend des 4. April 1945 waren sechs amerikanische Divisionen durch den Teutoburger Wald vorgestoßen. Das nächste natürliche Hindernis war die Weser.

Doch bevor die damit in Zusammenhang stehenden Ereignisse geschildert werden, etwas darüber, was sich im Bereich des vierten großen Stoßkeils bei der 1. US-Armee unter General Hodges abspielte.

101

4. Der Vormarsch der zweiten »Zangenbacke«

Ein schwieriger Auftrag – Abgeschnitten – Paderborn ein Flammenmeer – Die Bilanz des Grauens – »Widerstands-kreise« – Die Schlacht um Paderborn – Der Einmarsch – Die Toten – Zu neuem Ziel – Warburg: Bomben und Panzersperren – Verteidigungsmaßnahmen – Spannung auf dem Höhepunkt – Einmarsch: Kasselerstraße – Straßen-kämpfe in der Stadt – »Gott bewahre Warburg« – »Läutet, so viel ihr wollt« – Verwüstungen, Trümmer, Rauch – Gefangenenlager Welda – Schlaglichter

Am 25. März 1945 setzte sich die zweite große »Zangenbacke«, die 1. US-Armee unter General Hodges, vom Frontabschnitt Remagen-Andernach aus nach Nordosten in Bewegung. Sie hatte eben-falls die Aufgabe, wie bereits kurz angedeutet, das Ruhrgebiet »abzukneifen«. Aber es gab noch viele andere Aufgaben für diese Großkampfgruppe.

Anfangs kam sie zügig voran, da es auf ihrem Marschweg nur geringen deutschen Widerstand gab. Außerdem unterstützte die amerikanische Luftwaffe das Vordringen mit Bombern und vor allem mit Tieffliegern, die die Vormarschstraßen freischossen und alles vernichteten, was sich auf ihnen zeigte.

An der Spitze rollten Sturmtruppen, die Lieute-nant-Colonel (Oberstleutnant) Richardson befeh-ligte. Die Einheit gehörte zur 3. US-Division unter General Rose.

Am Abend des 28. März 1945 kam auf Richard-son eine besondere und vor allem auch schwierige Aufgabe zu.

Colonel Howze, Kommandeur der Divisions-reserve, befahl ihn zu sich. Auch Colonel Sam Hogan, ein alter Freund von Richardson und Füh-rer einer Kampfgruppe, war bei der Besprechung zugegen.

Howze erteilte Richardson folgenden Befehl: »Sie stoßen morgen bis nach Paderborn vor und nehmen dort vor allem den Flugplatz. Das Ziel dieser Operation ist die Vereinigung mit der zweiten Division der neunten Armee, die aus Richtung Ruhr in den Raum Paderborn vorstößt.«

Der Auftrag war schwierig, denn die alte Bi-schofsstadt war 160 Kilometer von dem Standort entfernt, an dem sich die Amerikaner gerade befan-den. Colonel Hogans Einheit sollte dabei die linke Flanke des Vorstoßes abdecken.

Links und rechts: Auch der Vormarsch der 1. US-Armee aus dem Brückenkopf Remagen wurde psychologisch durch den Abwurf von Flugblättern unterstützt

BERICHT AUS WESTDEUTSCHLAND

Jeden Tag gelangen weitere Teile Deutschlands unter die Verwaltung der Militärregierung. Mit jedem Kilometer, den die alliierten Heere vordringen, lichtet sich der Schatten des Krieges von einem Streifen Deutschlands — und das schwere Werk des Wiederaufbaus der Heimat beginnt.

In den besetzten Gebieten ist der Krieg endgültig vorbei. Das Terror-Regime der SS und Gestapo ist verschwunden. Die von National-sozialisten gesäuberten Stellen werden allmählich von verantwortungs-vollen Deutschen übernommen. Der Bombenkrieg ist vorbei, das Leben geht weiter — es ist kein leichtes Leben, denn es gibt viel zu tun: Zunächst werden Schutt und Trümmer, die durch Bomben und nutzlosen Widerstand verursacht worden waren, aus dem Weg geschafft. Allmählich und nach schwerer Arbeit werden normale Verhältnisse wiederhergestellt. Selbsthilfe bringt das Gemeinschafts-leben wieder in Schwung — heute im besetzten Westgebiet, morgen in ganz Deutschland.

SELBSTHILFE—DAS HEISST: DER WIEDERAUFBAU DEUTSCHLANDS WIRD VON DEUTSCHEN UNTER-NOMMEN WERDEN.

1. Je länger der verlorene Krieg weitergeführt wird, je mehr Ver-wüstung durch nutzlosen Widerstand in deutschen Städten angerichtet wird, desto schwerer das Werk des Wiederaufbaus.

2. Je mehr Männer wehrfähigen Alters jetzt noch umkommen, desto schwerer wird der Wiederaufbau auf den Ueberlebenden lasten, und desto länger wird es dauern, bis normale Verhältnisse wiederherge-stellt sind.

3. Je mehr lebenswichtige Betriebe von Parteifanatikern zerstört werden, je mehr Nahrungsmittel von ihnen weggeschleppt werden, desto mehr wird die Bevölkerung selbst kargen müssen.

Selbsthilfe wird Deutschland wieder aufbauen. Selbsthilfe muss daher jetzt schon einsetzen, um zu retten, was noch zu retten ist.

102

Kurz vor 06.00 Uhr, am 29. März 1945, sprangen die Motoren der Fahrzeuge von Richardsons Task Force (Kampfgruppe) an. Die schwerbewaffnete und gutausgerüstete Einheit setzte sich in Marsch. Die Deutschen ahnten zu dieser Stunde noch nichts von dem, was aus dem Süden auf sie zukam.

Trotz einiger Schwierigkeiten und Verzögerungen schaffte es die Kampfgruppe Richardson innerhalb des kurzen Zeitraums, bis auf zehn Kilometer an das Ziel heranzukommen.

Die Fahrzeuge stoppten. Es war schon dunkel, als Richardson seine Unterführer zu sich befahl und ihnen seine neuen Befehle bekanntgab. In der Morgendämmerung sollte Paderborn angegriffen und erobert werden.

Richardson und auch der ihm folgenden Hauptmasse seiner Division war aber etwas entgangen:

An den Ortskommandanten oder Burgermeister!

Wir fordern:
BEDINGUNGSLOSE ÜBERGABE

Der Ortskommandant oder Bürgermeister kann zwecks Übergabebesprechungen bevollmächtigte Parlamentäre mit einer weissen Fahne zum nächsten amerikanischen Gefechtsstand entsenden. Im Falle von Täuschungsmanövern wird kein Pardon gegeben.

ÜBERSETZUNG FÜR U.S.A. SOLDATEN
The local Army Commander or the responsible civilian official can send fully empowered parlementaires with a white flag to the nearest Allied command post for the purpose of arranging a surrender. In case of attempted trickery, no mercy will be given.

Wir gewährleisten:
SICHERSTELLUNG PERSÖNLICHEN EIGENTUMS. BEHANDLUNG LAUT GENFER ABKOMMENS.

VERHALTUNGSMASSREGELN FÜR SOLDATEN:
Feuer sofort einstellen! Waffen niederlegen! Koppel und Helm herunter! Hände hoch, Handflächen nach aussen! Mit weisser Fahne auf unsere Linien zugehen!

VERHALTUNGSMASSREGELN FÜR ZIVILPERSONEN:

WÄHREND DES GEFECHTES
Geht in Euern Keller oder den nächsten Luftschutzraum. Hängt eine weisse Fahne heraus zum Zeichen, dass das Haus nicht verteidigt wird. Wird das Haus von deutschen Soldaten verteidigt, so wird es zerstört.

NACH DEM GEFECHT
Bleibt in Kellern oder Luftschutzräumen! Zeigt Euch nicht auf Bürgersteigen oder Fahrbahnen! Weitere Anweisungen und Verbote werden erfolgen. Zuwiderhandelnde werden verhaftet und abgeurteilt.

Der Befehlshaber der Amerikanischen Truppen.

CPH 34

Die deutsche Aufklärung hatte das schnelle Vordringen der amerikanischen Einheit bemerkt. Sofort wurden seitens der Deutschen Gegenmaßnahmen getroffen.

Deutsche Panzer rollten vor und gingen in Stellung. Sie sollten zusammen mit Infanterieeinheiten der vorgepreschten amerikanischen Kampfgruppe in den Rücken fallen, sie von der nachfolgenden Division abschneiden und vernichten.

Wie würde dieses Duell enden?
Der neue Tag dämmerte grau herauf. Nebel wallte über das flache Land im Raum Sennelager–Paderborn. Die Luft wahr kühl und feucht.

Die Motoren der inzwischen aufgetankten Panzer und Fahrzeuge sprangen an. Innerhalb kurzer Zeit war Richardsons Kampfgruppe einsatzbereit. Die tonnenschweren »Shermans« walzten langsam in Richtung Paderborn. Halbkettenfahrzeuge und Lkw folgten in größerem Abstand nach.

An einer Straßenkreuzung schoß ein deutscher Panzer vom Typ »Panther« zwei der vordersten amerikanischen Panzer zusammen. In einem Dorf, etwa fünf Kilometer vor Paderborn, prallten die Amerikaner mit der deutschen Kampfgruppe, die aus »Panthern« und »Tigern« bestand, zusammen.

Es kam zu einem heftigen Gefecht. Die Gegner lösten sich schließlich voneinander und zogen sich vorerst einmal zurück.

Lieutenant-Colonel Richardson nahm Funkverbindung mit seiner nachfolgenden 3. Division auf, meldete seine Lage und verlangte den Einsatz von Jagdbombern. Die Antwort: »Einsatz von Tieffliegern wegen der schlechten Wetterlage, vor allem wegen der tiefhängenden Wolkendecke nicht möglich.«

Auch die Versorgung der Gruppe mit Treibstoff und Munition aus der Luft konnte nicht durchgeführt werden.

»Telefon, Sir«, rief kurz darauf der Funker, der in Richardsons am Straßenrand stehenden Führungsjeep saß. Richardson eilte zum Wagen und nahm

103

den Hörer des Radiotelefons ans Ohr. »*Was ist los?*«

Was er dann hörte, drückte noch mehr auf seine Stimmung. Der Stab meldete ihm, daß die Division von deutschen Panzerkräften angegriffen und dadurch von Richardsons Kampfgruppe abgetrennt worden sei.

Richardson und seine Soldaten konnten deshalb weder vor- noch zurückgehen. Sie steckten in der Falle.

Richardson gab daraufhin den Befehl, eine Igelstellung zu bilden. Sie mußten abwarten, bis ihnen entweder die Deutschen die Hölle heiß machten oder ihre eigenen Verbände sie heraushauten.

Es kam zu Entsatzversuchen und zu schweren Kämpfen. »*Der berühmte Truppenübungsplatz (gemeint war die Senne) wurde nun zum Schlachtfeld*«, hieß es in einem amerikanischen Bericht. In und um

Paderborn: Leokonvikt nach dem Angriff vom 17. Januar 1945

Paderborn war die Hölle los. Davon ist in einem späteren Kapitel aus deutscher Sicht die Rede. Vorerst eine Schilderung der Ereignisse in Paderborn, die sich vor der großen Schlacht abspielten.

»*Zwanzig Minuten, zwanzig Minuten Todesangst! Ungeheure Panik unter den Hilflosen. Weinen, Schreien, Beten, alles durcheinander. Ich war nicht fähig, etwas über meine Lippen zu bringen. Das Kopfkissen vor den Mund gepreßt, flehte ich im tiefsten Herzensgrund: ›Herrgott, schütze meine Kinder daheim!‹*

Durch den Raum fliegen Mörtel und Mauerstücke. Uns ist, als seien der Fußboden und die Wände aus Gummi. So dehnt sich alles und scheint zu wanken, wenn die dumpfen Einschläge das Haus erschüttern. Schwester Elisabeth fleht uns an, ruhig zu bleiben; denn nun füllt dicker Qualm den ganzen Luftschutzkeller. Und doch blieb die Klinik verschont. Wie durch ein Wunder. Hatten die Schutzengelchen der vielen kleinen Kinder das vermocht?«

Das berichtete eine der genesenden Mütter in der Klinik am Busdorfwall über den Luftangriff, den amerikanische viermotorige »Fliegende Festungen« am Nachmittag des 27. März 1945 gegen Paderborn flogen.

Etwa 6 000 Menschen befanden sich an diesem Tag noch in der Stadt. Gegen 17.00 Uhr meldete der Luftwarndienst den Anflug starker Bomberverbände auf West und Mitteldeutschland. Um 17.30 Uhr heulten die Sirenen Vollalarm.

»*Ich hörte das dumpfe Dröhnen herannahender Flugzeuge*«, berichtete ein anderer Augenzeuge. »*Man sah sie nicht, denn der Nachmittag war trübe. Ihr charakteristisches Geräusch aber ließ erraten, daß es ein Strom von Superfestungen war. Da durchzitterte den Luftraum ein schneidender Knall. Die Führungsmaschine hatte das Zeichen gegeben: Paderborn war das Ziel! Und dann öffneten sich die Bombenschächte der nachfolgenden ›Fliegenden Fe-*

104

stungen‹ und es war ein einziges Heulen und Krachen Tod und Verderben bringender Elemente. Arme Paderstadt, das ist dein Ende!«

Innerhalb dieser wenigen Minuten verwandelten Spreng-, Brandbomben und Luftminen schweren und schwersten Kalibers Paderborn in ein einziges riesiges Feuermeer. Es raste über die untere Königstraße und die Kisau hinweg. Die Padermühlen brannten; das brennende Korn wirbelte als Funkenregen durch die Luft. Die Bewohner flüchteten auf die Paderwiesen. Die mit dem Leben davongekommenen Menschen fielen sich in die Arme, weinten und sprachen ein stilles Dankgebet.

Ein anderer Augenzeuge, Vikar Hermann Bieker, berichtete: »*Ich konnte den westlichen Teil der Stadt übersehen. Überall Ruinen, überall Flammen, überall Schreie verzweifelter Menschen. Ich lief zu Fuß durch die aufgewühlte Neuhäuser Straße. Die Antoniuslinde brannte. Aus den Kellerlöchern krochen rauchgeschwärzte Menschen. Das Gestapohaus, die Schreckenskammer Paderborns, brannte. Menschen rannten mit aufgelöstem Haar, zerrissenen Kleidern abgeschlagenen Gliedmaßen auf diesen Platz und schnappten nach Luft (gemeint war der Jahnplatz, d. V.).*

Wo ist mein Pfarrer? Wie steht es mit der Kirche? Ich versuchte es durch die Bahnhofstraße, durch die Riemekestraße, ich konnte ihn nicht erreichen, weil mein Mantel immer wieder Brand fing.

Indes gab es auf dem Bleichplatz so viel zu tun. Von überall schwankten und wankten kranke Gestalten, brachen zusammen und starben. Da kam mein Pfarrer, blutend, in Hemdsärmeln. Die Kirche, das Pfarrhaus, die beiden Vikarien, Jugendheim, Kindergarten, alles war lichterloh am brennen.«

Ein Betriebsführer der Reichsbahnfeuerwehr erlebte den Angriff im Luftschutzraum des Reichsbahn-Ausbesserungswerkes Paderborn. Er berichtete: »*Mehr als 500 Menschen, Männer, Frauen und Kinder, waren, eng aneinandergekauert, hier im Werk versammelt. Oben kreiste der Tod, unten aber*

tat sich der Wille zum Leben kund in Zittern, Weinen, Rufen und Beten.

Immer wieder neues Motorendröhnen, Krachen der Bomben in nächster Nähe. Doppelte eiserne Verschlußtüren im Keller wurden vom Luftsog aufgerissen. Einströmende Phosphor- und Rauchgase erschwerten die Atmung; denn der Sauerstoff ging merklich zu Ende. Schon befürchteten wir das Schlimmste, als das Flugzeuggeräusch und die Detonationen nachließen. Mit mehreren beherzten Männern versuchte ich, die Lage zu erkunden. Die beiden Hauptausgänge fielen aus. Nur ein kleiner Wendeltreppenaufgang war noch passierbar.

Wir krochen hinauf, und nun bot sich uns ein grausiges Bild. Wohin wir sahen, Flammen, Rauch und Zerstörung.

Der einzige von uns erkundete Fluchtweg war die Wollmarktstraße in Richtung auf die neue Wollhalle. Der Weg über die Borchener Straße in die Stadt war bereits mit Lebensgefahr verbunden, da der Feuersturm eingetreten war und die brennenden Häuser krachend zusammenstürzten. Ohne Zwischenfall verlief die Räumung des (Luftschutz-) Kellers.«

In dem Bericht eines Stadtoberinspektors heißt es: »*Die Glut und die Hitze wurden selbst auf den Paderwiesen unerträglich. Ich eilte in die Stadt zurück, um irgendwie zu helfen. Gerade schaffte man aus dem brennenden Landeshospital die bettlägerigen Kranken und verwundeten Soldaten heraus. Junge, größtenteils selbst kriegsverletzte Theologen sind hier am Werk, kämpfen sich mit Ärzten, Schwestern und Sanitätspersonal durch die Flammen und retten die Hilflosen, die dort ersticken oder verbrennen müßten.*«

Da alle Krankenhäuser von Bomben getroffen waren und brannten, transportierte man die Kranken und Verwundeten auf freie Plätze außerhalb der Stadt. Dort führte man unter primitivsten Verhältnissen Operationen unter freiem Himmel durch.

Das Eindringen in das Stadtzentrum war durch

Das Reichsbahnausbesserungswerk am Paderborner Hauptbahnhof nach dem Bombenangriff vom 16. März 1945

Beisetzung von Bombentoten nach dem Luftangriff

Rosentor mit Turmstumpf des Leokonvikts nach dem Bombenangriff vom 27. März 1945

106

die Flächenbrände und die Luftturbulenzen nicht möglich. Wer bis zum Einsetzen des großen Feuersturmes nicht aus der Stadt herauskam, kam in den Flammen und den einstürzenden Häusern ums Leben. Auch Fahrzeuge konnten nicht in die Stadt fahren; denn alle Ausfall- und Nebenstraßen waren durch Schuttmassen versperrt.

Ein städtischer Betreuer berichtete darüber, wie es im Altersheim zuging: *»Zwischen 17.00 und 18.00 Uhr war in der Volksküche große Essensausgabe. Um diese Zeit waren täglich 300 bis 400 Personen im Altersheim, um ihr Abendessen einzunehmen oder ihre Tagesportion zu empfangen. Ein großer Teil davon waren französische Kriegsgefangene, die in der Stadt beschäftigt waren.*

Da zwischen Alarm und Angriff kaum eine Zeitspanne lag, haben einige Altersheiminsassen den Luftschutzkeller nicht mehr erreicht; denn schon in den nächsten Minuten krachten die Bomben. Die erste Sprengbombe traf den Sanitätskeller des Altersheims. In ihm hielten sich Schwester Oberin und sechs weitere Schwestern auf. Alle fanden den Tod. Kurze Zeit darauf fielen noch weitere drei Sprengbomben in den Westflügel an der Heierstraße. Alle Bomben durchschlugen sämtliche Decken und Gewölbe; das ganze Altersheim stand in einer gelblichblauen Stichflamme. Es schien, als sollte keiner mit dem Leben davonkommen. In wenigen Augenblicken stand das gesamte Hauptgebäude in hellen Flammen. In den Hof fielen drei große Benzin- und Teerkanister, die eine fürchterliche Hitze und beizenden Rauch verursachten. Einer dieser Kanister lag unmittelbar vor dem Eingang zum Hauptluftschutzkeller, so daß dieser als Ausgang nicht mehr benutzt werden konnte.

Alle mußten aus einem Notausgang heraus. Die Giersstraße stand in Flammen, es blieb nur der Weg durch den Altersheimpark zum Stadelhof und weiter zur Gierspromenade offen. Gegen 23.00 Uhr war der Luftschutzkeller von Insassen frei. Das Feuer lief schon durch die Kellerfenster.

Inzwischen war das Feuer auch über die übrigen Gebäude des Altersheims, die frühere Josephskirche und das Wirtschaftsgebäude vorgeschritten. Gegen 03.00 Uhr war das Altersheim eine große Trümmerstätte.«

Der Einsatz von Rettungstrupps und Angehörigen des Roten Kreuzes war nach dem Abflug der Feindverbände vorerst infolge des fürchterlichen Feuersturms unmöglich.

Ein Gruppenführer des Deutschen Roten Kreuzes berichtete darüber: *»Meine Einsatzstelle war das Gymnasium. Als die Sirenen heulen, flitze ich mit meinem Stahlroß dorthin. Wir sitzen im Keller des Gymnasiums, als plötzlich durch die Explosion einer Luftmine die schwere Luftschutztür aus den Angeln gerissen wird.*

Schon fällt die zweite Mine und reißt einen großen Teil des massiven Gymnasialturmes auseinander. Gewaltige Steinmassen verschütten uns den Aufgang zur Treppe. Etwa acht Meter neben unserem Keller fällt eine schwere Sprengbombe in den linken Hofraum des Gymnasiums, die einen Trichter von ungefähr 15 Meter Durchmesser hinterläßt.

Als wir es wagen, aus dem Keller zu kriechen, sehen wir in pechschwarze Nacht, die durch das riesige Feuer der brennenden Stadt gespensterhaft erleuchtet wird.

Ich reiße ein junges Mädchen, das fast völlig erschöpft ist, an der Hand vorwärts durch die Bombentrichter. Rechts und links von uns stürzen brennende Häuserbalken auf die Straße. Vorwärts geht's über den Kamp. Abgekämpft erreichen wir das bischöfliche Palais. Aus seinen Fenstern schlagen Flammen. Am brennenden Bürgerverein vorbei laufen wir zur Promenade. Vor uns steht das Mutterhaus der Vinzentinerinnen mit seinem Kapellenturm wie eine riesige Fackel. Auf der Promenade atmen wir auf. Wir sind dem Tod buchstäblich davongelaufen.«

Paderborn hatte bis zu diesem »schwarzem«

27. März 1945 schon einige Luftangriffe erlebt und erlitten. Doch das waren sozusagen nur Vorspiele dieser großen Katastrophe.

Bereits einen Tag nach dem Angriff zog man amtlich die Bilanz dieses Grauens, das die Stadt innerhalb von 28 Minuten erleiden mußte:

2 500 bis 3 000 Sprengbomben, davon etwa 100 Blindgänger, 50 Minenbomben, darunter 31 Blindgänger, 60 000 Stabbrandbomben, 15 000 Phosphorbrandbomben.

Nach dem Krieg ermittelte man die Zerstörungen an den Gebäuden. Danach verlor Paderborn 80 bis 85 Prozent seines Wohnraums. Von dem gesamten Geschäftsviertel der Innenstadt blieben allein die etwa 100 Meter lange Marienstraße und die Weberstraße verschont.

Die Bewohner waren aus der Stadt geflüchtet. Nur wenige blieben in der Ruinenstadt, in der die Brände allmählich erloschen. Tote, zum Teil entsetzlich verstümmelt, lagen auf den zerstörten Straßen und Plätzen herum. Es fehlte an Helfern, um sie zu beerdigen.

Es gab ferner kein Gas, kein Strom, kein Wasser. Alle Mühlen, Bäckereien, Metzgereien und Lebensmittelgeschäfte waren zerstört worden. Um eine Versorgungskatastrophe zu vermeiden, eröffnete man in wenigen Tagen ein paar notdürftige Läden.

Die Volksschulen waren vernichtet worden. Mehr oder weniger schwer beschädigt wurden die Oberschule für Jungen, die Mittelschule an der Schulstraße, das ehemalige Lehrerseminar, die Präparandie, die Theodorschule, Karlschule, Herz-Jesu-Schule, die evangelische Volksschule, die Kasselertorschule, die alte Schule an der Weberstraße, die Landwirtschaftsschule; schwerste Beschädigungen erlitten das Gymnasium Theodorianum und die Erzbischöfliche Akademie.

Zerstört wurden das Jüdische Waisenhaus, die Provinzial-Blindenanstalt, das Rathaus, Haus Levermann, Haus Heising, Hotel Löffelmann, Haus Henning am Kamp und viele der giebeligen historischen Fachwerkhäuser. Vernichtend wurden getroffen die Domkurien, das Erzbischöfliche Palais, die Kurie des Weihbischofs, das evangelische Pastorat, das Landgericht, das Amtsgericht und das Gerichtsgefängnis.

Folgende öffentliche Gebäude und große Geschäftshäuser wurden beschädigt oder zerstört: das Postamt mit dem Fernsprech- und Selbstanschlußamt, der Bahnhof, die Kreissparkasse, die Volksbank, die Reichsbank, die Städtische Sparkasse, das Arbeitsamt, das Finanzamt, die Großkaufhäuser Pötz und Wiese, der Lichtspielpalast und das Metropoltheater; das Residenztheater bekam nur Beschädigungen im Vorderhaus ab.

Die Bomben und der Feuersturm zerstörten völlig das Städtische Verwaltungsgebäude in der Grube, die Stadtbücherei, das Städtische Gas- und Wasserwerk, den Schlachthof, die Gebäude der Pesag, den Städtischen Fuhrpark, das Feuerwehrhaus und das Kaiser-Karls-Bad. Eine Stadtbehörde gab es nicht mehr.

Nach Beendigung des Krieges ermittelte die Stadt Paderborn folgende Gebäudeschäden: Mehr oder weniger zerstört 4 314 Gebäude und 10 000 Wohnungen.

Neben diesen schrecklichen Ereignissen erfolgten auch noch andere Maßnahmen für den eventuellen Kriegsfall.

Der Gauleiter des Gaues Westfalen-Nord hatte seinen Bezirk in sogenannte »Widerstandskreise« eingeteilt; denn alle westfälischen Kreise sollten eine einzige Verteidigungslinie werden.

Schützengräben, Einmannlöcher und Panzersperren entstanden, als das Donnern der nicht mehr fernen Front näher kam. Dabei mußten alle mitmachen: Wehrmacht, Polizei, Volkssturm, Frauen und Kinder.

Außerdem war ein Generalstabshauptmann Kampfkommandant im Abschnitt Paderborn geworden, der seinen Gefechtsstand im Bunker an der Wilhelmshöhe einrichtete. Der Hauptmann und

108

Blick vom Priesterseminar zum Dom, März 1945

Aus der zerstörten Jesuiten-
kirche auf die Türme der
Abdinghofkirche und den
Rathausgiebel (rechts)

Marienplatz mit Rathausfas-
sade

109

sein junger Adjutant, ein einarmiger Leutnant, forderten Artillerie, Panzer, Munition und Soldaten an. Immer wurden die Stärke der zur Verfügung stehenden Truppen errechnet. Zahlen, die ständig wechselten.

Dann platzte plötzlich die Meldung in den Bunker: »*Wünnenberg von amerikanischen Truppen besetzt. Büren beschossen.*«

Die Lage spitzte sich zu.

In der feuchten kalten Nacht zum 30. März traf die Meldung im Befehlsbunker ein, daß feindliche Panzerspitzen auf Warburg vorstießen. Deshalb wurden alle im Raum Paderborn zur Verfügung stehenden Abwehrkräfte alarmiert.

Dann prallten die Fronten aufeinander. Nördlich von Büren kam es zu heftigen Gefechten, die sich immer mehr steigerten. Von Büren aus setzten die Amerikaner verschiedene Stoßkeile in Richtung Paderborn an. Einer von ihnen ging über Haaren, Etteln, Borchen und Wewer; ein anderer von Wewelsburg zur Straße Salzkotten.

Bei Etteln und Kirchborchen verstärkte sich der deutsche Widerstand. Im Kampf um Kirchborchen fielen auf deutscher Seite 40 Soldaten, meistens junge Rekruten. Man setzte sie später in einem Massengrab auf dem Friedhof bei. Schwere amerikanische Mörser gingen in der Nähe des Friedhofs Kirchborchen in Stellung. Die Rohrmündungen waren auf Paderborn-Sennelager gerichtet. Kirchborchen fiel am 30. März (Karfreitag) um etwa 14.00 Uhr.

Aus Sennelager rückten Panzer vom Typ »Tiger«, drei Rekrutenkompanien Infanterie, SS-Einheiten und andere Wehrmachtsteile vor, die alle Durchgangsstraßen besetzten.

Die Aufklärungs- und Ausbildungsabteilung des Kavallerie-Regiments 15 (Neuhaus) erhielt den Befehl, vier Panzerjagdkommandos zu stellen, die die Straße Paderborn-Bad Driburg sichern sollten. Es handelte sich um unerfahrene und kaum richtig eingekleidete Rekruten.

Das Schwergewicht der Schlacht verlagerte sich am 30. März nach Nordborchen. Das Dorf war überfüllt von Flüchtlingen aus Paderborn und Evakuierten. Die Amerikaner setzten ihre Artillerie ein.

Der damalige Pfarrer berichtete über diesen Kampf um Nordborchen: »*Um 01.00 Uhr mittags brannte das erste Gehöft mitten im Dorf. An Löschen war bei dem starken Beschuß nicht zu denken.*

Das ganze Jammertal brannte Haus für Haus nieder. Niemand konnte helfen. Pferde, Rinder, angebrannte Schweine rannten wild umher oder kamen an der Kette zerrend und brüllend elend in den Flammen um.

Der Kampf am Eingang des Dorfes wogte hin und her. Panzer stießen vor und wichen zurück, so ging es zwei Tage hindurch. Artillerie schoß unablässig ins Dorf.

Im Schutze der Nacht verließ das vor drei Tagen nach Nordborchen geflüchtete Lazarett des Paderborner Priesterseminars den höchst gefährdeten Ort.

Am Karsamstag konnte man trotz des Kampfes in nächster Nähe starkes Panzerfeuer aus Richtung Hamborn vernehmen. Dort entwickelte sich eine regelrechte Panzerschlacht. Etwa 50 Panzer und motorisierte Fahrzeuge blieben auf der Strecke, darunter sechs ›Königstiger‹.

In der Nacht zum Ostertage endlich sah die SS die Sinnlosigkeit ihres Kampfes ein und zog sich auf Paderborn zurück.«

Während dieses Gefechts wurde auch die Lage für Paderborn kritischer.

Der einarmige Leutnant (ein ehemaliger Hitlerjugendführer) im Bunker an der Wilhelmshöhe wollte die Stadt unter allen Umständen halten, obwohl der Gegner weitaus überlegen war.

Dazu kam das Restkommando des Flak-Regiments 46 mit zehn Offizieren, 47 Unteroffizieren und 260 Mann zum Einsatz. Der Bataillonsgefechtsstand befand sich bei der Panzersperre an der Reichsstraße 1 zwischen Hauptbahnhof und Brücke.

Am frühen Morgen des 31. März traf eine Meldung im Bunker Wilhelmshöhe ein, daß zwischen dem Fliegerhorst und der Panzerkaserne feindliche Luftlandetruppen in Stärke von 1 000 Mann abgesetzt worden wären.

Deutsche Truppen setzten sich schon auf den Ostrand von Elsen ab. Die im Riemekefeld liegende Flakeinheit 46 hatte durch Panzerangriffe schwere Verluste. Im Süden Paderborn lösten sich die Abwehreinheiten immer mehr auf. Die Soldaten gingen zurück, teilweise verwundet, alle total erschöpft und übernächtigt. Da keine Verbandsstoffe zur Verfügung standen, verbluteten viele Verwundete.

In der Nacht zum Ostersonntag hatte sich der Gegner bis dicht an die Stadt herangekämpft. Nach der Einnahme von Borchen und Wewer gab es eine kurze Pause, in der die Amerikaner ihre vordersten Truppen zum Vorstoß auf Paderborn und Sennelager verstärkten.

In dieser Nacht ging um 05.15 Uhr folgende Meldung in der Befehlsstelle Wilhelmshöhe ein: »Die amerikanischen Truppen sind östlich des Zementwerks ›Ilse‹ an der Borchener Straße durchgebrochen und graben sich unweit des Werkes in einem Wäldchen ein.«

Ein deutscher Gegenangriff wurde befohlen, der aber schnell im feindlichen Feuer zusammenbrach.

Amerikanische Geschütze feuerten in die Stadt. Die in den Kellern unter den Ruinen sitzenden Menschen hatten nur den einen Wunsch, lebend aus diesem Inferno herauszukommen.

Die Amerikaner kamen näher.

Ein Augenzeuge berichtet: »In die Stadt sind jetzt (1. April 1945) die bereits gemeldeten Panzer eingedrungen und schießen auf alles, was sich noch sehen läßt.

Es knallt an allen Ecken und Enden der Stadt; denn vereinzelt haben sich noch völlig Erschöpfte in Bombentrichtern verschanzt. Auch sie geben bald den aussichtslosen Kampf auf und flüchten. Auf dem Flugplatz und in der näheren Umgebung sind heftige Panzerkämpfe. Auf beiden Seiten bleiben Panzer auf der Strecke. Tiefflieger verfolgen die flüchtenden Verbände und räuchern die einzelnen Widerstandsnester aus. Es ist kein Kampf mehr; es ist ein Spießrutenlaufen zwischen feuernden Stahlungeheuern.

Bald ist Ruhe, und nur kurz war der ungleiche Kampf. Von allen Seiten dringen nun die amerikanischen Truppen in die tote, zerstörte, teils noch brennende Stadt.«

An den Häusern, in denen noch Menschen wohnten, hingen weiße Tücher. Die Befehlsstelle Wilhelmshöhe war noch bis zum Mittag besetzt. Dann fuhr der Kampfkommandant in Richtung Neuhaus ab. Die NS-Größen hatten sich bereits in den frühen Morgenstunden vor dem Angriff abgesetzt.

Andere amerikanische Einheiten drangen von der Warburger Straße und durch die Vorgärten der Nebenstraßen mit Panzern und aufgesessener Infanterie in die Stadt ein.

Am Ostersonntag gegen 17.00 Uhr schwiegen die Waffen um Paderborn. Am zweiten Ostertag wurde Elsen kampflos besetzt. Die Kommandanten von Neuhaus und Sennelager wollten weiterkämpfen. Das Sennelager aber gab schon bald den Widerstand auf; denn von Gütersloh her rollten amerikanische Panzer heran, um den Ring um Paderborn zu schließen.

In Neuhaus versuchte der Ortspfarrer den jungen Kampfkommandanten von der Sinnlosigkeit eines weiteren Verteidigungskampfes zu überzeugen und somit einen eventuellen Luftangriff auf den Ort zu verhindern.

»Neuhaus wird verteidigt bis zum letzten Mann«, lautete die Antwort des Angesprochenen, der dem mutigen Mahner außerdem den Tod durch Erschießen androhte. Doch dazu kam es nicht mehr, weil der Kampfkommandant durch Selbstmord von dieser Welt abtrat.

Neuhaus selbst wurde aber noch bis zum 3. April gegen 18.00 Uhr verteidigt und von amerikanischer Artillerie heftig beschossen. Dabei kamen zehn Be-

Der Kamp eine Trümmer-
wüste (1945)

Die zerstörten Gebäude des
Abdinghofklosters. Links im
Bild Wohnbaracken

Aufräumungs- und Aufbau-
arbeiten am Dom im Jahre
1947

112

Mit dieser provisorischen Feldeisenbahn wurden die riesigen Trümmermassen beseitigt. Bagger gab es damals nicht (1945)

Im Raum Warburg abgeworfenes US-Flugblatt

An den Ortskommandanten oder Bürgermeister!

Wir fordern:
BEDINGUNGSLOSE ÜBERGABE

Der Ortskommandant oder Bürgermeister kann zwecks Übergabebesprechungen bevollmächtigte Parlamentäre mit einer weissen Fahne zum nächsten amerikanischen Gefechtsstand entsenden. Im Falle von Täuschungsmanövern wird kein Pardon gegeben.

> **ÜBERSETZUNG FÜR U.S.A. SOLDATEN**
> The local Army Commander or the responsible civilian official can send fully empowered parlementaires with a white flag to the nearest Allied command post for the purpose of arranging a surrender. In case of attempted trickery, no mercy will be given.

Wir gewährleisten:
SICHERSTELLUNG PERSÖNLICHEN EIGENTUMS.
BEHANDLUNG LAUT GENFER ABKOMMENS.

VERHALTUNGSMASSREGELN FÜR SOLDATEN:

Feuer sofort einstellen! Waffen niederlegen! Koppel und Helm herunter! Hände hoch, Handflächen nach aussen! Mit weisser Fahne auf unsere Linien zugehen!

VERHALTUNGSMASSREGELN FÜR ZIVILPERSONEN:

WÄHREND DES GEFECHTES: Geht in Euern Keller oder den nächsten Luftschutzraum. Hängt eine weisse Fahne heraus zum Zeichen, dass das Haus nicht verteidigt wird. Wird das Haus von deutschen Soldaten verteidigt, so wird es zerstört.

NACH DEM GEFECHT: Bleibt in Kellern oder Luftschutzräumen! Zeigt Euch nicht auf Bürgersteigen oder Fahrbahnen! Weitere Anweisungen und Verbote werden erfolgen. Zuwiderhandelnde werden verhaftet und abgeteilt.

Der Befehlshaber der Amerikanischen Truppen.

wohner und etwa 60 deutsche Soldaten ums Leben.

Mit der Einnahme von Neuhaus war der sinnlose Kampf um Paderborn beendet.

Übrig blieben die vielen Toten.

»Das Schlachtfeld zog sich von Nordborchen und Wewer bis zum Westerntor von Paderborn hin«, schrieb der Chronist Vikar Bieker. *»Es gesellten sich hier die toten Soldaten zu den Toten der ausgebrannten bombardierten Stadt. Sie alle warteten auf Menschen, die das Werk christlicher Barmherzigkeit der Bestattung an ihnen wirkten.«*

Vikar Bieker fand Freiwillige, die mit ihm nach Paderborn gingen, darunter Jungen der Pfarrjugend. *»Doch waren letztere nicht alle den Aufgaben innerlich gewachsen, denn selbst ausgereifte Männer, die schon manches im Leben durchgemacht und gesehen hatten, versagten bisweilen beim Umgang mit diesen entstellten, zerrissenen, ausgekochten, gebratenen Toten. Besonders schwer war es in jeder Beziehung, die Toten in diesem Zustand zu identifizieren. Wir mußten schon sehr hungrig sein, sonst hätten uns die Klarissen, bei denen wir speisen durften, vorsetzen können, was sie wollten, wir hätten es nicht angerührt.«*

113

Nachdem alle auf der Erde liegenden Toten weggeräumt worden waren, machten sich Vikar Bieker und seine Helfer an die Bergung der Verschütteten. Dabei stießen sie immer wieder auf die entsetzlichsten Situationen. Aus den Trümmern des Hauses Unterhalt, Fürstenbergstraße, bargen sie die Überreste von acht Menschen. *»Nur schwer war es zu glauben, daß der Kindersarg, den ich kurz darauf zum Westfriedhof bringen durfte, acht Personen in sich barg, und doch ist es wahr. Der Leser mag es mir ersparen, weiter dieses Furchtbare zu erzählen«*, faßte der mutige Vikar mit ein paar Worten alles das zusammen, was er in der Stadt der Toten noch an Entsetzlichkeiten sah.

Seiner Ansicht nach waren es etwa 1 000 Tote, die er und seine Helfer beerdigten. Die Kampftruppen der 1. US-Armee samt rückwärtigen Einheiten zogen in einem breiten Angriffsstreifen nach Osten weiter. Auf dem Weg zur Weser lag in ihrem Operationsraum unter anderen ein neues Ziel, mit dem sich die amerikanischen Soldaten auseinandersetzen mußten – Stadt und damaliger Kreis Warburg.

»In der letzten Märzwoche des Jahres 1945 mehrten sich auch in Warburg die Anzeichen des drohenden Zusammenbruchs,« berichtete ein Augenzeuge. *»Neben den Großbomber-Schwärmen heulten nun auch zu jeder Tageszeit zahlreiche Jagdbomber über die Stadt.*

Das Eisenbahngelände am Güterbahnhof wurde mehrfach getroffen. MG-Garben trafen das Stationsgebäude.

Der Verkehr nach Süden und Westen war bereits an vielen Stellen unterbrochen. Die fahrenden Züge waren das ständige Ziel der Jabos; und auch hier gab es immer wieder Verluste bei dem Fahrpersonal und den Reisenden.

*Der Scherfeder Bahnhof wurde mit mittelschweren Bomben angegriffen; dauernd hörte man das Rattern der Maschinengewehre über der Bahnlinie Nörde-Eissen-Borgholz. In der Nähe des Warburger Bahnhofs wurden in einer Nacht mehrere Wag-*gons mit Tarnfarbe in Brand geschossen. Die stundenlang gegen den Himmel lodernden Flammen erschienen den Menschen in der vollkommen verdunkelten Stadt wie ein Fanal des kommenden Zusammenbruchs.«*

Warburg sollte bei dem Herankommen des Gegners der Mittelpunkt einer Verteidigungslinie werden. Deshalb beschloß man, Panzersperren an der Ossendorfer Straße, an der Straße nach Germete, an der Mennerstraße, an der Abzweigung zum Burggraben, an der Paseburger Straße, an der Kasselerstraße in der Nähe der Wäscherei Kamm und an der Stadtseite der Diemelbrücke zu bauen. Holzschlagkommandos wurden in den Asseler Wald geschickt, um dafür Baumstämme zu fällen.

Während Männer vom Volkssturm, Kriegsgefangene und Fremdarbeiter an den Sperren bauten, tauchten Gerüchte auf, daß die Amerikaner bereits an Marburg vorbei seien und auf Korbach und Arolsen vorstießen. Beobachter auf dem Turm der Neustädter Pfarrkirche meldeten ständig Granateinschläge auf der Straße Rhoden-Wrexen.

In dieser Phase wurde ein Rittmeister zum Kampfkommandanten der Stadt ernannt, der seinen Gefechtsstand im Keller des alten Rosenmeyerschen Hauses an der Mauer Süd einrichtete.

Am Karfreitag befahl er alle Kompanie- und Zugführer des Volkssturms zu einer Lagebesprechung dorthin.

Der Führer der 2. Kompanie bekam den Befehl: *»Sie haben mit Ihrer Kompanie folgende Abschnitte zu halten: Von der Straße nach Wormeln in Höhe des alten Kalkofens die Linie zwischen Calenberg und Kasselerstraße, von dort weiter über die Bahnstrecke Warburg-Kassel, dann den Bogen über die Daseburgerstraße um die Möbelfabrik herum, bis zu der Stelle, wo die Bahn nach Arolsen die Hauptstrecke schneidet. Den Abschnitt zwischen der Eisenbahnstrecke Warburg-Menne und der Straße nach Wormeln hält die erste Kompanie.«*

114

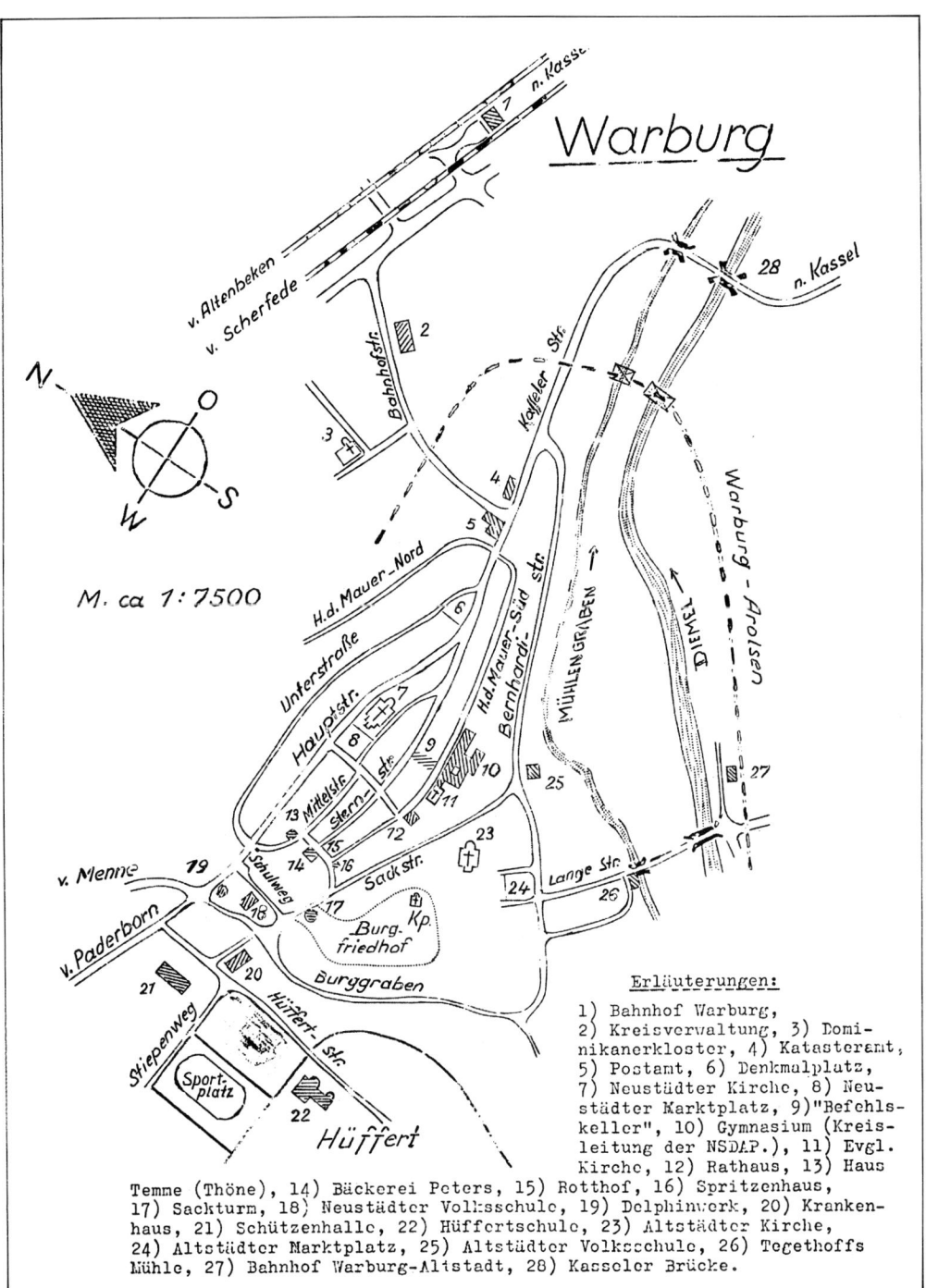

Warburg

M. ca 1:7500

Erläuterungen:

1) Bahnhof Warburg, 2) Kreisverwaltung, 3) Dominikanerkloster, 4) Katasteramt, 5) Postamt, 6) Denkmalplatz, 7) Neustädter Kirche, 8) Neustädter Marktplatz, 9)"Befehlskeller", 10) Gymnasium (Kreisleitung der NSDAP.), 11) Evgl. Kirche, 12) Rathaus, 13) Haus Temme (Thöne), 14) Bäckerei Peters, 15) Rotthof, 16) Spritzenhaus, 17) Sackturm, 18) Neustädter Volksschule, 19) Delphinwerk, 20) Krankenhaus, 21) Schützenhalle, 22) Hüffertschule, 23) Altstädter Kirche, 24) Altstädter Marktplatz, 25) Altstädter Volksschule, 26) Tegethoffs Mühle, 27) Bahnhof Warburg-Altstadt, 28) Kasseler Brücke.

Skizze von der Stadt Warburg in jenen Tagen (Berthold Zuenkler)

115

So sah der Kreis Warburg damals aus (Berthold Zuenkler)

Der Kampfkommandant fuhr fort: »*In die Ort-schaften rund um Warburg werden Kampfgruppen gelegt, die aus Soldaten der Wehrmacht und SS bestehen. Etwa in der Mitte der Strecke zwischen diesen Dörfern und der Stadt bezieht der Volks-sturm Stellung. Die Kampfgruppen haben ihre Ort-schaften bis zum letzten Mann zu verteidigen. Wer nicht steht, den kralle ich mir, der wird erschossen.*

Dann hat der Volkssturm seine Stellung ebenfalls bis zum letzten Mann zu halten. Die Kompaniefüh-rer sind dafür verantwortlich, daß aber auch nie-mand weicht.

Die Stadt selbst wird mit allen Mitteln verteidigt, ganz egal, ob das ganze Nest in Klumpen geschossen wird.«

Aufgrund von Einwänden wegen des geringen materiellen und personellen Kampfwerts des Volks-sturms mußte der Kampfkommandant aber seine forschen Pläne mit den Worten ändern: »*Dann han-deln Sie so, wie Sie es für richtig halten.*«

Während am Karfreitag an den Sperren gearbeitet wurde, liefen immer wieder alarmierende Meldun-gen aus dem hessischen Raum ein, daß die Amerika-ner schnell vorstießen und in zahlreichen Orten

116

schon die weißen Fahnen wehten.

Auf der Hüffert war Volkssturm zum Schanzen eingesetzt, da der Hauptangriff aus Richtung Ossendorf erwartet wurde. Zwei leichte Fla-Geschütze gingen am Wassertürmchen nach Ossendorf und an Heidenreichs Scheune in Stellung. Die Panzersperre am Burggraben wurde noch rechtzeitig fertiggestellt. Die Sperre an der Mennerstraße blieb für eventuelle Absetzmanöver noch geöffnet.

Am Morgen des Karsamstag hatte die Spannung ihre Höhepunkt erreicht«, berichtete der Chronist. *»Jeder ahnte, daß dieser Tag die Entscheidung über das Schicksal der Stadt bringen würde.«*

Die Bewohner versammelten sich in der Nähe der Luftschutzkeller oder versteckten sich in den Hohlwegen südlich der Wormeler Straße.

Der Volkssturm arbeitete noch am Ausbau der Sperren, die immer noch nicht ganz fertig waren.

Im Befehlskeller des Kampfkommandanten, dessen vorgesetzte Dienststelle sich in Bielefeld befand, liefen alarmierende Meldungen ein: *»Amerikaner vor Wethen.« »Amerikanische Panzer in Welda.« »Spähwagen auf der Straße nach Wormeln.« »Feindliche Panzerspähwagen auf der Straße Wethen–Ossendorf gesichtet.«*

Ein Volkssturmführer stürzte in den Keller und rief: *»Wethen brennt! Die amerikanischen Panzer schießen hinein. Aber wir halten Wethen, meine Leute laufen nicht weg. Da muß ein Gegenstoß gemacht werden.«*

»Die Männer im Befehlskeller sahen sich an«, schildert der Chronist die Situation. *»Was sollten sie noch in der Gruft? In wenigen Minuten mußte die Entscheidung fallen. Sie stürzten nach draußen, um sich auf ihre Posten zu begeben.«*

Die Parteigrößen in braunen Uniformen setzten sich kurz darauf in einem Pkw aus der Stadt ab.

Familie Sauser (Pferdehandlung) machte am Morgen dieses schicksalsschweren Karsamstag die erste Bekanntschaft mit den Amerikanern.

Plötzlich stand ein Panzer vor dem Haus; ein Hubschrauber landete und amerikanische Soldaten kamen auf das Gebäude zu, in dem Frau Sauser schnell die weiße Fahne aushängte.

Die Hauptmacht der Amerikaner rückte nicht wie erwartet von Westen oder Südwesten, sondern von Südosten, von der Kasselerstraße her vor. Die Diemelbrücke an der Kasselerstraße fiel ohne Gefecht in ihre Hände. Auf ihr erschien der erste amerikanische Spähwagen. Da die Panzersperre nicht geschlossen war, konnte er ungehindert hindurchfahren. Hinter ihm folgten zwei weitere Panzer.

Die Kampfwagen überquerten die Bahn und blieben zunächst auf der Kasselerstraße stehen. Unter den vielen im Freien stehenden Bewohnern breitete sich eine Panik aus. Viele gingen in den Straßengräben in Deckung. Ältere Landesschützen schnallten die Koppel ab und hoben die Arme.

Von der Diemelbrücke walzten Panzer vom Typ »Sherman« auf die Kasselerstraße. Die Voraustruppen rollten in die Stadt. Hinter den Panzern folgten Spezialfahrzeuge, Brückenbaugeräte, Bulldozer, die die Sperren an der Straße innerhalb kurzer Zeit wegräumten, Sanitätswagen und viele andere Fahrzeuge. Zu beiden Seiten der Straße ging amerikanische Infanterie mit schußbereiten Gewehren vor.

Die Hauptmasse der deutschen Verteidigung stand, wie erwähnt, im Westen der Stadt und erwartete einen Angriff aus Richtung Ossendorf-Germete. Da die Amerikaner aber tatsächlich aus entgegengesetzter Richtung kamen, versuchte der Kampfkommandant seine Westfront zur Bekämpfung der amerikanischen Einheiten nach Osten herumzudrehen.

Eine Alarmeinheit ging aus dem Gefechtsstand durch die Sternstraße vor, um von der Marktstraße her den Neustädter Markt zu säubern, Anschluß mit den im Westen stehenden Verteidigungskräften zu bekommen und mit ihnen zum Gegenangriff anzutreten. Dabei sollte auch ein am Delphinbrunnen stehendes Sturmgeschütz eingesetzt werden, das allerdings bereits von den Amerikanern ausgeschaltet worden war.

Ein Augenzeuge sah von der Bäckerei Peters aus, wie deutsche Soldaten mit Panzerfäusten in der Sternstraße in Richtung Pennig–Hartmann vorgingen, um einen am Café Eulenspiegel stehenden Feindpanzer zu vernichten. Die Panzerbesatzung feuerte aber sofort auf sie. Trotzdem wurde der deutsche Angriff mehrfach wiederholt, führte aber nicht zum Erfolg.

Als Soldaten der Alarmeinheit auf der Hauptstraße von durchfahrenden Amerikanern gesehen wurden, drehte ein amerikanischer Panzer bei. Die deutschen Soldaten versuchten, ihn mit Panzerfäusten zu erledigen, schafften es aber nicht; denn das Panzer-MG beherrschte die Mittelstraße und auch die Gasse am Rotthof, da es quer durch die Eckschaufenster der Lebensmittelhandlung Fischer schoß.

Bei diesen Kämpfen fielen mehrere Amerikaner durch Panzerfäuste. Durch die Wucht der Explosionen wurden sie teilweise auf die in der Nähe stehenden Häuser geschleudert.

Bei diesen Kampfhandlungen (zwischen 10.00 und 12.00 Uhr) gerieten das Thönesche Patrizierhaus, die Häuser Fischer, Hartmann, Neben- und Hinterhaus des Friseurs Schmidt, sowie Koppenberg und Otte in Brand.

Obwohl gelöscht wurde, bestand die Gefahr einer um sich greifenden Feuersbrunst. Die Warburger Feuerwehrspritze stand zwar in der Nähe, aber niemand war in der Lage, sie zu fahren. Einer der Bewohner wandte sich deshalb an einen amerikanischen Soldaten, der sie dann auch tatsächlich zum Löschen holte.

Während dieser Gefechte kämmten die Amerikaner von der Bernhardistraße, vom Brüderkirchhof, vom Burgfriedhof und von der Hüffert her die Altstadt durch. Überall, auch im Bahnhofsviertel gingen sie sehr vorsichtig vor.

Die in den Kellern sitzenden Bewohner hörten immer wieder das Knallen von Gewehren. Maschinengewehrfeuer vom Brüderkirchhof her erschreckte Frauen und Kinder, die in der Krypta der alten Burgkapelle Schutz gesucht hatten.

Parallel zu den Kampfgeschehen verliefen andere Maßnahmen. Bei einer ging es um die Übergabe der Stadt.

Der damals zufällig in einem Lazarett liegende Oberst Dropmann schickte einen deutschen Sanitätssoldaten mit einer Rote-Kreuz-Fahne in die Dellbrück zum Ratsherren und stellvertretenden Bürgermeister Philipp Schlüter. Dieser wurde gebeten, als Unterhändler zu den Amerikanern zu gehen und die Stadt zu übergeben. Schlüter war deshalb besonders für diese Aufgabe geeignet, weil er kein Parteigenosse war.

Schlüter zögerte zuerst und wandte ein, daß er kein Englisch sprechen würde. Der Sanitäter erwiderte, daß es bei den Amerikanern Dolmetscher geben würde. Er teilte Schlüter weiter mit, daß die Stadt um 15.00 Uhr von Bombern vernichtet würde. Das hatten amerikanische Soldaten bei den Häuserdurchsuchungen erklärt. Später stellte sich heraus, daß die Amerikaner tatsächlich Bomber angefordert hatten, weil in der Stadt gekämpft wurde und niemand die weiße Fahne zeigte.

Das letzte Argument war für Philipp Schlüter ausschlaggebend. »Ich habe Paderborn nach dem Bombenangriff gesehen«, sagte er zu seiner Frau. »Gott bewahre Warburg vor einem solch schrecklichen Unglück.«

Begleitet von dem Sanitäter mit der Rote-Kreuz-Fahne machte er sich auf den Weg. Sie gingen durch den Burggraben zur Hüffert hinauf.

An der »Schönen Aussicht« bekamen die beiden Kontakt mit den Amerikanern. Ein Dolmetscher übersetzte Schlüters Vortrag.

Ein amerikanischer Offizier fragte, ob er in der Partei gewesen sei.

118

»Nein!« erwiderte der mutige Mann.

Der Offizier daraufhin: »Sie haften mit Ihrem Kopf dafür, daß in Warburg nun nichts mehr passiert.«

»Ja!«

In einem Panzerspähwagen fuhr man Schlüter in die Stadt zurück zum Rathaus, wo er zusammen mit den schwer bewaffneten Amerikanern durch sämtliche leeren Räume gehen mußte. Danach wurde Philipp Schlüter in das Gebäude der Amtsverwaltung Warburg-Land gefahren und verhört. Am Abend brachte man ihn in einem Jeep in seine Wohnung zurück.

Gegen 15.30 Uhr fand außerdem ein offizieller Besuch von Besatzungstruppen im Amtszimmer des Neustadt-Pfarrers statt. Die Amerikaner, ein amerikanischer Hauptmann, ein Dolmetscher und ein Soldat mit Maschinenpistole, suchten einen Mann, der als Bürgermeister eingesetzt werden konnte. Der Pfarrer nannte Bäckermeister Robert Peters vom Rotthof und Oberinspektor König aus der Mennerstraße. Die Nichte des Pfarrers holte die beiden, die dann von den Amerikanern die entsprechenden Anweisungen erhielten.

In der Stadt hingen nun schon überall weiße Fahnen. Amerikanische Soldaten durchsuchten die Häuser nach Wehrmachtsangehörigen. Dabei nahmen sie auch Wertgegenstände, Uhren, Gewehre und Jagdgläser mit.

Die Lazarette wurden von den neuen Herren der Stadt ebenfalls durchsucht. Bereits gegen 11.00 Uhr am Karsamstag betraten Amerikaner das St. Petri-Hospital und verhandelten mit Oberfeldarzt Dr. Hupe. Eine Station mußte sofort freigemacht werden.

Die amerikanischen Gefallenen sammelte man im Garten bei der Kreisbauernschaft und transportierte sie später ab. Ebenso verhielt es sich mit den deutschen Gefallenen, die auf dem Ehrenfriedhof in Breuna beigesetzt wurden.

Am Spätnachmittag besuchte ein amerikanischer Militärgeistlicher Pfarrer Kracht in der Altstadt. Er übergab einen Ausweis, der dem Deutschen volle Bewegungsfreiheit für seine Aufgaben gewährte.

Pfarrer Kracht fragte dann, ob jetzt die Glocken wieder läuten dürften.

Der Amerikaner antworteten: »Ja, die Karwoche ist vorbei. Ihr könnt die Glocken läuten, soviel ihr wollt; hoffentlich bersten sie nicht.«

Am nächsten Tag hielt der amerikanische Geistliche einen militärischen Gottesdienst in der Altstadtpfarrkiche ab.

»Am Ostersonntag glich die Stadt einem Heerlager«, berichtete ein Augenzeuge. »Überall standen Panzer- und Lastwagenkolonnen der Amerikaner. An den Straßenrändern saßen Neger an kleinen Holzfeuern und wärmten ihre Kriegsrationen auf. Immer neue Truppen durchzogen die Stadt.

Aus zahlreichen Häusern blickten die Amerikaner zum Fenster hinaus. Die deutschen Bewohner hatten innerhalb weniger Minuten räumen müssen.

Im Garten des Landratsamtes lagen haufenweise Aktenbündel und Büromöbel. Manche Aktenstapel brannten.«

Erst jetzt wurde festgestellt, daß viele Häuser, vor allem im Bahnhofsviertel durch Panzergranaten und MG-Geschosse beschädigt waren. Am Rotthof rauchten die beim Gefecht in Brand geratenen Häuser.

Im Durchgang zum Brüderkirchhof befanden sich große Blutlachen. Das Rathaus war ebenfalls verwüstet worden. Türen waren eingetreten, Schreibpulte gewaltsam geöffnet und die Stadtkasse aufgeschweißt worden. Die Besatzungssoldaten hatten mitgenommen, was bei ihnen ankam. Briefmarken mit Hitlerkopf waren besonders bei ihnen beliebt. Der Bürgermeister mußte immer wieder mit amerikanischen Soldaten zur Post gehen, wo sie Hitler-Briefmarken kauften.

Im Rathaus stapelten sich von den Amerikanern erbeutete oder von der Zivilbevölkerung abgelieferte Waffen.

O r t	Art Bomben oder Kampfh.	Daten der Bomb.-angriffe	To-des-opf. d. Ein-wohn.	Z e r s t ö r u n g Wohn-ge-bäude	Ge-schäfts-häuser	Gewer-be u. Indu-strie	Landw. Ge-bäude
Borgentreich	Kampfhdl.	-	2	122	-	13	126
Bühne	"	-	6	58	-	-	23
Borgholz	"	-	-	44	-	-	14
Großeneder	"	-	-	37	-	2	43
Manrode.	"	-	-	26	-	-	1
Lütgeneder	"	-	-	18	-	-	28
Eissen	"	-	1	45	2	3₁	36
Peckelsheim	"	-	-	38	2	4	42
Willebadessen	Bomben Kampfhdl.	29.11.44	8 4	9	-	1	
Scherfede	Kampfhdl.	-	1	20	-	-	-
Rimbeck	+Bomben +Bomben	22.2.45 21.3.45	3	4	-	-	-
Ossendorf	Bomben "	9.11.42 22.2.45	3	9	-	-	-
Hohenwepel	Kampfhdl.	-	-	·7	-	-	-
Bonenburg	"	-	10·	1	-	1	-
Warburg	+Bomben Kampfhdl.	27.3.45 -	2 -	3	1	1	1
Dringenberg	Kampfhdl.	-	2	-	-	-	-
Neuenheerse	"	-	1	-	-	-	-
Niesen	"	-	1	-	-	-	-

<u>Bemerkungen:</u> Bei den mit einem + bezeichneten Bombenwürfen handelte es sich um Angriffe nur einzelner Flieger.

Krankenanstalten, Schulen und Lehranstalten hatten nur vereinzelt Schäden geringeren Umfanges.

Übersichten über die Kriegseinwirkungen im damaligen Kreis Warburg

Durch Bombenkrieg und infolge der Kampfhandlungen sind im Kreise Warburg 709 Schadensfälle mit einem Zerstörungsgrad von mehr als 15 % entstanden.

Dabei handelt es sich um

441 Wohngebäude (z.T. gemischt genutzt)
5 Geschäftshäuser
25 gewerbliche Betriebsgebäude
236 Wirtschaftsgebäude landwirtschaftl. Betriebe
2 Feuerwehrgeräte-Häuser

Leichte Schäden bis zu 15 % entstanden außerdem an
2 Kirchen
2 Feuerwehrgerätehäusern und etwa
113 Wohn- bzw. gemischt genutzten Gebäuden

Welche Orte im Kreise vom Kriege besonders betroffen wurden, ist aus der folgenden Übersicht zu ersehen

Es gingen 751 Wohnungen verloren, bei welchen der durchschnittliche Schadensgrad mit 56,4 % errechnet war. Weitere 386 Wohnungen waren leicht bis 15 % beschädigt.
334 Stallungen und 117 Scheunen waren ganz oder teilweise zerstört.

Der Schadensgrad bei den 751 Wohnungen lag etwa bei
200 Wohnungen zwischen 15 + 40 %
184   "   "   40 + 60 %
164   "   "   60 + 80 %
203   "   "   80 + 100 %

Mit der Beseitigung der entstandenen Schäden wurde größtenteils sofort begonnen. Schon Ende 1948 waren neben der Wiederherstellung der leichtbeschädigten 386 Wohnungen etwa 480 zerstörte Wohnungen wieder fertiggestellt.

Zur Beseitigung von Kriegsschäden an landwirtschaftlichen Betrieben war eine Sammlung durchgeführt, welche mit einem Betrage von rd. 240.000,-RM abschloß. Der Betrag wurde von einem Verteilerausschuß auf die betroffenen Gemeinden verteilt. Aus Mitteln des Landes wurden für diesen Zweck zusätzlich 217.424,- RM als Notstandszuschuß bereitgestellt, wovon 171.587 RM für Bauzwecke verwendet wurden.
In der Zeit von 1949 bis 1953 gelangten rd. 250.000,- DM Landesmittel für die Beseitigung von Kriegsschäden an Wohnungen zum Einsatz. Neben diesen Darlehen konnten verschiedene Bauherren auch noch verlorene Zuschüsse in Anspruch nehmen.
Von den 250.000,-DM Wiederaufbaudarlehen wurden für den Wiederaufbau bzw. die Wiederherstellung von Wohnungen verwendet:

60.000,-DM in Borgentreich   39.500,-DM in Eissen
7.000,-DM in Borgholz   43.500,-DM in Peckelsheim
10.000,-DM in Bühne   13.500,-DM in Helmern
26.500,-DM in Großeneder   3.000,-DM in Bonenburg
5.000,-DM in Natzungen   3.000,-DM in Scherfede
6.000,-DM in Manrode   19.600,-DM in Warburg
12.950,-DM in Willebadessen

Auf dem Flur standen die Männer, die sich registrieren lassen mußten.

An den Straßenecken zogen amerikanische Soldaten auf, die jeden Passanten anhielten und dessen Papiere prüften. Viele von ihnen sprachen deutsch; es waren Emigranten aus Deutschland und Österreich.

Große Autokolonnen fuhren durch die Warburger Altstadt. Die Fahrer, meistens Neger, rasten durch die engen Straßen. Auf den Ladeflächen standen deutsche Gefangene – alte und junge Soldaten, Hitlerjungen und grauhaarige Volkssturmmänner. Sie wurden nach Welda transportiert, wo auf einem freien Feld ein riesiges Gefangenenlager entstand.

In der Nähe der Diemelbrücke kippte ein Lkw infolge erhöhter Geschwindigkeit um, dabei gab es viele Verletzte.

Die Warburger Bevölkerung nutzte jede Gelegenheit aus, um den Gefangenen Erfrischungen und Nahrungsmittel zuzustecken. Ein regelrechter Kurierdienst meldete die Ankunft neuer Transporte. Die Bäckereien backten kleine Brote, die schnell auf die Lkw geworfen werden konnten.

Kurz darauf rollten von Welda her tagelang Züge mit offenen Güterwagen. In ihnen standen die deutschen Gefangenen, die man vorher in das Lager an der Twiste gebracht hatte. Ihr Weg in die Kriegsgefangenschaft nach Frankreich oder Amerika begann.

Aus der Fülle der Geschehnisse im übrigen Kreisgebiet sollen einige schlaglichtartig herausgegriffen werden.

Welda: Am Karfreitagmorgen hingen überall im Dorf weiße Tücher. Ein Mann in Parteiuniform namens Lamoller erschien und schimpfte zusammen mit seinem Pkw-Fahrer über ein weißes Taschentuch, das Mädchen herausgehängt hatten. Sie stellten den Besitzer des Hauses, Herrn Müller, fest. Der Augenzeuge Wilhelm Dierkes aus Hamm:

Eine Granate schlug in den Turm der Kirche St. Marien in Borgholz ein. Heftige Kämpfe gab es vor der Besetzung durch die Amerikaner. Borgentreich und Eissen erlitten mehr Schäden

»Hierauf gab Lamoller aus ein Meter Entfernung einen Schuß ab, worauf Herr Müller tot umfiel. Danach fuhren beide in das Dorf und schossen auf die Häuser.«

Am Karsamstagmorgen rückten die Amerikaner über die »Menge« völlig überraschend in das Dorf ein ohne daß deutscherseits ein Schuß gefallen war.

122

Wormeln: Die Panzersperren waren besetzt. Am Samstag zwischen 10.00 und 11.00 Uhr hörte man aus Richtung Warburg heftiges Geschieße. Rauch stieg aus brennenden Häusern auf.

Erst am Nachmittag – nach deutschem MG-Feuer auf einen amerikanischen Sanitätswagen – hielten amerikanische Panzer an der alten Twistebrücke und feuerten mit Maschinengewehren und Panzerkanonen in das Dorf. Dann rollten sie weiter, kämpften schwachen Widerstand nieder und nahmen den Ort ein.

Dalheim, Herlinghausen, Calenberg und Germete waren ohne nennenswerte Zwischenfälle inzwischen besetzt worden.

Ossendorf: Nach der ersten Feindberührung setzten sich die deutschen Verteidiger in Richtung Menne–Hohenwepel ab. Mehrere Gebäude an der Warburger Straße wurden aber zum Teil schwer beschädigt. Die Bevölkerung hißte sofort die weißen Fahnen, so daß es zu keiner weiteren Kampfhandlung kam.

Scherfede: Nach schweren Luftangriffen auf den wichtigen Eisenbahnknotenpunkt feuerten die Amerikaner vom Fuß der Leuchte bis zur Asseler Burg seit Karfreitagmittag auf die Stadt, in der ein SS-Trupp Widerstand leistete.

Am Ostersonntag forderten die Amerikaner mit Lautsprechern die Räumung und Übergabe des Ortes innerhalb von zwei Stunden; sonst würde er dem Erdboden gleichgemacht. Die meisten Bewohner flüchteten. Es wurde aber so lange noch weiter gekämpft, bis endlich am Kirchturm eine weiße Fahne hing und die SS in Richtung Paderborn abrückte. Viele Todesopfer waren zu beklagen und alle Häuser waren beschädigt.

Bonenburg: »Am Ostersonntag kamen gegen 08.00 Uhr deutsche Truppen beim Friedhof in Autos an«, berichtete ein Augenzeuge. »Es handelte sich dabei hauptsächlich um Kranke und Verwundete aus den Lazaretten Paderborn, Detmold und Herford. Dies traurige letzte Aufgebot schleppte sich mühsam zur Hohen Warte.«

Die amerikanischen Panzerspitzen stießen von Ikenhausen her auf Bonenburg vor. Es kam zu einem Panzerduell zwischen SS- und amerikanischen Panzern, zu erbitterten Straßen- und Häuserkämpfen, bei denen 36 Deutsche und 26 Amerikaner fielen.

Peckelsheim: Am Ostermorgen gegen 08.00 Uhr feuerte die bei Siddessen stehende deutsche Artillerie auf amerikanische Panzer, die von Hohenwepel vorstießen. Die Amerikaner erwiderten

Damalige Fremdarbeiter aus dem Osten

123

das Feuer mit Geschützen und Panzerkanonen. Viele Gebäude wurden beschädigt und brannten.

Die mutige Tag einer jungen Frau: Über 100 Menschen hielten sich im Keller des Bauern August Behler »Am neuen Teich« auf. Durch die lodernden Brände wurde die Luft im Keller dermaßen schlecht, daß für die Insassen Erstickungsgefahr bestand. Eine junge Frau nahm sich ein Kind auf den Arm und lief mit einem weißen Tuch den einrückenden Amerikanern entgegen. In englischer Sprache bat sie einen Offizier, das Feuer einzustellen, damit die Menschen aus dem Keller frische Luft schöpfen konnten. Aufgrund ihrer Versicherung, daß sich kein deutscher Soldat in dem Keller befand, stellte man den Beschuß ein.

Willebadessen: Am Karsamstag erreichten die Amerikaner Willebadessen. In Neuenheerse wurden deutsche Kräfte, darunter acht Panzer, zusammengezogen. Die Truppen waren schlecht ausgerüstet und ohne Verpflegung. Sie waren als letzte Reserven aus den Kasernen in Paderborn und Sennelager geholt worden. Unter ihnen befanden sich gerade erst eingezogene Rekruten, denen man unterwegs noch das Laden und Sichern eines Gewehres beibringen mußte. Hinzu kamen SS-Einheiten. Man wollte Willebadessen zurückerobern.

Am Morgen des zweiten Ostertages begann der Gegenangriff. Sieben deutsche Panzer blieben auf der Strecke. Die Angreifer stießen zwar nach Willebaldessen hinein, wurden aber unter schweren Verlusten wieder zurückgeworfen. Von einer 130 Mann starken Kompanie blieben nur noch 28 übrig.

Danach gingen die Amerikaner gegen deutsche Truppen vor, die in den Wäldern der Egge zwischen Bahnhof Willebadessen–Torfbruch–Hakenberg lagen.

Während in der Börde und in der Egge mehr oder weniger schwer gekämpft wurde, ging es im Raum Nethe–Hegge verhältnismäßig ruhiger zu; denn dort kämpfte man nur noch um Borgholz. Doch in den Abendstunden des Ostertages war auch das vorbei.

Damit war das Kampfgeschehen im Raum Warburg im wesentlichen beendet. Es wurden nur ein paar Steine des großen Mosaiks gezeigt, die aber immerhin so etwas wie Allgemeingültigkeit für andere Orte und Begebenheiten haben. Eine Gesamtdarstellung hätte den Rahmen dieses Berichts gesprengt.

Hannes Tuch, Förster und Schriftsteller, schrieb damals in sein Tagebuch: »*Wir sahen den abziehenden deutschen Soldaten traurig nach. Sicherlich war es gut, daß sie den Widerstand, der längst seinen Sinn verloren hatte, aufgaben.*

Aber es war doch ein seltsames Gefühl, die Söhne des Vaterlandes, die Verteidiger der Heimat, als Besiegte abziehen zu sehen, während von der anderen Seite schon das Fremde, das Unbekannte, der Sieger aus der Dunkelheit auf uns zukam.«

Der Chronist bemerkt abschließend dazu: »*Und wahrlich, dieser Sieger kam wie ein dunkles Verhängnis über das Land; aber mit Mut und Gottvertrauen haben die Männer und Frauen des Warburger Landes die Demütigungen und Nöte jener Tage überwunden. Vor dem dunklen Hintergrund hebt sich die Aufbauarbeit gerade der am schwersten betroffenen Gemeinden ab.*«

Die alliierten Kampftruppen zogen in diesem und anderen Abschnitten weiter; denn sie hatten ihr Ziel immer noch nicht ganz erreicht.

5. Zur Weser und Elbe

Überblick – Der erste Weserübergang – Feuersturm über Minden – Das Ende der Luftangriffe? Nein! – Die Sirenen heulten zum letztenmal – Plünderungen und Sprengungen – Die Kanadier sind da – Ein Drama in Rinteln – Zwei braune Teufel – »Helfen Sie mit...« – Endkampf im Raum Vlotho – Eine halbe Million für Butterschmalz – Vlothoer Bürger sollen erschossen werden – Amerikanische Kommandantur im Rathaus – »Wehrwolf« – Bomben auf Bad Oeynhausen – Mit weißen Bettlaken zu den Amerikanern – Panzerbeschuß und Hauptquartier – Weitermarsch der »Neunten« – Stolzenau – Angriff auf Leese – Von Ort zu Ort – Die Schlacht in den Aller Wäldern – Bajonettangriff – Tiefflieger gegen Hademstorf – Der Gegner flieht – Heißes Bad in Lüneburg – »Unternehmen Enterprise« – Lauenburg brennt – Elbeübergang – Die letzte Flakbatterie – Brückenschlag und Weitermarsch – Den Russen zuvorkommen

Nun gingen die alliierten Verbände in breiter Front auf das nächste Hindernis vor – die Weser.

Im Südabschnitt (Raum Hofgeismar – nördlich Kassel) die 1. US-Armee. Im Mittelabschnitt (Großraum Minden–Hameln) die 9. US-Armee. Nördlich davon (Raum Stolzenau–Leese) die 2. Britische Armee.

»Vorwärts auf Flammenschwingen zum endgültigen Sieg!« hatte der britische Premierminister im März 1945 geschrieben. Jetzt sollten die Soldaten seinen Aufruf weiter verwirklichen.

Zuerst die Geschehnisse bei der 1. US-Armee im Südabschnitt.

In der Nacht des 3. April marschierte die bewährte 2. Infanteriedivision der 1. US-Armee in Hofgeismar ein, wo es zu einem kurzen Gefecht mit SS-Einheiten kam.

Das 1. Bataillon des 23. Infanterieregiments eroberte am nächsten Morgen Karlsdorf und stieß auf einer Landstraße auf Hombressen vor.

Dieser Stoßkeil wurde von deutschen Panzern Typ IV angegriffen. Die Amerikaner schossen einen ab. Die anderen zogen sich daraufhin zurück.

Am Rande von Hombressen feuerten die Deutschen aus den Wäldern und schossen einen amerikanischen Panzer ab.

Doch der Vormarsch ging weiter. In der Abenddämmerung erreichten die Amerikaner das damalige Veckerhagen (heute mit Vaake die neue Gemeinde Reinhardshagen).

Nach dem Abendessen empfingen die Infanteristen Munition und Verpflegung für zwei Tage. Danach fuhr man sie gegenüber von Hemeln an der Weser in die Ausgangsstellung.

Die Amerikaner beobachteten das Ostufer und stellten fest, daß es unverteidigt war. Über Sprechfunk meldeten sie dies an den Gefechtsstand ihres Regiments.

Die Kompanien »E« und »F« sprangen von den Lkw, gingen in die Sturmboote und preschten unter der Feuerglocke der Divisionsartillerie über die Weser.

Von der Gegenseite fiel kein Schuß.

Als die amerikanischen Soldaten in Hemeln eindrangen, feuerte ihre eigene Artillerie etwas zu kurz und tötete einen Infanteristen; ein anderer wurde am Fuß verwundet.

Das waren die einzigen Ausfälle beim ersten Übergang von alliierten Truppen über die Weser.

Wie sah es an den Abschnitten der 9. US-Armee und der 2. Britischen Armee – im Zusammenhang mit der Vorgeschichte – weiter nördlich aus?

29. Dezember 1943.
Gegen 19.00 Uhr war die Luft erfüllt von dem Dröhnen von Flugzeugmotoren. Zum erstenmal war Minden das Ziel eines Bombenangriffs.

29 Einwohner kamen dabei ums Leben. Es gab

125

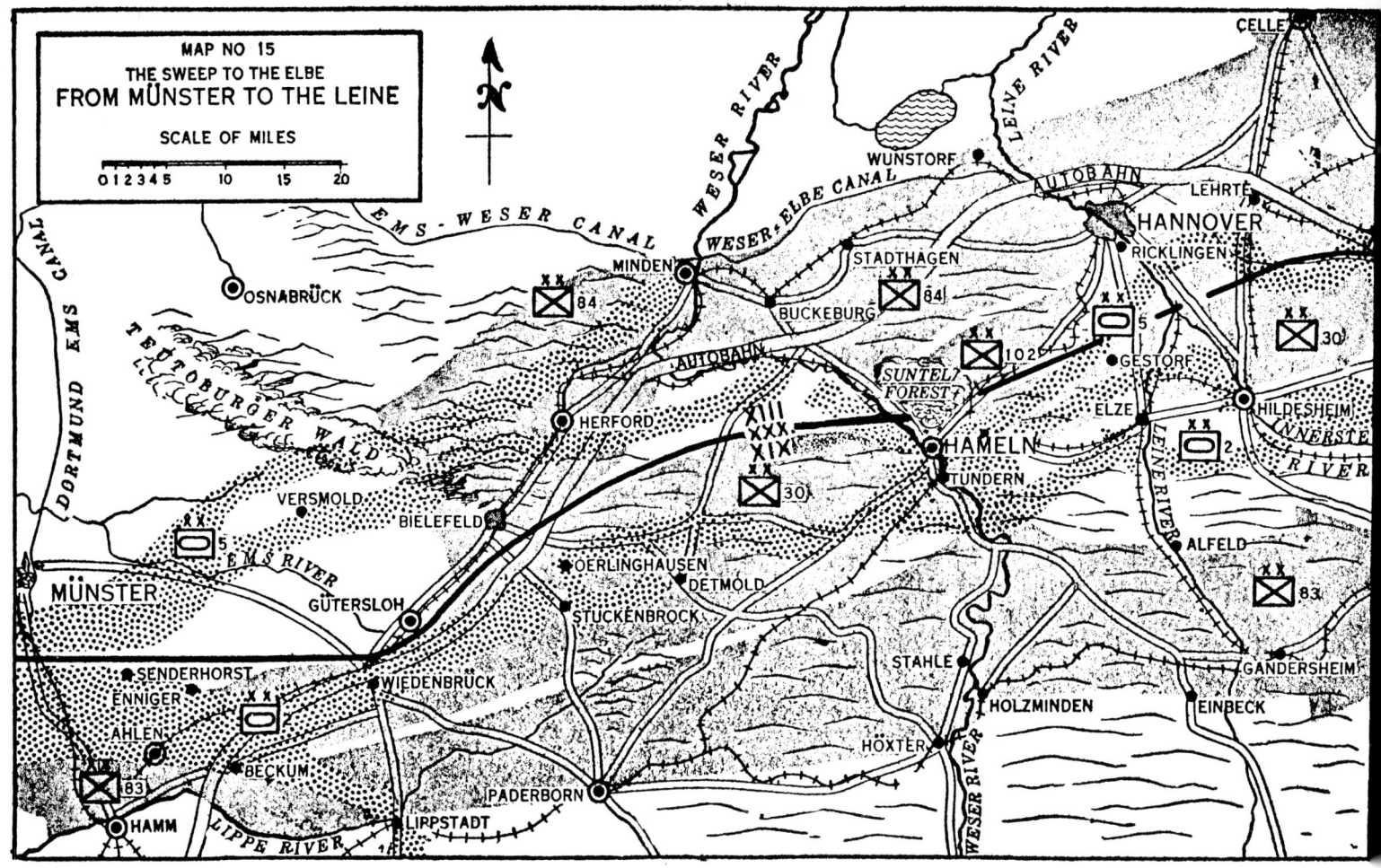

Skizze vom Vormarsch der 9. US-Armee

Zerstörungen im Raum der Kampstraße, Pöttcher-
straße und Brüderstraße; die St. Martinikirche wurde beschädigt.

Danach herrschte monatelang einigermaßen Ru-
he. Erst am 26. Oktober 1944 flogen wieder alliierte
Bomberpulks die Stadt an. Das Angriffsziel war die
Überführung des Mittellandkanals über die Weser.
Sonderauftrag der Bomber: Zerstörung des
Brückentroges.

Das Punktziel wurde nicht getroffen, dafür aber
der Damm am Ostufer des Flusses. Der Kanaldamm
brach; riesige Wassermengen strömten auf das
tieferliegende Gelände. 65 Menschen kamen ums
Leben; hauptsächlich Arbeiterinnen der am Mittel-

landkanal gelegenen Kistenfabrik Busch in der
Friedrich-Wilhelm-Straße.

Am 3. November 1944 fand die offizielle Trauerfeier auf dem Nordfriedhof statt. Die »Westfälischen Neusten Nachrichten« berichteten von
»Dumpfem Trommelwirbel und feierlichem
Fanfarenklang – als Aufklang der unvergeßlichen
Stunde, deren Stimmung durch getragene Weisen
des Musikzuges der SA, aufrüttelnde Sinnsprüche
und BDM-Chöre vertieft wurde.« Am Schluß der
Trauerfeier sprach der Kreisleiter von der unver-
brüchlichen »Treue zu Adolf Hitler und dem fanati-
schen Willen, weiter zu kämpfen bis zum Endsieg«.

Bereits drei Tage später (6. November 1944, 10.45

126

Uhr) erfolgte der nächste Luftangriff. Wieder waren die wichtigen Verkehrswege Kanal und Eisenbahn das Hauptziel. Doch gab es auch Zerstörungen im Westen und Norden der Stadt; der Westflügel des ehemaligen Marienstiftes wurde durch einen Volltreffer vernichtet, die St. Marienkirche beschädigt. Weitere Bombenschäden gab es an der Marienstraße und Paulinenstraße. 108 Einwohner kamen bei dem Angriff ums Leben.

Gegen Mittag des 6. Dezembers 1944 griffen die feindlichen Bomber wieder an. Sie richteten Zerstörungen in der Innenstadt und im Osten der Stadt an. Stark beschädigt wurden Gebäude der St. Marien-Kirchengemeinde und der Chor des Domes; Sakristei und Domschatzkammer wurden vollkommen vernichtet.

Die nächsten Bomben prasselten bereits am 11. Dezember 1944 auf die Stadt, vor allem auf den Bahnhof Königstor der Mindener Kreisbahnen. Fünf Menschen wurden getötet.

Am 27. Februar 1945 kam ein amtlicher Bericht über die »Durchführung von Sofortmaßnahmen nach Luftangriffen« heraus. Es war die Bilanz über die vier Luftangriffe des Jahres 1944. Außer Industriegebäuden, Verwaltungsgebäuden, Kirchen, Schule und Krankenhaus wurden bei den vier Angriffen 132 Wohnhäuser total zerstört, 192 schwer und 986 leicht beschädigt. Insgesamtschaden am 1 310 Wohngebäuden. Minden hatte damals 3 940 Wohngebäude, so daß also etwa 33 Prozent von ihnen beschädigt oder zerstört worden waren. An 41 verschiedenen Stellen gab es Beschädigungen des Straßennetzes, darunter in 26 Fällen auch an der Kanalisation. An 27 Stellen wurde die Gas- und an 33 Stellen die Wasserversorgung beschädigt.

Große Schwierigkeiten traten bei der Beschaffung und dem Transport des Materials für die Ausbesserung der Schäden auf. Wegen des Regens stand die Reparatur der Dächer und Fenster an erster Stelle. Die Dachziegel bekam die Stadt Minden über die »Dachziegelverteilungsstelle« Unna. Die Firma

Schütte AG in Heisterholz lieferte vor allem die Dachziegel aus. An und für sich waren diese für das Ruhrgebiet bestimmt, konnten aber wegen Ausfall des Transportwesens nicht dorthin geliefert werden.

Fensterglas lieferte die Glaserinnung, teilweise kam es aber auch aus Gelsenkirchen. Es durften aber nur die Fenster von Küchen- und Schlafräumen neu verglast werden, da nicht genügend Glas zur Verfügung stand. Auch die Beschaffung von Bauholz und Holz zum Zunageln der Tür- und Fensteröffnungen war äußerst schwierig.

Außerdem herrschte Mangel an Fach- und Hilfsarbeitern. Das drückte genauso auf das Tempo bei den Aufräumungs- und Instandsetzungsarbeiten wie auch die ständigen Fliegeralarme. Vom 26. Oktober 1944 bis zum 14. Februar 1945 heulten die Sirenen 93 mal Luftalarm. Dadurch fielen täglich zwei bis drei Arbeitsstunden aus.

Die vier Luftangriffe hinterließen Trümmermassen von 12 000 Kubikmetern, deren Abfuhr durch die scharfe Kälte von Dezember 1944 bis Februar 1945 unterbrochen wurde.

Der Mittellandkanal war zerstört, die Eisenbahnlinie Hannover–Ruhrgebiet unterbrochen. In Minden gab es keine weiteren militärischen Ziele. War das das Ende der Luftangriffe? Es schien so...

Dann aber kam der 28. März 1945.

Zwischen 10.00 und 11.00 Uhr meldete der Luftwarndienst aus Bielefeld: Feindliche Bomberverbände im Anflug.

Plötzlich lösten sich aus den dröhnenden Bomberformationen, die nach Hannover und Berlin unterwegs waren, einzelne Flugzeuge und gingen auf Kurs nach Minden. Sie kamen aus Richtung Süden, hatten die Sonne im Rücken und erschwerten dadurch den Flugwachen die Sicht.

Um etwa 11.25 Uhr heulten zahllose Spreng- und Brandbomben vom Himmel. Sie detonierten in der Altstadt, in der Unterstadt und im Stadtkern.

Es wurden getroffen, beziehungsweise später

Mindener Rathaus und benachbarte Geschäftshäuser am Markt nach dem Luftangriff am 28. März 1945

Trümmer und Brände im Rathausviertel nach dem Bombenhagel

Nur eine Ruine blieb vom Mindener Rathaus übrig

128

vom Feuer erfaßt: das Regierungsgebäude, Großer und Kleiner Domhof mit Hauptzollamt, Kommandantur, Stadtsparkasse, Dom, Domschule, Michaelskloster, Postamt, die Rhein-Ruhr-Bank, Domschänke, der Markt mit Rathaus, das historische Gasthaus Wittekind, Kaufhaus Becker, Radio Brand, Firma Keerl, die Hohnstraße und die Scharnstraße mit den angrenzenden Häusern, Kampstraße, Greisenbruchstraße, der Königswall mit dem Arbeitsamt und einem zweistöckigen Bunker. 171 Menschen kamen ums Leben.

Ausgerechnet zu diesem Zeitpunkt war die Feuerwehrbereitschaft der Luftschutzpolizei mit dem Instandsetzungsdienst, dem Sanitätsdienst und anderen Hilfseinheiten auf dem Gelände der Mudrakaserne (Römerring) angetreten, um über den Einsatz von Panzerfaust und Panzerschreck unterrichtet zu werden. Deshalb liefen die Hilfs- und Rettungsarbeiten nur zögernd an. Wichtige Fernsprechleitungen fielen aus. Erst nach etwa zwei Stunden setzten die Löscharbeiten in vollem Umfang ein. Da die Wasserleitungen an vielen Stellen unterbrochen waren, stand nicht genügend Löschwasser zur Verfügung.

Aus Bielefeld und Halle (Westf.) kamen Hilfskräfte herbei, die allerdings in den letzten Tagen schon mehrere Einsätze gemacht hatten und total erschöpft waren.

Zunächst brannte vom Rathaus nur der Dachboden und die Hausmeisterwohnung über dem Standesamt. Aus ihm und dem Archiv rettete Archivrat Dr. Krieg mit ein paar Soldaten und Helferinnen noch einige wertvolle Dinge; z. B. einen Originalkupferstich von Wenzel Hollar »Das befestigte Minden um 1650«. Gegen 14.00 Uhr stand das Rathaus vollständig in Flammen. Das Feuer war von den Häusern an der Scharnstraße in die oberen Büros übergesprungen und wanderte von oben nach unten in die Archivräume.

Nicht nur das Löschen war äußerst schwierig, sondern auch die Bergung der Toten und Verwundeten. Diese Arbeiten waren vielfach mit Lebensgefahr verbunden. Unter den Trümmermassen blieben allerdings noch einige Tote liegen, die man erst nach vielen Monaten bei der Aufräumung finden und bergen konnte.

In dem zweistöckigen Bunker in der Nähe des Königsplatzes waren über 100 Menschen ums Leben gekommen. In primitiven Holzsärgen, ohne Geleit und Glockengeläut, bettete man sie zur ewigen Ruhe.

Erst einen Tag nach dem schweren Angriff erschienen die Bewohner der nicht getroffenen Häuser und Straßen, um die schwer angeschlagene Altstadt zu besichtigen. Besonders trauerte man um den schönen Dom.

Doch das alles war für die meisten bereits Vergangenheit; denn die nahe dunkle Zukunft wog bedeutend schwerer.

Der militärischen Führung war es schon seit einiger Zeit klar, daß in Minden keine Hauptkampflinie errichtet werden konnte. Ende März stellte deshalb Hauptmann Berger, der Mindener Kampfkommandant, einen neuen Verteidigungsplan auf. Er sah den Einsatz der verhältnismäßig schwachen militärischen Kräfte, der Mindener Schutzpolizei, der Luftschutzpolizei und des Volkssturms vor. Zu diesem Zeitpunkt lagen Teile des 58. Infanterieersatzbataillons, ein paar Kompanien des 6. Pionierersatzbataillons, Flak-Einheiten und das Pionierbataillon 16 in der Stadt.

Am 1. April (Ostersonntag) übernahm Oberstleutnant der Infanterie Otto vom 11. Armeekommando, Hannover, den Posten des Kampfkommandanten. Sein Gefechtsstand befand sich in der Simeonskaserne. Er übernahm den Verteidigungsplan seines Vorgängers, wußte aber nicht, daß sich die Polizei bereits am 3. April absetzen würde.

Bürgermeister Dr. Holle entließ am Morgen des 3. April (Dienstag) alle Angehörigen der Stadtverwaltung aus ihrem Dienst. Er selbst entschloß sich, in der Stadt zu bleiben.

129

Der zerstörte Dom

An diesem Tag erschien auch die letzte Ausgabe der nationalsozialistischen Zeitung »Westfälische Neuste Nachrichten« in Minden. Sie berichtete, daß die 1. US-Armee bei Paderborn »auf rasenden deutschen Widerstand gestoßen« sei, der den Vormarsch der Amerikaner gebremst hätte. Der Wehrmachtsbericht vom 2. April 1945 verkündete u. a. noch: »Östlich Burgsteinfurt hielten unsere Truppen das Vordringen des Feindes auf. Auch bei Münster behaupteten sie sich gegen starke Angriffe. Östlich und südöstlich davon konnte der Gegner bis an die Ränder des Teutoburger Waldes beiderseits Bielefeld durchstoßen, wurde dann aber unter hohen Panzer- und Menschenverlusten zum Stehen gebracht.«

An diesem 3. April erhielt die gesamte Polizei den Befehl, sofort abzurücken, wenn die Sirenen Panzeralarm heulten. Der Alarm wurde gegen 15.00 Uhr gegeben, und die Polizei rückte in Richtung Nienburg ab. Es war übrigens das letzte Mal, daß in Minden die Kriegssirenen heulten.

Durch einen Lautsprecherwagen erhielt die Mindener Bevölkerung von Kreisleiter Weber die Anweisung, wegen der zu erwartenden Kampfhandlungen die Stadt zu verlassen und die umliegenden Dörfer aufzusuchen. Bürgermeister Dr. Holle dagegen war der Auffassung, daß es besser für die Bevölkerung sei, in der Stadt zu bleiben, um auf dem Lande nicht noch in Kampfhandlungen verwickelt zu werden. Durch diese sich widersprechenden Anweisungen verbreitete sich große Unruhe unter der Bevölkerung. Teilweise verließ sie die Stadt, teils verbrachte sie die nächsten ein bis zwei Tage in Kellern, Bunkern und Schutzräumen. Dort hörten die Menschen hin und wieder Detonationen von Artilleriebeschuß und Sprengungen.

Am Abend des 3. April standen Truppen der amerikanischen 84. Infanteriedivision im Raum Minden an der Weser, und zwar an der inzwischen gesprengten Autobahnbrücke zwischen Bad Oeynhausen und Vennebeck.

Fast zur gleichen Zeit detonierte die erste feindliche Granate auf dem Exerzierplatz der Simeonskaserne. Die Flak in Meißen und Eisenbahnflak auf den Strecken Dankersen–Nammen und Neesen–Bölhorst erwiderten das Feuer.

In den Abendstunden telefonierte ein amerikanischer Offizier aus Bad Oeynhausen über eine noch intakte Leitung mit Oberleutnant Strache in Minden. Der Amerikaner forderte, die Stadt Minden kampflos zu übergeben. Oberleutnant Strache erklärte sich als für nicht zuständig und verwies den Anrufer an den Stadtkommandanten.

Über dieses Telefongespräch steht im Gefechtsbericht der 84. US-Infanteriedivision, daß man den Bürgermeister in Minden angerufen und ihn aufgefordert habe, die Stadt bis 20.00 Uhr zu übergeben. Die 5. US-Panzerdivision berichtete dagegen, die Mindener Führung habe gesagt, daß eine Entscheidung darüber vom Armeeoberkommando in Hannover getroffen werden müsse. Nach Einholung einer entsprechenden Auskunft von Hannover wolle man zurückrufen. Minden hätte dann nach kurzer Zeit den amerikanischen Kommandeur in Bad Oeynhausen informiert, daß Hannover die Übergabe der Stadt Minden abgelehnt hätte. Daraufhin sei Minden auf die Folgen dieser Verweigerung hingewiesen worden.

Am Morgen des 4. April 1945 gaben die militärischen Führungsstellen den Plan auf, beide Weserseiten bei Minden zu verteidigen. Die deutschen Truppen sollten auf das rechte Mindener Weserufer zur Verstärkung der dortigen Verteidigung zurückgenommen werden. Deshalb zogen sich die deutschen Verbände im Laufe des Tages auf das rechte Weserufer nach Meißen zurück. Gegen Abend gingen auch die letzten deutschen Soldaten kurz vor Eintreffen der feindlichen Truppen aus der Mudra-Kaserne an der Ringstraße über die Weser; ebenso auch die Nachrichtensoldaten aus dem Postamt 1 am Großen Domhof.

Aber nicht nur die Soldaten, sondern auch der

Am 3. April 1945 sprengten deutsche Truppen die Kanalüberführung (Wasserstraßenkreuz Mittellandkanal/Weser). Britische Luftaufnahme

Kreisleiter und andere Parteiführer der NSDAP setzten sich über die Weser ab. Der Mindener Landrat Lichtenberg begab sich auf Anordnung des Regierungspräsidenten Graf von Stosch ebenfalls auf die andere Weserseite zum Kampfkommandanten in der Gneisenau-Kaserne. Bürgermeister Dr. Holle blieb jedoch in der Stadt auf dem westlichen Weserufer; außerdem noch der Hauptmann der Schutz-

polizei, Schütte, der Oberzugführer der Luftschutzpolizei, Plös, Kriminalkommissar Kemena und drei weitere Kriminalbeamte.

Außer der Heeresstandortverwaltung Minden wurde auch das Heeresverpflegungsamt an diesem Tage aufgelöst.

Es erging der Befehl, die mit Lebensmitteln gefüllte Heeresbäckerei (Martinihaus) und das Pro-

Ruine der Straßenbrücke über die Weser in Minden. Daneben eine von britischen Pionieren errichtete Behelfsbrücke (sogenannte Francis-Bridge). Auch die Weserbrücke war am 3. April von deutschen Soldaten gesprengt worden. Dieses Bild entstand während des extremen Hochwassers Mitte Februar 1946

132

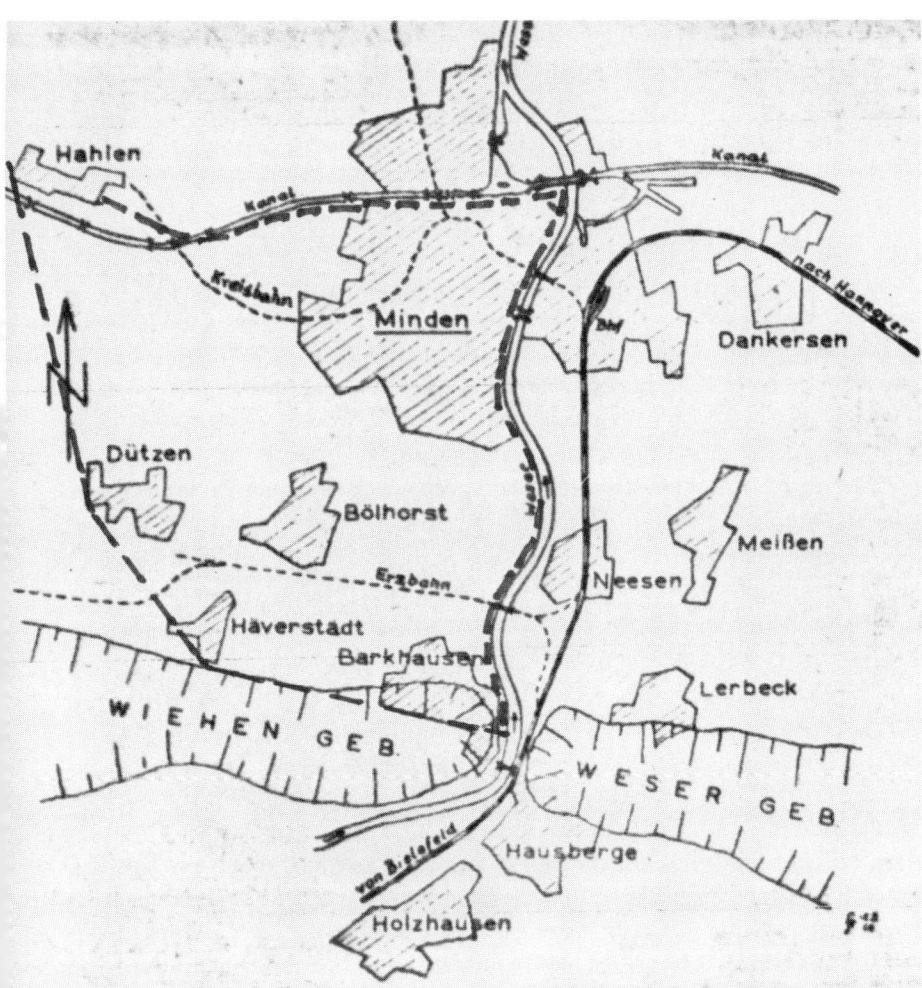

So sah die Rundumverteidigung von Minden 1945 aus (gestrichelte Linie). Sie verlief von Hahlen über Dützen, Häverstädt, Barkhausen, entlang der Weser und am Kanal

Leitartikel der letzten Ausgabe der »Westfälischen Neuesten Nachrichten« vom 31. 3.–2. 4. 1945 (rechts)

Westfälische Neueste Nachrichten

Ausgabe (Verlagsort Bielefeld)

NS. Volksblatt für Westfalen

Vlothoer Wochenblatt

Anzeiger und Tageblatt

Amtliches Organ der NSDAP. und sämtlicher Behörden

Nr. 76/45. Jahrgang. Einzelnummer 10 Rpf.

Bad Oeynhausen, Sonnabend—Montag, 31. März—2. April 1945

Sühne für ehrlosen Verrat

Aachens Bürgermeister Oppenhof erschossen

Bern, 31. März. Wie Reuter bekanntgibt, wurde der von den alliierten Militärbehörden als Bürgermeister von Aachen eingesetzte Franz Oppenhof in der Nacht zum Mittwoch von deutschen Freiheitskämpfern getötet.

Ergänzend hierzu wird mitgeteilt, daß ein Gericht zur Wahrung der deutschen Ehre den treulosen Verräter sofort nach Antritt seines Amtes im Solde des verhaßten Feindes zum Tode verurteilte. Das Urteil wurde durch Erschießen vollstreckt.

Köln unter der Hungerknute des Feindes
Deutsche Zivilisten als Zugtiere am Seil

Von hundert Säuglingen haben keine drei Aussicht, den Sommer zu überleben

Eigener Drahtbericht

ld. Stuttgart. 31. März. Bereits wenig ... wenig Milch war. Von hundert Säuglingen haben keine drei die Aussicht, den Sommer zu ...

Ostern 1945

Von WOLFGANG THOMAS

Es sind gewiß nicht die schlechtesten unter unseren Volksgenossen, die mit schmerzlicher oder müder Gebärde abwinken, wenn man daran erinnert, daß es wieder Ostern geworden ist über deutschem Lande. Meistens sind es die Erinnerungen an glücklichere Tage, die nun den starken Gegensatz erkennbar werden lassen, der zwischen dem, was Ostern einst im ...

viantdepot anzuzünden, damit die Vorräte nicht in die Hände des Gegners fielen.

Doch vor dem Anzünden gaben Heeresangehörige bekannt, daß sich die Zivilisten Lebensmittel aus den Gebäuden holen konnten. Obwohl sich die Mindener Bevölkerung durchweg in Bunkern, Kellern und Schutzräumen aufhielt, verbreitete sich die Nachricht innerhalb von kurzer Zeit in der ganzen Stadt.

Ein regelrechter Ansturm auf Mehl, Zucker, Konserven und Backwaren setzte schlagartig ein, der schließlich in wilde Plünderungen ausartete.

Auf Befehl des Oberkommando des Heeres wurden die beiden Gebäude am Nachmittag von Soldaten in Brand gesetzt. Obwohl das Feuer rasch um sich griff, plünderten einige Unentwegte weiter. Es gab mehrere Verletzte unter ihnen; andere wurden sogar getötet, da bei Einzug der alliierten Truppen am Abend geschossen wurde.

Beide Gebäude brannten vollständig ab. Die Flammen sprangen auf benachbarte Häuser über, die aber von Bürgern unter schwierigen Umständen gelöscht werden konnten. Die Freiwillige Feuerwehr gab es zu dem Zeitpunkt nicht mehr.

Wie überall in jenen düsteren Tagen versuchte die deutsche militärische Führung auch im Raum Minden den Gegner durch Sprengung von Brücken aufzuhalten. Das 11. (XI.) Armeeoberkommando Hannover befahl den Pionierbataillonen 26 (Höxter) und 16, die Kanalüberführung über die Weser und die Kanalbrücken östlich der Weser zu sprengen. Für die Sprengung der Weserbrücken von Minden bis Eisberge stromaufwärts war das Pionierbataillon 6 zuständig.

In Minden selbst flogen alle Brücken über den Mittellandkanal bis auf die in der Stiftsallee, Sandtrift und Beethovenstraße in die Luft. Die Sprengung der Eisenbahnbrücke der Mindener Kreisbahn fand am Abend des 4. April statt. Sie fiel aber so ins Wasser, daß sie noch von Fußgängern benutzt werden konnte.

Im Verlauf des 4. April besetzten britische Truppen Preußisch Oldendorf, Lübbecke, Gehlenbeck, Nettelstedt, Eickhorst und weitere Orte an der B 65 und nördlich des Mittellandkanals (nach schwerem Beschuß) Levern, Destel, Fiestel, Niedermehnen, Twiehausen, Rahden (wo bis 18.00 Uhr gekämpft wurde), Espelkamp, Frotheim, Tonnenheide, Hille, Hartum, Hahlen und Holzhausen II.

Außerdem rückten am Mittag dieses Tages alliierte Einheiten aus Richtung Holzhausen II auf Minden vor, die von deutscher Flak beschossen wurden.

Die Alliierten besetzten an diesem 4. April den westlichen Teil des heutigen Kreises Minden-Lübbecke nördlich des Wiehengebirges.

Teile der 9. US-Armee hatten bereits einen Tag vorher von Bielefeld–Herford kommend die Weser bei Bad Oeynhausen erreicht und damit den Südteil des Kreises Minden-Lübbecke besetzt.

Am Abend des 4. April 1945 schlug auch Mindens Schicksalsstunde. Das 1. Kanadische Fallschirm-Bataillon rückte mit Panzern von der Lübbecker Straße her durch die Rodenbecker Straße und Königsstraße ins Zentrum der Stadt vor. Dabei kam es zu Feuergefechten mit den deutschen Soldaten, die sich auf dem Rückzug befanden. Die kanadische Einheit gehörte zur britischen 6. Luftlandedivision, ein Teil der 2. Britischen Armee unter General Dempsey. Bereits in der Nacht zum 5. April begannen die Kanadier in der Innenstadt mit der Durchsuchung der Häuser nach deutschen Soldaten.

Von der rechten Mindener Weserseite feuerten deutsche Soldaten noch mit Maschinengewehren auf die linke Weserseite. Die Alliierten setzten vom Westufer aus Artillerie gegen sie ein, wobei noch mehrere Häuser zerstört wurden.

Die Plünderungen innerhalb der besetzten Stadt gingen auch in den folgenden Tagen weiter. Sie fanden u. a. statt bei: Brennerei Strothmann, Zigarrenfabrik Rinn & Cloos, Schuhhaus Tewes, Kafferösterei Eickmeier, Lagerhaus am Abstieghafen,

134

Mit Sturmbooten gingen die Engländer in der Nacht vom 5. zum 6. April 1945 bei Petershagen (Raum damalige Fähre) über die Weser und bildeten bei Lahde einen Brückenkopf, aus dem die Panzer dann weiter vorrollten

Lagergebäude des Reichsfiskus am Schwarzen Weg. Dr. Holle und Dr. Karl Werkmeister wandten sich deshalb an den Kommandeur der alliierten Truppen im Hotel Viktoria. Dieser versprach, gegen die

Plünderer vorzugehen. Die Eroberer selbst plünderten nicht.

Am 8. April 1945 rückten die britisch-kanadischen Truppen aus Minden nach Norden in das

Petershagen (Minden): Am 6. April 1945 schlugen britische Pioniere diese Brücke über die Weser

135

1939 / 1945

Zu Ehr' und Andenken der Gefallenen

Hameln und Umgebung

Kl. Berkel (Nachtrag)

Werner Beckmeier, 25. 3. 45, Breslau

August Karl Heinrich Beerberg,
4. 1. 42, Duminitschi

Heinrich Hermann Wilhelm Bode,
2. 3. 45, Ludwigswinkel

Wilhelm Heinrich Edel Böttner,
14. 3. 43, Feldlaz. Charkow

Friedrich Ernst Briede, 7. 2. 45, Santa
Maria di Salza

Heinrich Wilhelm Karl Brockmann,
13. 5. 40, im Westen

Albert Bruns, 19. 2. 45, Ostfront

Heinrich Friedrich Karl Deiterding,
6. 8. 41, Teremki

Gottfried Ludwig Hermann Gerber,
26. 11. 43, Sanciano

Friedrich Heimers, 10. 3. 44, Sapodinzy

Karl Henjes, 3. 9. 43, Litwinowka

Heinrich August Henke, 7. 3. 41, Res.=
Laz. Hameln

Ludwig Hesse, 18. 12. 44, Kolasin

Wilhelm Heuer, 26. 4. 45, Turin

Erich Höltke, 21. 7. 43, Beresowik

Walter Heinrich Karl Höpfner,
21. 12. 44, Maspelt

Günther Hünniger, 10. 2. 44, Braunschweig, Fliegerangriff

Josef Ignatz Kiereck, 5. 10. 41, Szolo-
gubowka

Gustav Kopanka, 5. 7. 43, Belgorod

Friedrich Wilhelm Kreye, 28. 6. 44,
Monen

Alfons Lauströer, 13. 2. 42,
Ssawonina

Alfred Johann Ludwig Ernst Meyer,
25. 10. 44, Schrunden

Heinrich Meyer, 6. 5. 45, Boysüdekors

Ludwig Wilhelm Friedrich Meyer,
14. 5. 44, Finnland

Wilhelm Georg Münchhausen,
25. 12. 44, St. Vith

Friedrich Heinrich Nitsch, 25. 3. 45,
Verebely

Friedrich Wilhelm Otto Hermann Otto,
30. 1. 43, Sherebzowo

Heinrich Rogozenski, März 1944,
Tarnopol

Richard Sauer, Frühjahr 45, Schöne-
feld

Wilhelm Schmelzer, 18. 10. 45,
Rostow

Heinrich Schulze, 8. 8. 44, Res.=Laz.
Hamburg

Wilhelm Heinrich Friedrich Schweken-
diek, 2. 8. 41, Ssekatschi

Friedrich August Georg Söhlke,
12. 12. 42, Ssuchtino

Friedrich Stäbe, 17. 8. 43, Nowoje-
Blischewitschi

Heinrich Hermann Friedrich Stolte,
17. 5. 42, Petrowskoje

Heinz Stolte, 17. 4. 44, Nordatlantik

Walter Otto Siegfried Strömer,
8. 12. 42, Baschmokowo

Friedrich Struckmeyer, 7. 8. 45, Novi
Urbas

Herbert Stürmer, 15. 5. 40, Ort unbe-
kannt

Karl August Hans Tegtmeier,
23. 10. 41, Kreniza

Walter Thomas, 21. 12. 43, Abschnitt
bei Salla

Heinrich August Gustav Weper,
21. 11. 41, El Adem

Hameln: Auch hier riß
der Krieg tiefe Lücken.
Einige, von Kl. Berkel
aufgestellte Namen, de-
ren Schicksal symbolisch
für viele war

136

Operationsgebiet der 2. Britischen Armee vor. Das 81. US-Panzerbataillon rückte ein; sein Kommandeur John T. Cole wurde Kommandant. Die Militärkommandantur Minden befand sich für viele Monate im Hotel »König von Preußen«.

Am 17. April verließen die Amerikaner die Stadt, die von nun an durch britische Einheiten besetzt wurde; denn sie lag ja in der dann errichteten Britischen Besatzungszone.

Dadurch war die Besetzung der Stadt durch Kampftruppen abgeschlossen. Jetzt folgte die Phase der Besatzungstruppe, unter der – wie überall – wieder neues Leben aus den Ruinen langsam zu blühen begann.

Dramatische Ereignisse spielten sich ebenfalls in Mindens Nachbarstadt Rinteln während der letzten Kriegstage ab.

Ende März/Anfang April kündigte auch dort das Donnern der Geschütze den herankommenden Gegner an. Am 4. April, zwischen 11.00 und 12.00 Uhr, standen die Amerikaner in Möllenbeck, fünf Kilometer südwestlich von Rinteln.

Die hauptsächlich aus Jugendlichen bestehenden Kampftruppen befanden sich auf dem rechten Weserufer, in der Neustadt, bereits auf dem Rückzug. Ihr Kommandant war der junge Major Picht, der seinen Gefechtsstand in der Apfelkelterei »Pomona« an der Mindener Straße eingerichtet hatte.

Zwei amerikanische Offiziere überschritten als Parlamentäre die bis dahin noch intakte Weserbrücke zur Apfelkelterei. Sie wollten Major Picht zur Kapitulation seiner Truppen und den Bürgermeister, den die Amerikaner dort auch vermuteten, zur Übergabe der Stadt auffordern.

Die beiden Offiziere waren auf der Kloster- und Weserstraße gesehen worden. Da sie aber nicht zurückkamen, machten sich andere Amerikaner in einem Jeep, in dem auch ein deutscher Gefreiter saß, auf die Suche. Sie forschten an verschiedenen Stellen nach: im Kreiskrankenhaus, in der Ortskomman-

dantur (Hildburgschule) und in der Kreisbauernschaft (schon auf dem rechten Weserufer). Doch von den Deutschen konnte ihnen niemand etwas Genaues über den Verbleib der beiden Parlamentäre sagen.

Nach langem Hin und Her stellte sich schließlich heraus, daß die Unterhändler zwar zur »Pomona« gegangen waren, aber dort festgehalten wurden.

Gegen 21.00 Uhr gaben die Amerikaner durch Lautsprecher bekannt, daß sie die beiden Parlamentäre und ihren Fahrer, der ihnen gefolgt war, bis Donnerstag (5. April) morgens 09.00 Uhr zurückhaben wollten. Sollte das nicht geschehen, dann lehnte das amerikanische Oberkommando die weitere Verantwortung ab. Das bedeutete, daß in diesem Falle die Stadt bombardiert werden würde.

Deshalb begaben sich Oberarzt Dr. Krukenberg und Stabsintendant Hedermann zum deutschen Kampfkommandanten, um die Amerikaner freizubekommen. Doch sie hatten keinen Erfolg.

Gegen 16.30 Uhr traf der damalige Stabs- und Abteilungsarzt am Reservelazarett Rinteln, Dr. Alfred Rudolf Maass im Lazarett »Burghof« (Ritterstraße) den Lazarettbetreuungsoffizier Hauptmann der Reserve Friedrich Wilhelm Ande, als Studiendirektor Leiter der Hildburg-Schule.

Hauptmann Ande fuhr nun mit einem Boot über die Weser (die Weserbrücke war inzwischen durch ein deutsches Sprengkommando gesprengt worden), um nochmals zu versuchen, die Parlamentäre freizubekommen.

Dr. Krukenberg und Dr. Maass warteten an den Trümmern der Weserbrücke auf das Ergebnis. Hauptmann Ande kehrte mit einer schriftlichen Erklärung des deutschen Kampfkommandanten zurück. Major Picht weigerte sich, die Unterhändler herauszugeben, da sie mit unverbundenen Augen durch deutsches Kampfgelände gegangen seien, was dem Kriegsrecht widersprach. Dazu muß erwähnt werden, daß sich die Amerikaner schon bei ihrer Lautsprecherdurchsage verpflichtet hatten, von ih-

137

ren Parlamentären nach der Rückkehr keine Informationen über die Lage bei den Deutschen entgegenzunehmen. Außerdem war ihnen – wie sie ebenfalls bekanntgegeben hatten – durch ihre photographische Aufklärung alles über die deutschen Stellungen bekannt.

Hauptmann Ande erhielt nun von seinem Vorgesetzten, Oberstabsarzt Dr. Höninger, den Befehl, nochmals zum Gefechtsstand in der »Pomona« zu gehen. Er sollte Major Picht darauf hinweisen, was mit der Stadt geschehen würde, wenn die Parlamentäre nicht freigelassen würden. Dr. Maass sollte ihn begleiten und Major Picht auf die schwierigen Lazarettverhältnisse ausdrücklich hinweisen.

Bei Anbruch der Dunkelheit, gegen 21.00 Uhr, überquerten die beiden auf den im Wasser liegenden Brückenteilen die Weser, erreichten die »Pomona« und trugen dem Kampfkommandanten ihr Anliegen vor. Trotz einer längeren Unterredung blieb Major Picht auf seinem Standpunkt und verweigerte die Freigabe der Parlamentäre.

In dieser Phase griff ein Zufall ein, der böse Folgen haben sollte.
Gegen 24.00 Uhr tauchten plötzlich zwei Männer in brauner Uniform im Gefechtsstand des Kampfkommandanten auf. Sie gaben an, daß sie Beauftragte des Reichsverteidigungskommissars Lauterbacher, Hannover, seien.

Sie interessierten sich für den Auftrag, den Hauptmann Ande und Dr. Maass hatten. Ihrer Meinung nach war das glatte Sabotage der letzten Befehle Hitlers, der allgemein den Widerstand bis zum Äußersten befohlen hatte.

Hauptmann Ande und Dr. Maass erwiderten darauf, daß sie aufgrund eines dienstlichen Befehls zum Kampfkommandanten geschickt worden seien. Es standen sich also der allgemein gehaltene Führerbefehl und der auf die besondere Lage zugeschnittene Befehl gegenüber. Nach der Kontroverse gab es eine geheime Unterredung zwischen Major Picht und einem der Parteimänner.

Hauptmann Ande und Dr. Maass sollten danach mit nach Hannover fahren, um dort zu »berichten«. Das erklärte schließlich Major Picht.

Wie Dr. Maass später berichtete, gewann er aus dem seltsamen Verhalten der beiden Fremden die Erkenntnis, daß Ande und er selbst gar nicht Hannover erreichen, sondern vorher beseitigt werden sollten.

Zum Glück für Dr. Maass konnte er in dem Pkw der Parteigrößen nicht mitgenommen werden, da dieser überlastet war. Trotz seiner Bemühungen, seinen Kameraden nicht im Stich zu lassen, trat Hauptmann Ande die Fahrt mit den beiden »Braunen« alleine an. Für ihn gab es tatsächlich keine Rückkehr.

Wochenlang blieb das weitere Schicksal von Hauptmann Ande ungewiß und ungeklärt. Anfang Mai 1945 fand man ihn schließlich tot an der Autobahn in der Nähe von Hannover. An der Leiche war ein Zettel mit der Aufschrift: »Wegen Feigheit erschossen! Der Wehrwolf!«

Der Mord an diesem untadeligen Mann und Offizier ist bis heute noch nicht geklärt und deshalb ungesühnt geblieben. Niemand konnte die Namen der beiden »braunen Teufel« ermitteln. Nach dem Krieg errichtete man Ande ein Denkmal mit Bronzerelief, unter dem steht: *Friedrich Wilhelm Ande, geb. 19. 9. 1885, gest. 5. 4. 1945. Er starb für Rinteln.*

Da auch dieser Versuch gescheitert war, beschlossen die Sanitätsoffiziere der Reservelazarette, der stellvertretende Landrat und der stellvertretende Bürgermeister noch stärker als bisher auf den Kampfkommandanten einzuwirken. Sie verfaßten eine Bittschrift mit folgendem Inhalt: *»Herr Major! Aus militärischen Gründen halten Sie die feindlichen Parlamentäre zurück. Wir sind nicht befugt, an Ihren Maßnahmen Kritik zu üben. Die Unterzeichneten machen sich jedoch zum Sprachrohr der 10 000 Seelen zählenden Bevölkerung der Stadt Rinteln, wenn wir Sie inständigst bitten, den restlosen Unter-*

Bad Oeynhausen: Englische Luftaufnahme nach dem Bombenangriff (22. März 1945) auf den Stadtteil Rehme. Die runden Löcher waren Bombentrichter. Rechts die Weser, die heutige Bundesstraße 514 zwischen Rehme (links oben) Richtung Vlotho; etwa in der Mitte die Bundesbahnstrecke Köln–Hannover. Die Brücke wurde nicht getroffen

gang der Stadt durch die Freigabe der Parlamentäre zu verhindern.

Helfen Sie mit, unsere schöne kulturhistorische Stadt zu erhalten. Sie dürften des Dankes der gesamten Bevölkerung der Stadt, die durch die heutige Brückensprengung schon schwer heimgesucht ist, versichert sein. (Unterschrift) Als Vertreter des Landrats, Martensmeier. Als Vertreter des Bürgermeisters der Stadt Rinteln, Schlame.«

Soldaten vom Lazarett setzten daraufhin ein altes Schlauchboot instand, das mit einer weißen Fahne versehen wurde. Oberstabsarzt Dr. Wittich, Martensmeier und Schlame fuhren damit im Morgengrauen um 05.40 Uhr über die Weser.

Unten: PHB Weserhütte AG nach dem Bombenangriff am Karfreitag 1945

Sie gelangten zuerst zum Lazarett »Deutsches Haus« am rechten Weserufer und von dort zur »Pomona«. Dort führte man sie in das Zimmer von Major Picht.

Dr. Wittich übergab die Bittschrift und trug das Anliegen der Stadt und der Ärzte vor. Er wies eindringlich auf die Lazarette hin. Doch Major Picht lehnte abermals die Freigabe der Parlamentäre mit der bereits bekannten Begründung (unverbundene Augen!) ab.

Nach eineinhalbstündigen Verhandlungen kehrten die drei tapferen Männer, die ja auch ihr eigenes Leben riskierten, gegen 08.00 Uhr über die Weser zurück zum Reservelazarett »Hildburgschule«.

Daraufhin versammelten sich im Dienstzimmer des Bürgermeisters folgende Personen zur weiteren Beratung: Zwei Oberstabsärzte, Dr.med. Krukenberg vorübergehend, Oberinspektor Schlame, Glashüttenbesitzer Hermann Stoevesandt, Schwester Elisabeth Schlange und Landrat Martensmeier.

Während sich diese dramatischen Ereignisse abspielten, floh die Bevölkerung aus der Stadt. Sie suchten Orte und Gelände auf, die außerhalb der feindlichen Vormarschroute lagen: Exten, Uchtdorf, Wennenkamp, Taubenberg, Rumbecker Berg oder Forst. Auch die Schwerverwundeten, frisch Operierten und Zivilkranken wurden, teils unter schwierigen Bedingungen, abtransportiert.

Um 08.30 rollte ein amerikanischer Jeep auf den Marktplatz. Ein amerikanischer Offizier stieg aus und ging in das Rathaus. Er überreichte den dort Anwesenden ein Schreiben, das an den Kommandeur der deutschen Truppen in der »Pomona« gerichtet war. Darin wurde dieser aufgefordert, die amerikanischen Parlamentäre bis 09.00 Uhr auf die linke Weserseite zurückzubringen; diese Frist wurde dann um eine Stunde verlängert. Ferner wurde in dem Schreiben darauf hingewiesen, daß die Festsetzung der Unterhändler eine Verletzung der Genfer Konvention und damit rechtswidrig war. Der deutsche Kommandant sollte deshalb vor ein Gericht

gestellt und erschossen werden. Außerdem habe man die Flugzeuge noch zurückgehalten. Sie würden aber sofort zum Einsatz kommen, wenn die amerikanischen Forderungen nicht erfüllt würden.

Da das Schlauchboot von dem Sanitätspersonal außer Betrieb gesetzt worden war, stellte Dr. Krukenberg sein Faltboot zum Überqueren der Weser zur Verfügung.

Während die Fahrt vorbereitet wurde, begannen Hermann Stoevesandt und die Oberschwester mit dem Übersetzen des Textes. Obwohl die Übersetzung nur zur Hälfte fertig war, nahmen Dr. Krukenberg und Schlame sie mit.

Jetzt wuchs die Spannung von Minute zu Minute. Wie würde sich Major Picht verhalten? Gab er nach oder ließ er es wieder darauf ankommen?

Endlich verbreitete sich die Meldung, daß Personen von der »Pomona« herunterkamen. Es waren tatsächlich die amerikanischen Parlamentäre, die auf dem Marktplatz von dem dort wartenden amerikanischen Offizier in Empfang genommen wurden.

Die Spannung löste sich; denn die Stadt war vor dem Schlimmsten bewahrt worden.

Die geflüchteten Bewohner kehrten im Laufe des Nachmittags teilweise wieder zurück. Aufgrund eines amerikanischen Befehls durften die Insassen der Lazarette erst am 6. April (Freitag) nachmittags zurücktransportiert werden. Dabei half sogar das amerikanische Rote Kreuz.

An diesem Freitag trafen auch die ersten amerikanischen Truppen ein, die vorerst das Postamt besetzten.

Im großen Ganzen gesehen hatte Rinteln den Krieg samt Brückensprengungen und anderen Schäden an und für sich noch recht gut überstanden.

Was geschah aber in Vlotho?

Bereits im Monat März 1945 war der Bevölkerung in und um Vlotho klar, daß der Krieg in Kürze auch über sie herfallen würde. Man hörte davon, daß alliierte Panzer bis tief nach Westfalen vorgestoßen

140

waren und das Ruhrgebiet eingekesselt worden war.

Am 1. und 2. April (Ostersonntag und Ostermontag) rollten ununterbrochen Pkw, Lkw und gepanzerte Fahrzeuge deutscher Truppen über die Weserbrücke beim Rathaus. Unter ihnen lange Kolonnen kriegsgefangener Fremdarbeiter, die unter Bewachung nach Osten geführt wurden.

In der Nacht zum 3. April und am nächsten Tag gingen die letzten Reste deutscher Truppen und militärische Dienststellen in verstärktem Maß über die Weser. Im Rathaus befand sich ein Sprengkommando, das die Weserbrücke in die Luft jagen sollte, wenn sich der Feind näherte.

Aufgrund dieser Lage entschloß sich die Stadtverwaltung, das in der Amtskasse vorhandene Bargeld an die Bürger auszugeben, deren Angehörige Soldaten waren. Da der Kassenraum im Rathaus von Soldaten belegt war, fand die Auszahlung in der Gastwirtschaft Höckenschnieder statt.

Am Vormittag des 3. April rollten amerikanische Panzer auf der Autobahnstrecke Herford–Steinegge vor. Ohne ersichtlichen Grund feuerten sie auf in der Nähe befindliche Häuser und schossen die Bauernhäuser Albrecht Meise, Exter 22; Reckefuß, Exter 8; Düsedickerbäumer, Solterwisch 12; Jostmeier, Solterwisch 26; Obernolte, Solterwisch 52; Vogelsang, Solterwisch 10 und die Scheunen Schwanhold, Solterwisch 42 und Bollmann, Solterwisch 39 sowie die Wohnhäuser Hachmeister, Exter 34 und Ottensmeier, Exter 51 in Brand.

Von der Steinegge wurden die amerikanischen Panzer von einer deutschen Flak-Stellung unter Beschuß genommen. Die Amerikaner schossen zurück. Dabei fielen auf deutscher Seite ein Offizier und drei Soldaten, die auf dem Friedhof von Exter beerdigt wurden.

Hinter den Panzern vorstoßende Fahrzeuge verließen die Autobahn in Exter und marschierten auf der Straße Exter–Wehrendorf weiter bis zur Gastwirtschaft Tödtmann in Steinbründorf.

Zur Nacht quartierten sich die Amerikaner in den

BAD OEYNHAUSEN

Schluß mit der Tütenwirtschaft

Auf ihre kleinen Lebensmittelvorräte kann heute jede Hausfrau stolz sein. Viel Mühe hat ihre Anlage gekostet. Vom Munde wurden sie abgespart. Sie erhalten dadurch noch besonderen Wert. Man sollte also meinen, sie würden auch besonders gepflegt. Aber wie sieht diese Pflege oft aus! Im Schrank Tüte neben Tüte. Die eine oder andere ist natürlich schon geplatzt, und ihr Inhalt rieselt heraus. Nun, das sieht man und kann es abstellen.

Aber eines sieht man nicht: die stillen Angriffe der Vorratsschädlinge. Ihr Werk geschieht im Stillen und Verborgenen. Eines Tages aber sind dann Mehl, Grieß, Nudeln „lebendig" geworden. In den Tüten haben Milben, Käferlarven, Zünslerraupen, kurz, all das „Würmervolk", inzwischen Einstand. Hochzeit, Kindtaufe in schneller Aufeinanderfolge gefeiert. Der Angriff auf die Vorräte war ihnen ja leicht gemacht, denn so eine Tüte bietet kaum Hindernisse.

Ob es nicht doch zweckmäßig ist, heute noch sich nach Gefäßen umzusehen? Es genügen ja leere Einmachgläser, Dosen mit dichtem Deckel, selbst Flaschen erfüllen den gleichen Zweck.

Verbrauchertips damals im Tütenzeitalter. Kühlschränke gab es nicht (Aus: »Westfälische Neueste Nachrichten« vom 27. 3. 1945)

in ihrer Nähe stehenden Häusern ein.

Um 19.30 Uhr fuhr ein amerikanischer Spähwagen auf der Straße Linnenbeeke–Steinbründorf. Die Besatzung muß dabei gesehen haben, daß der aus der Gemeinde Valdorf stammende Vorarbeiter Hermann Kleemeier über einen Feldweg lief. Sie feuerte auf ihn. Der von einer Kugel in den Rücken getroffene Mann erreichte noch das Haus Bergmeier, wo er aber sofort starb.

Am nächsten Morgen fuhren die amerikanischen Fahrzeuge über die Linnenbeeke in Richtung Hohenhausen weiter.

In Vlotho waren inzwischen an allen Häusern weiße Tücher zu sehen. Der Volkssturm bestand nicht mehr.

141

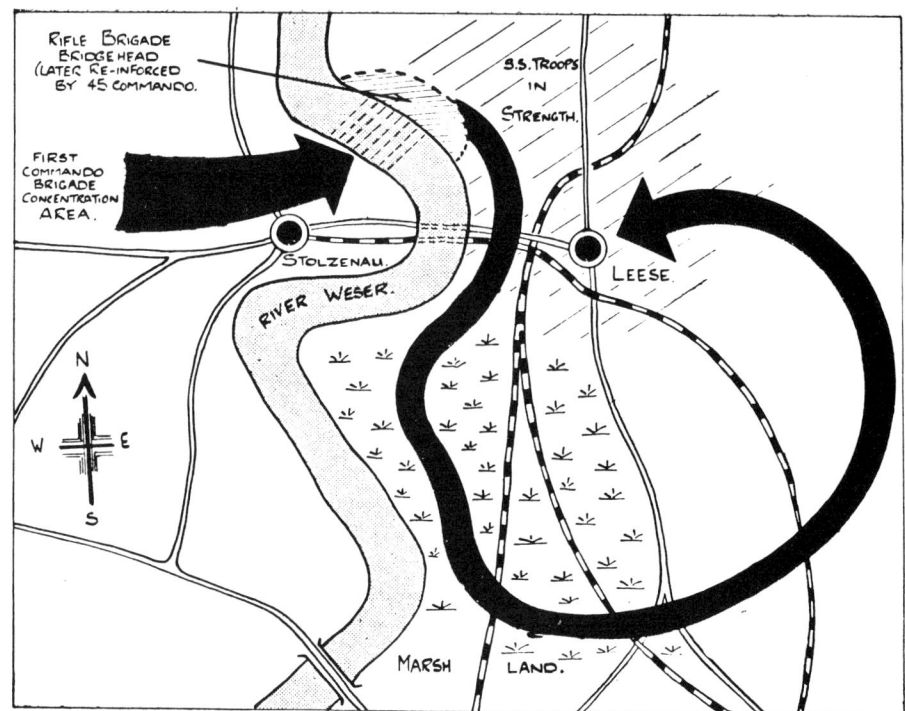

Stolzenau, Leese: Skizze vom Übergang der britischen Kommandotruppen

Aufgrund der Situation wandten sich Geschäftsleute und Bürger mit der Bitte an den Bürgermeister, alle Lebensmittel und anderen Güter für den Verkauf freizugeben. Da es schon Anzeichen für bevorstehende Plünderungen gab, wurde der Freiverkauf genehmigt. Die Bewohner konnten in allen Geschäften ohne Bezugscheine bis zum 5. April einkaufen.

Freigegeben wurden auch große Bestände an Butterschmalz in der Brauerei Volbracht, Spirituosen im Getreidelager Wehage und Wäschestoffe im Lager Steinmeier.

Die Bevölkerung riß sich geradezu um die zur Verfügung stehenden Artikel. Eine gerechte Verteilung war allerdings nicht möglich, so daß einige viel bekamen und andere – verhindert aus irgendwelchen Gründen – fast leer ausgingen.

Welche Warenmengen bei dem wilden Verkauf abgesetzt wurden, war später nicht mehr festzustellen. Daß es sehr viel gewesen sein muß, beweist die Tatsache, daß allein für Butterschmalz eine Einnahme von einer halben Million Reichsmark erzielt wurde.

Diese Maßnahme trug tatsächlich wesentlich da-

Gefallene deutsche Soldaten wurden bei Rethmem/Aller von Zivilisten begraben

142

zu bei, daß es nicht zu Plünderungen wie in anderen Orten kam.

Währenddessen stießen von Herford amerikanische Panzer auf Vlotho vor.

Am 3. April (Dienstag) sprengte man gegen Mittag die Eisenbahnbrücke in die Luft. Nachmittags flüchtete die Parteileitung aus der Stadt. Hinter ihr stürzte gegen 17.00 Uhr nach der Sprengung die Weserbrücke in den Fluß.

Der Augenzeuge Oberwachtmeister der Schutzpolizei Sunderbrink schilderte seine Erlebnisse zu diesem Zeitpunkt so: »*In der Nacht vom ersten zum zweiten Ostertag mußte ich mit Männern des Volkssturms das russische Kriegsgefangenen-Arbeitskommando aus dem Lager des Baugeschäfts Wattenberg nach Langenholzhausen begleiten.*

Am 3. April, nach der Sprengung der Straßenbrücke über die Weser, gegen 18.00 Uhr, trafen die ersten drei Fahrzeuge der amerikanischen Armee in Vlotho ein.

Eins hielt bei Bunte, das andere bei Iburg und das dritte in Höhe der Schöningschen Fabrik. Ein Amerikaner postierte sich sofort im Eingang des Hotels Koch.

Amtsbürgermeister Sappke stellte sich dann als Amtsbürgermeister vor und ich mich als Polizeibeamter. Zu mir sagte der Führer der Wagen: ›Melden Sie sich morgen früh wieder.‹ Ich befand mich in Zivil.

Am anderen Tag (4. April) meldete ich mich wieder im Rathaus, und zwar in Uniform mit Waffe.

Als dieselben Amerikaner mittags mit vier Wagen eintrafen, begaben wir uns mit Klocke und Kruse in das Dienstzimmer des Bürgermeisters. Dort bekam dieser den Auftrag, Banken, Sparkassen, Post, Gericht und Arbeitsamt zu schließen; nur die Amtsverwaltung sollte geöffnet bleiben. Ferner sollte eine Bekanntmachung erlassen werden, daß sämtliche Waffen abzuliefern seien und sich sämtliche deutsche Wehrmachtsangehörige im Rathaus zu melden hätten.

Um die Mittagszeit des 5. April stand ich mit dem Schlachtermeister Siekmann vor dessen Haus in der Herforder Straße, als der Amtsbürgermeister Sappke mit einem Zettel in der Hand auf uns zukam und sagte, daß in der Herforder Straße soeben ein französischer Offizier angeschossen worden sei. Sappke beauftragte mich, sofort Recherchen anzustellen. Wenn die Täter nicht ermittelt würden, sollten 20 prominente Vlothoer Bürger erschossen werden, unter anderem er, Apotheker Walter u.a.m.

Da Siekmann von solch einer Tat nichts wußte und diese auch als ausgeschlossen bezeichnete, begab ich mich in die Häuser: Niebuhr, Herforder Straße 7, Altehans, Herforder Straße 17 und Freidel, Herforder Straße 53, zu Zurheide. Dort stellte ich überall fest, daß nicht geschossen worden war. Es wußte jedenfalls kein Mensch etwas davon.

Im Zusammenhang hiermit wurde dem Polizeimeister Steffen von dem amerikanischen Kommandanten vorgeworfen, nicht genügend Initiative zur Ermittlung des Täters oder der Täter ergriffen zu haben. Auf seine Rechtfertigung wurde nicht eingegangen. Er wurde kurzerhand in Haft genommen und mußte zwei Tage in der Dunkelzelle des Rathauses aushalten, ehe er in seine Wohnung entlassen wurde.«

Abgesehen von den geschilderten Vorkommnissen wurde Vlotho von den feindlichen Kräften auf der Autobahn und den aus Richtung Hohenhausen kommenden Panzerverbänden umgangen. Deren Ziel war es vorerst, nach Rinteln vorzustoßen.

Diese Tatsache war wohl die Ursache dafür, daß es in Vlotho zu keinen Verteidigungsmaßnahmen kam und der Stadt schlimme Folgen erspart blieben.

Unter der Leitung des Polizei-Oberwachtmeisters Sunderbrink wurde eine Hilfspolizei von 15 Mann gebildet. Die Männer trugen weiße Armbinden mit dem Aufdruck »MDP« (Military Detach Police).

Die Ausgehzeit für die Bevölkerung wurde während der ersten Tage, als die Amerikaner noch durch die Stadt marschierten, auf 11.00 bis 12.00 Uhr beschränkt. Danach verlängerte man sie auf drei Stunden und vom 22. April an von 06.30 bis 20.30 Uhr.

Im Rathaus richteten die Amerikaner eine Kommandantur ein. Im Dienstzimmer des Amtsbürgermeisters residierte der Kommandant, der mit seinem Stab hauptsächlich für die Besatzungs- und die ja noch bestehende Fronttruppe arbeitete.

Der deutschen Verwaltung wurde es aber erlaubt, im Rahmen des noch Vorhandenen für die Bevölkerung zu sorgen. Sie verhandelte unter anderem mit dem Stadtkommandanten und erreichte, daß Ausweise in englischer Sprache vorbereitet und ihm zur Unterschrift vorgelegt werden durften für den Transport von Lebensmitteln, Krankenfahrten, Leichentransporten, alle öffentlichen Versorgungszwecke sowie über die Verlängerung der Ausgehzeit in dringenden Fällen. Die zurückflutenden, befreiten Kriegsgefangenen, Fremdarbeiter und die aus den KZ-Lagern, Strafanstalten und Gefängnissen entlassenen Personen waren ein weiteres Problem. Der Kommandant befahl der Hilfspolizei, diese

Britische Soldaten (links) am 18. 4. 45 in Verden

Rechts unten: Der Kampf an der Aller und bei Leese (Pfeile) verewigt auf der Fahne der britischen Commando-Truppen in der Westminster Abbey-Kirche in London

Skizze vom Übergang britischer Kommandotruppen über die Aller (schwarze Pfeile)

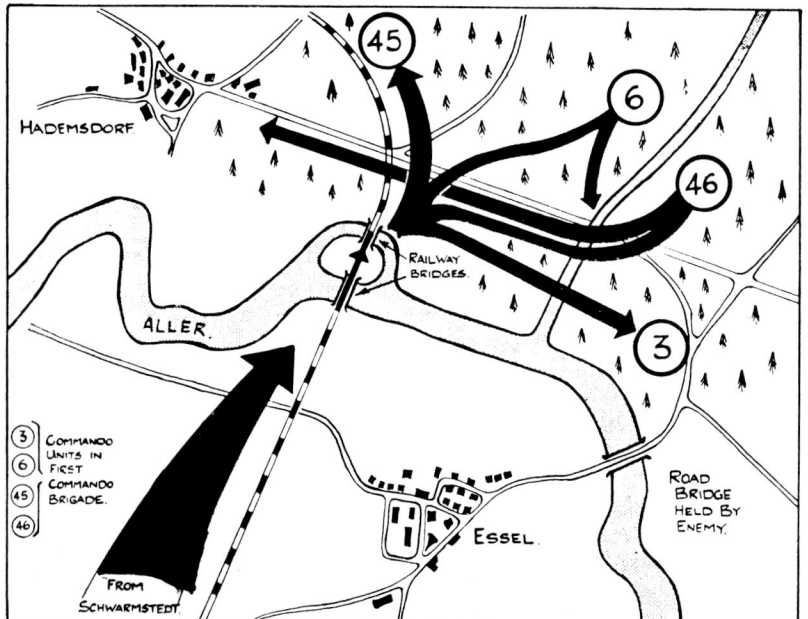

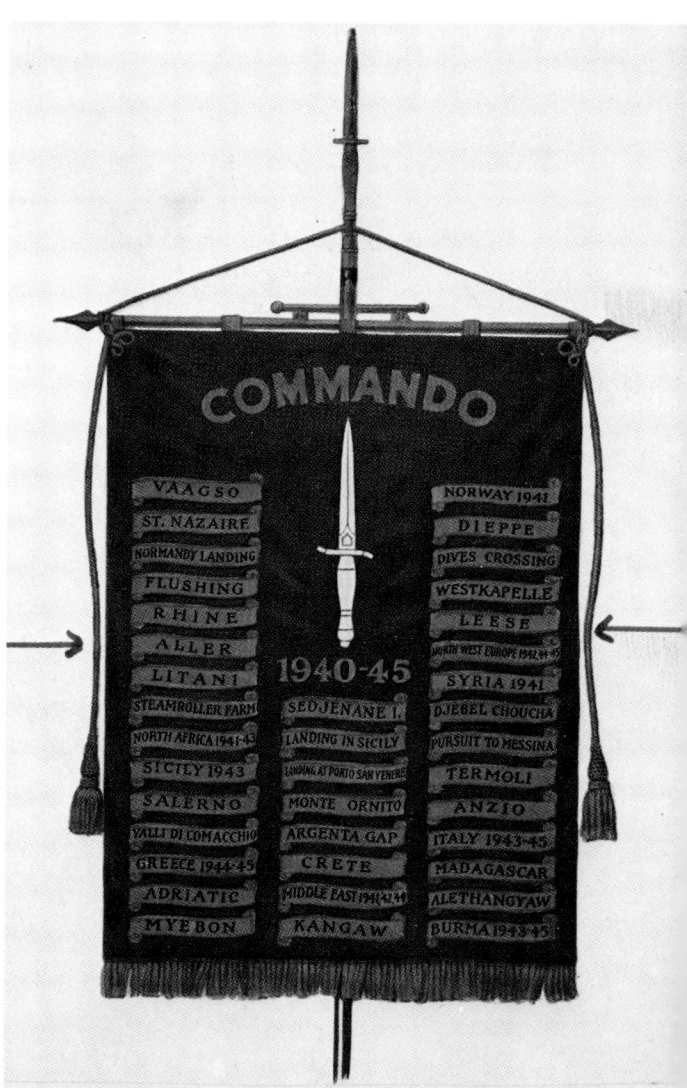

Leute zu sammeln. In der Bürgerschule wurde ein Sammellager eingerichtet, wo 680 Personen untergebracht und verpflegt wurden. Ein weiteres Sammellager für 200 Personen gab es in der Möbelfabrik in Bonneberg. Nach und nach aber transportierte man die Insassen in andere Lager.

Am 9. April ernannte der amerikanische Kommandant den kaufmännischen Angestellten Wilhelm Lücking aus Vlotho, Burgstraße 29, zum Bürgermeister von Vlotho und Bonneberg.

Bürgermeister und Beamte, die für die Besatzungstruppen arbeiteten, wurden im deutschen Rundfunk als Verräter bezeichnet und mit dem Tode bedroht; denn noch lebte Hitler, noch war Deutschland nicht ganz besetzt, noch wurde gekämpft. Und alle, die im Dienst der Besatzungstruppen standen, wären mit Sicherheit zum Tode verurteilt worden, wenn die besetzten Gebiete von deutschen Kräften zurückerobert worden wären.

Da auch in Vlotho das Gespenst des sogenannten »Wehrwolfs« auftauchte, ließ der Bürgermeister überall auf großen roten Plakaten eine Warnung mit folgendem Inhalt anschlagen:

»Verbrecherische Hetzpropaganda fordert unter dem entliehenen Namen ›Wehrwolf‹ zu Anschlägen auf die Besatzungsmacht und zu Zerstörungen derer und öffentlicher Anlagen auf.

Ich fordere darum alle Bürger – Männer und Frauen – ernstlich auf, sich im eigenen Interesse um Leib und Leben allen Sabotageakten zu widersetzen und mir bei geringstem Verdacht davon sofort Kenntnis zu geben.«

Aufgrund des bereits erwähnten Aufrufes zur Waffenabgabe wurden Militärgewehre, Jagdflinten, Pistolen, Degen, Säbel, Dolche, Uniformen, vom Volkssturm zurückgelassene Panzerfäuste, Handgranaten und andere Waffen ins Rathaus gebracht. Die Amerikaner transportierten alles ab.

Ferner mußten für die Unterbringung von Besatzungssoldaten ganze Häuserblocks von der deutschen Zivilbevölkerung geräumt, Einrichtungsgegenstände und Haushaltsgeräte beschafft, Radioapparate abgegeben und andere Lieferungen durchgeführt werden. Erst nach einigen Monaten hörten die Lebensmittelanforderungen auf, die Beschlagnahme von 24 Gebäuden blieb aber noch weiterhin bestehen.

Der amerikanische Kommandant überprüfte zusammen mit dem Geheimdienst das Behördenpersonal auf seine politische Vergangenheit. Nationalsozialistisch eingestellte Beamte und Angestellte wurden fristlos entlassen.

Am 3. Mai 1945 ernannte der Landrat den Zigarrenfabrikanten Julius Schöning zum kommissarischen Amtsbürgermeister für Amt und Stadt Vlotho und Wilhelm Lücking zum 1. Beigeordneten. Als Bürgermeister der Gemeinde Valdorf wurde der Kaufmann Ernst Schnoor und für die Gemeinde Exter der bisherige Bürgermeister Theodor Pöninhausen bestätigt.

Im Juni 1945 lösten die Engländer die amerikanische Besatzung ab. Das Hauptquartier des britischen Roten Kreuzes wurde nach Vlotho verlegt und quartierte sich im Hotel Koch, Bahnhofshotel Niederdeppe und Café Schmidt ein.

Damit begann eine neue Ära.

Was ereignete sich in Bad Oeynhausen?

Der Anfang vom Ende begann mit einem großen Knall.

Es geschah am Karfreitag, 30. März 1945, um 12.30 Uhr. Die Sirenen heulten Vollalarm.

Die Weserhütte-Belegschaft, die an dem Tag arbeiten mußte, rannte zu den Spitzbunkern. Doch bevor sie diese erreichten, rauschten schon Bomben vom Himmel. Dumpfe Detonationen auf dem Gelände der Weserhütte, in der Gegend des Südbahnhofs und der Oeynhauser Schweiz. Dreck- und Erdfontänen spritzten hoch.

Flammen loderten aus dem Verwaltungsgebäude und den sich daran anschließenden Hallen. Hochbrisante Sprengbomben zerfetzten andere Anlagen.

Die Dächer und Fenster der Fabrikhallen am Nordrand des Werkes zerbarsten und zerbrachen.

Mit donnerndem Getöse gingen auch Bomben in anderen Vierteln der Oststadt hoch und richteten große Schäden an Privathäusern an. Total- und bis zu Fünfzigprozent-Beschädigungen entstanden in der Breitenbach-, Hardenberg-, König-, Lützow-, Mindener-, Rehmer- und in der Steinbachstraße. Die Möbelwerke Droste und eine weitere Fabrik brannten ab. Der Güterbahnhof der Nordbahn wurde schwer getroffen.

Die Angehörigen der Weserhütte bargen während der Osterfeiertage die Toten und sorgten für die Verwundeten.

Gefallene aus Bad Oeynhausen und benachbarten Orten überführte man auf die Heimatfriedhöfe. Die ums Leben gekommenen Kriegsgefangenen und Fremdarbeiter setzte man zunächst in einem Massengrab auf dem Werksgelände bei. Später fanden sie die letzte Ruhestätte auf dem Russenfriedhof bei Lahde.

Wieviel Menschen bei dem Luftangriff ums Leben gekommen waren, stand zunächst nicht genau fest. Zuerst gab man 300 an; davon beklagte allein die Weserhütte 162 Werksangehörige. Das Standesamt der Stadt Bad Oeynhausen registrierte insgesamt 89 Männer und 64 Frauen; darunter 48 Ost- und 12 Westarbeiter. In diesen Zahlen sind allerdings nicht die Toten enthalten, die in Nachbarorten standesamtlich gemeldet wurden und auch nicht diejenigen, die später ihren Verletzungen erlagen.

Nach dem schweren Luftangriff trat auch für Bad Oeynhausen der Krieg ins Endstadium.

Am 3. April klingelte morgens um 06.00 Uhr beim Chef des Gesamtlazaretts, Oberstabsarzt Dr. Gehlen, das Telefon.

Am Apparat war der damalige Kampfkommandant der Stadt, Oberst Heising.

Bis zu diesem Augenblick waren alle Bemühungen, die Stadt mit ihren vielen Lazaretten zur offenen Stadt zu erklären, von der militärischen Führung abgelehnt worden. Sie sollte mit ein paar Fla-Geschützen, allen noch einsatzfähigen Soldaten aus den Lazaretten und dem Volkssturm verteidigt werden. Dazu war eine Panzersperre an der Herforder Straße bei der Bahnüberführung vorbereitet worden.

Doch das alles änderte sich jetzt schlagartig. Oberst Heising teilte Dr. Gehlen mit: »Ich setze mich mit meiner Truppe über die Weser ab. Das Lazarett hat daher freie Hand.«

Dr. med. Werner Aly bekam daraufhin von Dr. Gehlen den Auftrag, den Amerikanern entgegenzufahren und die Stadt zu übergeben.

Im Sanatorium Weidner besorgte sich Dr. Aly ein weißes Bettuch und fuhr mit seinem Motorrad in Richtung Herford. Auf dem Soziussitz saß ein Hauptmann namens Krüger. Die beiden belehrten alle Soldaten an der Straße über den Befehl des Kampfkommandanten, sich über die Weser zurückzuziehen.

Währenddessen feuerten bereits amerikanische Panzer auf Bad Oeynhausen. Dr. Aly fuhr auf sie zu und bekam mit ihnen bei der Witteler Schule Kontakt.

Die Amerikaner hatten ihren Gefechtsstand im Witteler Krug eingerichtet, in den der deutsche Arzt geführt wurde.

Dort teilte er einem amerikanischen Offizier seinen Auftrag mit, die Stadt zu übergeben. Doch der Amerikaner glaubte ihm zunächst nicht und wandte ein, daß ihm so etwas jeder erzählen könnte. Im übrigen war er sehr gut über die Lage in der Stadt informiert und kannte sogar den Namen des Kampfkommandanten.

Dr. Aly schlug deshalb vor: »Setzen Sie mich und Hauptmann Krüger auf einen Panzer und fahren Sie mit uns in die Stadt!«

Der amerikanische Offizier stimmte zu.

Die beiden Unterhändler fuhren auf dem Kühler eines gepanzerten Spähwagens wieder in die Stadt

146

zurück. Dort informierte Dr. Aly Oberstabsarzt Dr. Gehlen über das, was geschehen war.

Danach nahmen die anwesenden Amerikaner Dr. Aly sofort wieder zur Besetzung des Rathauses und des Postamts mit. Dort hörte Dr. Aly mit, wie ein amerikanischer Offizier mit dem Kampfkommandanten von Minden telefonierte und ihn zur Übergabe der Stadt aufforderte. (Worüber bereits berichtet wurde.)

Mit zwei amerikanischen Offizieren fuhr Dr. Aly daraufhin zu deutschen Geschützstellungen, um den Bedienungen die Einstellung der Kampfhandlungen mitzuteilen. Nachmittags brachten ihn die Offiziere wieder ins Lazarett zurück. Sie bedankten sich für seine Unterstützung in deutscher Sprache und bemerkten, daß sie in Heidelberg studiert hatten.

Die Straßen waren wie leer gefegt, als die Amerikaner in die Stadt einrückten. Ganze Häuserreihen mußten von der deutschen Bevölkerung geräumt werden, damit die GI's untergebracht werden konnten.

Auf der Lohe stehende amerikanische Panzer beschossen noch das östliche Stadtgebiet im Bereich der Autobahn und zerstörten mehrere Häuser; das Haus Mühlenweg Nr. 24 brannte völlig ab.

Doch von den letzten Abwehrkämpfen an der Weser blieb Bad Oeynhausen verschont.

Die amerikanische Militärkommandantur, unterstützt von schnell aufgestellter deutscher Hilfspolizei, sorgte für Ruhe und Ordnung. Dadurch kam es in der Stadt zu keinen Plünderungen und Überfällen, wie sie sonst überall im Land an der Tagesordnung waren.

Die Amerikaner durchsuchten die Häuser nach Waffen und versteckten Soldaten. Dabei machten sie in kleinem Stil von dem Recht der Sieger Gebrauch, indem sie einfach Dinge als »Souvenir« mitnahmen, die ihnen gefielen.

Die Amerikaner wurden kurz darauf von englischen Truppen abgelöst und in Bad Oeynhausen

deren Hauptquartier eingerichtet. Deshalb mußten etwa 9 000 Bürger ihre Wohnungen verlassen und ihren ganzen Besitz mit Hab und Gut den Engländern überlassen.

Der Vormarsch ging weiter.

Die 9. US-Armee erreichte zwischen Minden und Hameln die Weser. Die Pioniere des 13. und 19. Korps (Befehlshaber Generalmajor Gillem-junior und Generalmajor McLain) versuchten eine Brücke über den Fluß zu schlagen. Doch das gelang nicht. Daher entschloß man sich zum Sturmangriff über die Weser am 5. April 1945. Noch während der Dunkelheit setzten Amphibienfahrzeuge der 2. Panzerdivision über. Der deutsche Widerstand war nur schwach.

Die Vorauspanzer stießen durch die Stadt vor, wobei sie Widerstandsnester »links« liegenließen oder umgingen.

Hinter ihnen folgte die 30. Infanteriedivision, die in heftige Gefechte mit einer kleinen SS-Einheit verwickelt wurde.

Die amerikanischen Infanteristen forderten deshalb Artillerieunterstützung an. Die Geschütze donnerten. Die Kanonade richtete schwere Verwüstungen und Zerstörungen in der Stadt an.

Nach den Übergängen der beiden amerikanischen Armeen über die Weser konnte der Vormarsch nach Osten fortgesetzt werden. Das Ziel war, den Harz abzuschneiden und die Elbe zu erreichen.

Die 9. US-Armee marschierte nördlich an ihm vorbei; die 1. US-Armee südlich durch Thüringen. Magdeburg wurde am 18. April genommen; einen Tag später Leipzig. Am 25. April 1945 bekamen die Amerikaner den ersten Kontakt mit der Roten Armee bei Torgau an der Elbe.

General Eisenhower lehnte es ab, mit den amerikanischen Truppen weiter vorzustoßen. Gemäß der im Februar 1945 in Jalta auf der Krim zwischen dem sowjetischen Staatsoberhaupt Stalin, dem amerikanischen Präsidenten Roosevelt und Premierminister Churchill getroffenen Vereinbarungen über die Be-

147

Am 11. April 1945 griffen Bomber Soltau an. Zerstörte Häuser in der Breidingstraße. 65 Personen kamen ums Leben

satzungszonen blieben die amerikanischen Truppen an der Mulde stehen.

Damit war der Traum vieler amerikanischer Offiziere und GI's, als erste Erste in Berlin zu sein, ausgeträumt.

Wie ging es im Abschnitt der 2. Britischen Armee weiter, die ebenfalls der Weser zustrebte?

Am 6. April 1945 wurde die britische 1. Commando Brigade (von der bereits berichtet wurde) der 1. Panzerdivision (Kommandeur Generalmajor Roberts) direkt unterstellt.

Ein englischer Schnellbomber (Typ »Mosquito«) griff am 22. 2. 1945 den Bahnhof von Soltau an. Dabei wurde diese Luftaufnahme mit einer automatisch arbeitenden Kamera gemacht. Die Alliierten benutzten sie als Druckvorlage für ein Flugblatt

148

Am 17. April 1945 feuerte englische und deutsche Artillerie auf Soltau. Granaten und Feuer zerstörten das Finanzamt am Rühberg (17. April 1945)

»Am frühen Morgen«, berichtete Bryan Samein, Angehöriger der 1. Commando Brigade, »stießen wir zusammen mit der eben genannten Division auf ein Bahnhofsgelände am Westufer der Weser vor.

Am Mittag erreichten wir unser Marschziel. Unsere Einheit bezog in Stolzenau Quartier.

Dort erfuhren wir, daß bereits ein Bataillon der Rifle Brigade über die Weser gegangen war. Wir erhielten den Befehl zum Übergang, um den Brückenkopf zu verstärken, den die eben genannte Einheit gebildet hatte. Falls möglich sollten wir ausbrechen und das von den Deutschen besetzte Leese nehmen, das Stolzenau gegenüber lag.«

Mit Sturmbooten preschte die 1. Commando Brigade im Feuer deutscher 2-cm-Geschütze über die Weser. Auf dem anderen Ufer schlug den Comman-

dosoldaten heftiges Abwehrfeuer entgegen. Die Engländer identifizierten den dort liegenden deutschen Verband später als die 12. SS-Panzerdivision.

»Aufgrund der heftigen gegnerischen Abwehr war die Eroberung von Leese für unser Commando allein eine zu schwere Aufgabe; denn das Kräfteverhältnis betrug drei zu eins zugunsten der Deutschen.«

Brigadegeneral Mills-Roberts, Kommandeur der 1. Commando Brigade, befahl deshalb, vorerst zusammen mit der Rifle Brigade den Brückenkopf zu halten, bis Verstärkung über die Weser gebracht werden konnte. Doch es standen nicht genügend Boote zur Verfügung, um den Brückenkopf innerhalb von kurzer Zeit zu verstärken. Deshalb entschloß sich Major Blake, Führer des 45. Marine

149

Obwohl bereits alles verloren war, gab sich die »Lüneburger Zeitung« vom 7./8. April 1945 noch optimistisch

150

Commandos, einen Versuchsangriff auf Leese zu führen.

»Inzwischen war der Kampf im Brückenkopf härter und verbissener geworden. Gegnerische Scharfschützen räumten unter uns auf; unsere Verluste stiegen ständig.

Eine unserer Einheiten ging an einer Hecke vor und stieß auf einen kleinen deutschen Trupp. Es kam zu einem heftigen Gefecht von Mann-zu-Mann.

Unter schwerem feindlichen Artilleriefeuer formierten wir uns zum Ausbruch aus dem Brückenkopf und zum weiteren Angriff auf Leese. Das geschah um 16.00 Uhr nachmittags. Wir glaubten, Leese bei Anbruch der Abenddämmerung zu erreichen.

Doch als wir geradewegs nach Osten auf den Ort vorgingen, verstärkte sich das Abwehrfeuer. Wir waren gezwungen, uns etwa zwei Kilometer vor dem Angriffsziel einzugraben, um unsere Stellung zu behaupten.

Wir blieben dort bis etwa um Mitternacht.«

Dann gab der Brigadeführer den Befehl zum Rückzug in den Brückenkopf, da die Reserven in dieser Nacht nicht über die Weser gebracht werden konnten, um den Angriff zu unterstützen. Die Männer vom 45. Marine Commando befolgten den Befehl sofort und befanden sich im Morgengrauen wieder im Brückenkopf.

Kurz darauf erfolgte ein deutscher Gegenangriff an der rechten Flanke. Die dort liegende englische Einheit mußte die Wucht des Angriffs allein tragen. Er wurde schließlich unter schweren Verlusten bei den Deutschen abgeschlagen.

Während des ganzen nächsten Tages (7. April) feuerten deutsche 8,8-cm-Geschütze in den englischen Brückenkopf.

»Wir hofften und beteten, daß die Boote bald kommen würden«, berichtete der englische Kampfteilnehmer, *»damit der Rest unserer Brigade über den Fluß kommen und uns unterstützen würde.*

Die Dunkelheit kam, aber wir hörten noch immer nichts von der Brigade. Erst gegen 23.00 Uhr erhielten wir gute Nachrichten. Die Boote sind angekommen, hieß es in der Meldung von der Brigade. Die restlichen Einheiten würden innerhalb von kurzer Zeit übersetzen.«

Um Mitternacht war die gesamte Brigade über die Weser übergesetzt. Der Großangriff auf Leese begann.

Wegen der Dunkelheit markierte das 6. Marine Commando den Weg mit weißen Bändern. Das 46. und 3. Commando stießen nach. Die Mörser-, die Vickers-MG-Bedienungen und die Rifle Brigade blieben im Brückenkopf zurück.

»Der Marsch war lang und schwierig. Wir marschierten kilometerweit durch eine flache, tote Gegend, die nur dann und wann durch Wasserläufe, Gräben und Flecken von Marschland durchbrochen wurde: Eine lange Marschkolonne von etwa 2 000 Mann samt Ausrüstung.«

Im Morgengrauen erreichte das 6. Commando die Außenbezirke von Leese.

»Wir marschierten auf den Hauptstraßen durch die Stadt. Vom Gegner war nichts mehr zu sehen, abgesehen von ein paar Versprengten. Sie erklärten uns, daß sich die SS-Truppen etwa zwei Stunden vorher zurückgezogen hätten.

Brigadier Mills-Roberts gab dem 3. Commando sofort den Befehl, die Verfolgung aufzunehmen.

Der Verband stieß in den Wäldern nördlich Leese auf eine deutsche Nachhut. Es kam zu einem Gefecht. Die Deutschen stellten aber schließlich den Widerstand ein und flohen. Das 3. Commando kehrte zu uns nach Leese zurück.

Inzwischen war das 46. Marine Commando nach Landsberg vorgestoßen. Dort stellte es fest, daß sich die Deutschen ebenfalls abgesetzt hatten.

Die Schlacht an der Weser war gewonnen.«

Die 2. Britische Armee konnte ihren Spurt zur Elbe fortsetzen. Doch bevor sie dort ankam, mußte sie ein weiteres Hindernis überwinden – die Aller.

151

Das blieb übrig von der einst
so stolzen Luftwaffe:
Wracks auf dem Lüneburger
Flugplatz

Auch eine Beute: Deutsche
Zement-Übungsbomben auf
dem Flugplatz Lüneburg

Lüneburg nach der
Besetzung

152

Das zweite Amtsblatt nach Kriegsende

Nach dem Übergang über die Weser und dem Kampf bei Leese durften sich die Soldaten der 1. Commando Brigade 24 Stunden lang ausruhen.

Während dieser Zeit schlugen die Royal Engineers (Pioniere) eine Brücke über die Weser, über die innerhalb von kurzer Zeit Nachschub zu den Voraustruppen rollte. Das war eine wichtige Voraussetzung für den weiteren Vormarsch.

»Wir bildeten den Flankenschutz für das 8. Korps«, berichtete der englische Kampfteilnehmer. »Aber wir mußten hin und wieder hart kämpfen. Wir marschierten von Ort zu Ort nach Osten und hielten Kontakt mit der Hauptangriffstruppe.«

Am Morgen des 10. April verlegte die 1. Commando Brigade auf Lkw in ein Bahngelände am Westufer der Aller.

Die Soldaten wußten, daß wieder ein Flußübergang bevorstand.

»Die Aller machte auf uns nicht den Eindruck eines großen schwierigen Hindernisses wie etwa der Rhein oder die Weser. Sie war etwa 50 Meter breit und das Wasser floß langsam.

Das Land an der gegenüberliegenden Seite war stark bewaldet, mit dichtem Unterholz. Unsere Aufklärung berichtete, daß die gegnerische Verteidigung nur schwach war und aus zwei Infanteriekompanien unter Normalstärke bestand.«

Der Übergang sollte nach dem gleichen Plan wie

153

Lüneburger
Frauen und Män-
ner beim Wasser-
holen aus Kessel-
wagen

Deutsche Kriegsgefangene bei Lüneburg

bei den bisherigen Flüssen nachts in einzelnen Gruppen erfolgen, wobei die Voraustruppe wieder weiße Bänder zur Orientierung anbringen mußte.

»Wir marschierten bei Anbruch der Dunkelheit los; das Commando 3 ging an der Spitze.

Zu diesem Zeitpunkt wußten wir noch nicht, was uns bevorstand. Doch die Schlacht in den Aller-Wäldern sollte die härteste und blutigste von allen werden, die wir bisher erlebt hatten.«

»Bereits vor dem Marsch zur Eisenbahnbrücke von Schwarmstedt befürchteten viele von uns, daß uns der Gegner in Essel gehört hatte. Das war auch tatsächlich der Fall.«

Die Voraustruppe (3. Commando) arbeitete sich bis auf etwa 200 Meter an die Eisenbahnbrücke heran. Da gab es eine ungeheure Explosion und ein Brückenbogen fiel langsam in den Fluß.

Da jedoch nur die Hälfte der deutschen Sprengladungen detonierte, waren die Engländer in der Lage, über die Brückenreste an das andere Ufer zu klettern.

Dabei stießen Soldaten des 3. Commando auf eine kleine deutsche Kampfgruppe, die die Brücke bewachte. Sie wurde überfallen und mit Kampfmessern lautlos erledigt. Dann bildeten die Engländer schnell einen kleinen Brückenkopf.

»Unser Abschnitt war ein kleiner Erdhügel im Zentrum der Wälder, etwa 1000 Meter von der Eisenbahnbrücke entfernt.«

Während der nächsten zweieinhalb Stunden gruben sich die Engländer ein. Sie konnten die Deutschen dabei gut sehen, die ein paar hundert Meter von ihnen entfernt ihre morgendlichen Tätigkeiten wie Kochen, Waschen und Rasieren ausübten.

»Die längst erwartete deutsche Antwort auf unser Eindringen in die Wälder erfolgte schließlich gegen 08.00 Uhr. Der deutsche Gegenangriff richtete sich gegen den Abschnitt, in dem das 3. Commando und das Hauptquartier der Brigade lagen.

Brigadier Mills-Roberts befahl dem 46. Marine Commando (das hinter dem 3. Commando an der Straße lag, die nach Norden durch die Wälder führte), sofort gegen die Straßenbrücke vorzugehen; denn es sah so aus, als wenn das der Punkt wäre, von dem die Deutschen zum Gegenangriff antraten.«

Als das 46. Commando diesen Befehl erhalten hatte, wurde es schon von einer anderen deutschen Infanteriegruppe angegriffen. Es entwickelten sich heftige Kämpfe. Brigadier Mills-Roberts setzte nun auch das 6. Commando gegen die Straßenbrücke ein.

Die Einheit trat sofort an, erreichte das Ziel um etwa 11.30 Uhr und stellte fest, daß die Brücke gesprengt worden war. Die Engländer gingen dort in Stellung. Kurz darauf aber traten die Deutschen zu einem dritten Gegenangriff an.

»Der nun einsetzende Kampf war sehr blutig. Das Brigade-Hauptquartier und drei Commando-Einheiten wurden gleichzeitig heftig angegriffen. Sie hatten es sehr schwer, sich und ihre Stellungen zu halten.«

»Während des Nachmittags war das 6. Commando im Raum der Brücke der Hauptgegner des deutschen Angriffs. Lieutenant-Colonel Lewis, Führer des 6. Commandos, befahl einen Bajonettangriff, um die Lage zu bereinigen.

Die Männer pflanzten die Bajonette auf die Gewehre. Ein Trompetensignal ertönte. Rufend und schreiend gingen die Engländer durch das Unterholz vor.

Es wurde ein voller Erfolg. Die Deutschen ergriffen die Flucht.«

Den Engländern war inzwischen klar geworden, daß mehr als nur zwei Infanteriekompanien in den Aller-Wäldern lagen. Gefangene deutsche Soldaten bestätigten das. Sie berichteten ferner, daß sie zu einem Marinebataillon aus Wilhelmshaven gehörten, das den Vormarsch der 2. Britischen Armee nach Osten aufhalten sollte.

155

Ein britisches Fla-Geschütz am Ostufer der Elbe bei Lauenburg

Inzwischen hatte das 46. Commando die deutschen Angriffe abgewehrt, so daß sich die Lage überall beruhigte.

Gegen Abend befahl Brigadier Mills-Roberts seiner Einheit, sich einzuigeln.

»Dementsprechend mußten wir von unserem Erdhügel näher in den Raum an der Brücke verlegen«, berichtete ein Soldat vom 45. Commando. *»Wir lagen noch nicht lange in der neuen Stellung, da traten die Deutschen wieder zu einem Gegenangriff mit Panzern und Infanterie an. Die Panzer rasselten mit klirrenden Ketten über die zur Brücke führende Hauptstraße.«*

Sie stießen auf britische Truppen, wurden mit panzerbrechenden Waffen bekämpft und zogen sich zusammen mit der Infanterie wieder zurück. Danach kam es in dieser Nacht nicht mehr zu weiteren Zwischenfällen.

»Was die Deutschen in dieser Nacht taten, wußten wir nicht; aber wir ruhten uns nicht aus. Im Schutze der Dunkelheit wurden zwei Kompanien über den Fluß in den Brückenkopf gebracht.«

Am nächsten Morgen (12. April) krochen die Engländer aus ihren Gräben und blickten in die Runde. Nirgendwo waren Deutsche zu sehen. Die Gegend war still, ruhig und friedlich.

Um 07.00 Uhr trafen weitere Befehle vom Brigadehauptquartier ein. Das 45. und 46. Commando

156

sollten unter Führung von Lieutenant-Colonel Gray rechts und links der Hauptstraße in Richtung Eisenbahnbrücke vorgehen. RAF-Tiefflieger vom Typ »Typhoon« waren zur Bekämpfung von Zielen an der Eisenbahnbrücke in der Nähe von Hademstorf vorgesehen.

Doch den Engländern schlug wieder heftige deutsche Abwehr entgegen. Sie erlitten schwere Verluste und der Angriff geriet ins Stocken.

»In diesem Augenblick kamen die Tiefflieger. Sie erschienen uns wie ein Geschenk Gottes; denn unsere Lage war äußerst beschissen. Sie dröhnten tief über den Wäldern in Richtung Hademstorf hinweg. Ein paar Sekunden später hörten wir das Zischen und Fauchen der Raketen und das Einschlagen der Geschosse.«

Aber trotz der Tieffliegerunterstützung kam der britische Angriff nicht weiter. Lieutenant-Colonel

Gray war der Ansicht, daß ein weiterer Vormarsch ohne genaue Kenntnisse über die deutsche Verteidigung vollkommen nutzlos sei. Deshalb zogen sich das 45. und 46. Commando *an einen Kanal zurück, der von Ost nach West durch die Wälder verlief«*.

Am nächsten Morgen (Freitag, 13. April) ging eine Aufklärungsabteilung der Engländer vor und erkundete die Lage. Aufgrund dieser Informationen befahl Brigadier Mills-Roberts den Vorstoß des 46. Commandos auf Hademstorf.

Dabei bäumte sich die deutsche Abwehr zum letztenmal auf und verursachte unter den Engländern schwere Verluste. Dann aber streckten die Deutschen die Waffen und flohen über die Eisenbahnlinie nach Nordosten.

Die Reste des 46. Commandos marschierten in Hademstorf ein und besetzten bis zum Mittag den ganzen Ort.

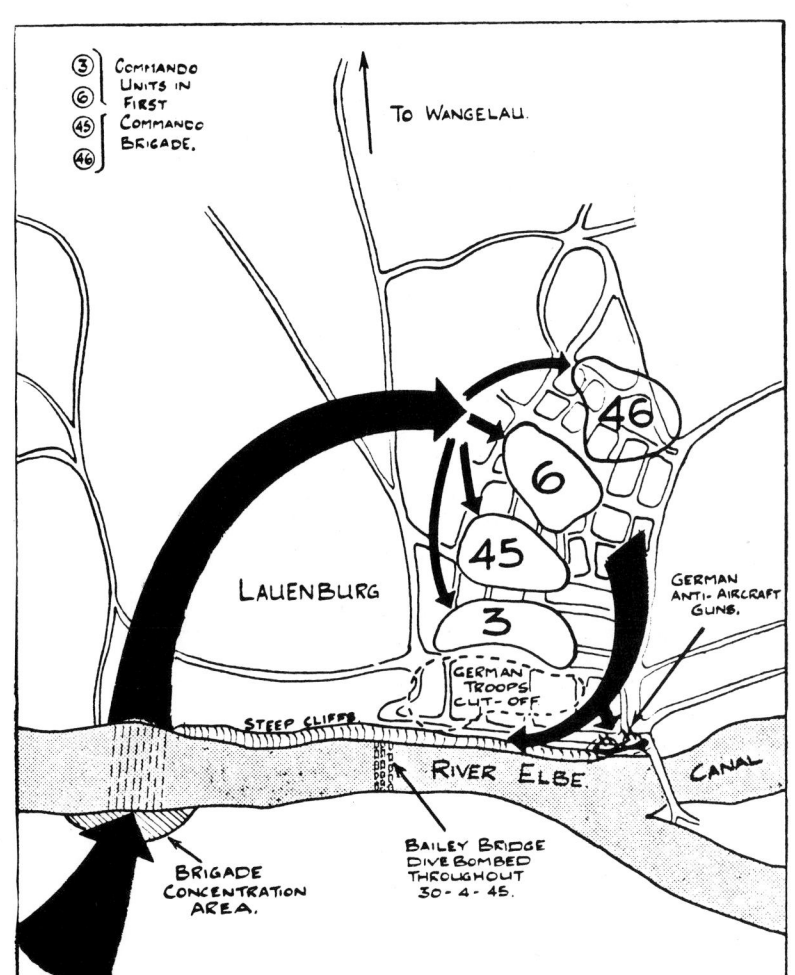

Skizze vom Angriff der Engländer auf Lauenburg (schwarze Pfeile)

157

Lauenburg: Diese Pontonbrücke schlugen die Engländer bei Artlenburg über die Elbe

»So endete die Schlacht in den Aller-Wäldern. Es waren drei bittere Kampftage gewesen. Doch unsere Brigade hatte dennoch schließlich einen Sieg errungen. Die Feindkräfte bestanden aus zwei deutschen Marinebataillonen, ein Bataillon einer SS-Panzerdivision und einer Panzerbekämpfungseinheit mit 8,8-cm-Geschützen.

Der Brückenschlag über die Aller war inzwischen abgeschlossen worden. Die Panzer der berühmten 11. Division, deren taktisches Zeichen ein schwarzer Bulle auf gelbem Feld war, rollten über den Fluß. Sie schwärmten über das deutsche Land aus, das sich weithin nach Osten bis zur Elbe erstreckte.«

Kurz darauf ging der Vormarsch der 2. Britischen Armee und mit ihr auch der der 1. Commando Brigade in Richtung Elbe weiter.

»In den nächsten 48 Stunden fuhr unsere Marschkolonne schnell durch die Überreste von deutschen Städten und Dörfern, deren Häuser und Gebäude brannten und die von unseren vorausfahrenden Panzern zerstört worden waren«,* berichtete ein britischer Augenzeuge.

Von der deutschen Wehrmacht war nichts mehr zu sehen. Dafür wurden die Engländer immer wieder von inzwischen freigelassenen Fremdarbeitern aufgehalten.

Am 19. April marschierte die 1. Commando Brigade in die »schöne Lazarettstadt Lüneburg« ein, die zur offenen Stadt erklärt worden war und nicht verteidigt wurde.

»Vor uns lag die Elbe. Doch wir hörten, daß die Vorbereitungen zum Elbübergang einige Zeit dauern würden. Deshalb machte es sich unsere Brigade in Lüneburg und den umliegenden Orten so gemütlich, wie es eben möglich war.

Zum erstenmal seit Wochen konnten wir uns lange ausruhen; wir badeten heiß, aßen gut und tranken

158

Wein. Der Wein, den wir in Lüneburg vorfanden, war ausgezeichnet. Alles in allem verbrachten wir zehn herrliche Tage in Lüneburg.«

Das Brigadehauptquartier sorgte dafür, daß die Truppe unterhalten wurde. Fußballspiele zwischen den einzelnen Einheiten fanden statt. Die Kinos wurden geöffnet, in denen britische Filme liefen.

Währenddessen liefen die Vorbereitungen zum Übergang über die Elbe unter der Bezeichnung »Unternehmen Enterprise«.

Die Pläne sahen folgendes vor: Übergang der 1. Commando Brigade im Rahmen der 15. Schottischen Division in zwei Kampfgruppen mit Amphibienfahrzeugen vom Typ »Wasserbüffel«; Landung etwa drei Kilometer stromabwärts von Lauenburg. Zur selben Zeit sollte die 44. Brigade der 15. Schottischen Division gegenüber der Stadt Artlenburg landen und einen Brückenkopf bilden.

Die Operation war nichts weiter als eine Miniaturausgabe der Rheinüberquerung.

Bevor die Landstreitkräfte antraten, sollte Lauenburg von RAF-Bombern angegriffen werden. Einen Tag nach der Landung am östlichen Elbufer war der Absprung einer Fallschirmjägerbrigade zur Verstärkung des Brückenkopfes vorgesehen. Eine ungeheure Artillerieunterstützung war ebenfalls in den Angriffsplänen enthalten.

Doch das Bombardement und der Einsatz der Luftlandetruppen fielen später weg, da dies nicht erforderlich war.

»Für unsere Commando Brigade sah der Angriffsplan im einzelnen folgendes vor: Das 6. Commando sollte zuerst landen und einen Brückenkopf bilden; dann war das 46. Commando an der Reihe, das nachts in Lauenburg eindringen und dabei zur Orientierung für nachfolgende Einheiten wieder weiße Bänder auslegen sollte. Danach waren der Übergang des 3. Commandos, unserer Einheit und das Brigadestabs geplant. Die deutsche Abwehr war uns gegenüber im Vor-

teil; denn Lauenburg lag oberhalb von steilen, vielfach senkrecht abfallenden Klippen.« Nach den Angaben des britischen Commando-Soldaten hatte die deutsche Abwehr bei Lauenburg Grabensysteme mit Maschinengewehrnestern angelegt. *»Eine Batterie von 40-mm-Fla-Geschützen beherrschte alle wichtigen Übersetzstellen über den Fluß. Sie feuerten in ziemlich flachem Winkel, konnten unsere Fahrzeuge erreichen und versenken, wenn wir den Fluß überquerten.«*

Am 28. April, um 18.00 Uhr, verließen die Soldaten der 1. Commando Brigade ihre Quartiere in Lüneburg und bestiegen Lkw auf der Straße, die zur Elbe führte.

Deutsche Zivilisten sahen ihnen dabei schweigend zu. *»Sie schienen zu wissen, daß irgend etwas im Gange war, doch sie waren sich nicht ganz sicher. Auf jeden Fall gab es keine Hoffnung mehr für Deutschland.«*

Die britische Lkw-Kolonne fuhr in den Bereitstellungsraum am Westufer der Elbe. Überall waren Vorbereitungen für die nächtliche Offensive im Gange. Schwitzende Artilleristen stapelten Granaten neben ihre Geschütze; leichte Flakbatterien gingen in Stellung; auf der Straße marschierten lange Kolonnen der 15. Schottischen Division.

Gegen 20.00 Uhr erreichte die 1. Commando Brigade den Bereitstellungsraum. Die Soldaten sprangen in der Dunkelheit von den Fahrzeugen und bildeten kleine Gruppen.

Eine Stunde später donnerten die britischen Geschütze los. Mit ihrem Vorbereitungsfeuer nahmen sie alle bekannten deutschen Stellungen unter Beschuß. Über Lauenburg breitete sich roter Schimmer aus, als ein Haus nach dem anderen zu brennen begann.

Die deutsche Artillerie erwiderte das Feuer, das allerdings nicht so stark war wie das der Engländer. Trotzdem aber waren diese gezwungen, sich dort, wo sie lagen, einzugraben.

159

LAUENBURG →

Britische Truppenansammlungen an der Elbe. Der Pfeil deutet die Stelle an, wo die 1. Kommando Brigade übersetzte

Gegen 22.00 Uhr übertönte eine heftige Explosion das Artilleriefeuer. Die Pioniere sprengten Löcher in das Flußufer, damit die »Wasserbüffel« freie Bahn hatten, wenn ihre Stunde gekommen war.

Während andere Einheiten über die Elbe vorgingen, lagen die Commando-Soldaten noch als Reserve im Regen und warteten auf ihren Einsatz.

»Um 02.00 Uhr morgens kam der Einsatzbefehl. Wir krochen aus den Gräben und stiegen in die Wasserbüffel, genau so wie wir es vor fünf Wochen am Rhein getan hatten.

Für uns verlief das Übersetzen ohne große Schwierigkeiten. Irgendwo feuerten die Deutschen mit ihren Fla-Geschützen auf eine Einheit unserer

Brigade. Wir hörten das an dem Gefechtslärm, als wir uns dem Ostufer näherten.«

Nach der Landung sprangen die Commando-Soldaten aus den Amphibienfahrzeugen und gingen über einen schlüpfrigen und verschlammten Weg am Ufer hoch.

»Als wir an den weißen Orientierungsbändern entlanggingen, erzählte uns ein deutscher Versprengter, was mit den Voraustruppen unserer Brigade geschehen war, als sie sich ihren Weg an das Ufer erkämpften.«

Trotz des starken britischen Vorbereitungsfeuers waren das britische 6. und 46. Commando auf heftigen Widerstand gestoßen. Die Deutschen feuerten von beiden Flanken in die Landungszone. Handgra-

160

naten detonierten unter den Engländern und verursachten große Verluste.

Trotzdem wurde die Stadt langsam aber sicher besetzt. Als der Morgen graute, war Lauenburg in den Händen der Engländer.

Nur noch eine leichte Flakbatterie auf einem Hügel kämpfte weiter.

Colonel Gray und seine Truppe mit dem taktischen Zeichen »B« wie Baker bekam den Befehl, den Stützpunkt zu erobern.

Unter dem Kommando des Unterführers John Day arbeitete sich eine Kampfgruppe bis auf etwa 100 Meter an die Flakbatterie heran. In diesem Augenblick eröffneten die Deutschen das Feuer. Orangerote Blitze zuckten über die Straße; 3,7-cm-Geschosse schlugen in die dort stehenden zerstörten Gebäude ein.

Die Soldaten der »Baker«-Truppe gingen in Deckung und warteten auf weitere Befehle zum Angriff auf die Batterie.

Als John Day gerade neue Anweisungen durch den Gefechtslärm brüllen wollte, geschah etwas anderes. Der junge schottische MG-Schütze Norman Towler kam aus der Deckung hervor und feuerte auf den deutschen Stützpunkt.

Aus den Engländern nicht erklärbaren Gründen stellten die Deutschen das Feuer ein. Diesen Augenblick nutzten die »Baker«-Truppen zu einem Handstreich aus. Innerhalb von wenigen Minuten stürmten sie die deutsche Stellung und nahmen etwa 50 Personen gefangen, darunter auch Wehrmachtshelferinnen.

Die britischen Royal Engineers begannen sofort damit, eine Brücke über die Elbe zu bauen.

In dieser Endphase des Krieges lebte die total am Boden liegende deutsche Luftwaffe noch einmal auf. Sturzkampfbomber vom Typ Ju (Junkers) 87, Jäger vom Typ FW (Focke-Wulf) 190 und Me (Messerschmitt) 109 griffen die Brücke mit Bomben und Bordwaffen an, trafen sie aber nicht entschei-

dend. Das geschah am Nachmittag des 29. April.

»In der darauffolgenden Nacht schliefen wir ruhig und friedlich«, berichtete ein britischer Kampfteilnehmer. *»Als wir morgens erwachten, stand die Brücke über die Elbe. Teile der 11. Panzerdivision und der 6. Luftlandedivision setzten bereits über.«*

Brigadier Mills-Roberts befahl seinen Commandos, sich für den Weitermarsch fertigzumachen.

Nachmittags um 14.00 Uhr setzten sich die Kolonnen in Bewegung.

Die Hauptaufgabe der britischen Truppen war es, Dörfer und kleine Städte vom Feind zu säubern.

Für Lütau und Wangelau war die 1. Commando Brigade zuständig. Da Lütau bereits von einem schottischen Infanteriebataillon durchkämmt worden war, bekam die Commando Brigade den Befehl nach Wangelau vorzustoßen. Die Aufklärung stellte fest, daß es dort noch deutsche Truppen gab.

Der britische Commando-Truppführer Jan Beadle ging mit seinem Trupp bis auf 100 Meter an den Ort vor. Nach einem heftigen Gefecht ergaben sich die deutschen Truppen. Die Engländer nahmen 135 deutsche Soldaten gefangen.

Inzwischen säuberten andere britische Einheiten viele Dörfer südlich und östlich von Wangelau.

Am nächsten Morgen (1. Mai) marschierte die 1. Commando Brigade in Richtung Ostsee weiter. Auf diesem letzten Vormarsch wurde es den britischen Soldaten immer klarer, *»wie sehr die Deutschen nach sechs Jahren Krieg erschöpft waren. Überall sahen wir Zeichen des totalen Zusammenbruchs einer ins Verderben geführten Nation. Zerstörte Häuser, Wracks von Panzern und Wehrmachtsfahrzeugen, die an den Straßen lagen, die endlosen Kolonnen von Gefangenen, die apathischen und bestürzten Gesichter der Bevölkerung.*

Am 2. Mai erreichten wir Neustadt, besetzten die Stadt und bezogen in den komfortabelsten Häusern Quartier.« Die Einheit verlegte später in den Kreis Eutin. Zusammen mit der 1. Commando Brigade stürmte die gesamte 2. Britische Armee nach Über-

161

General Simpsons Hauptquartier in Braunschweig. Dort empfing er den sowjetischen General Alexander Gorbatov (links), Befehlshaber der russischen 3. Armee

querung der Elbe in Richtung Nordosten weiter; denn es galt, ein großes Ziel zu erreichen, das äußerst wichtig war.

Bereits nach der Überquerung des Rheins im März 1945 verfolgte Feldmarschall Montgomery konsequent ein großes militärpolitisches Ziel: Er wollte so schnell wie möglich mit den Truppen seiner 2. Armee zur Ostsee vorstoßen, um dort in einer festen Front den von Osten vordringenden Russen entgegenzutreten. Denn die Rote Armee war darauf aus, nach Dänemark vorzudringen und damit die

Zugänge zur Ostsee in ihren Machtbereich zu bringen. Und genau das wollte der weitsichtige »Monty« verhindern.

Damit der Vormarsch seiner Truppen möglichst schnell und zügig voranging, stießen die britischen Divisionen tief gestaffelt in schmaler Front vor. Die Panzerspitzen umgingen feindliche Widerstandsgebiete, die später von der Flanke oder von hinten durch nachfolgende Einheiten angegriffen und aufgerollt wurden.

»Während wir nach Osten brausten, bekamen es offenbar sowohl der Premierminister (Winston

162

Churchill) als auch (General) Eisenhower mit der Angst zu tun, daß ich es vielleicht doch nicht schaffen könnte, die Russen von Schleswig-Holstein und Dänemark fernzuhalten; denn von beiden erhielt ich diesbezügliche Funksprüche«, berichtete Montgomery darüber in seinen Memoiren.

Am 27. April teilte Montgomery General Eisenhower mit, daß er genau wußte, worauf es ankam. Doch der Vormarsch seiner 2. Britischen Armee sei automatisch langsamer geworden, weil die 9. US-Armee nicht mehr (ab 3. April) unter Montgomerys Führung stand und selbständig operierte.

Den Engländern gelang es schließlich doch noch, vor den Russen an der Ostsee zu sein. Am 2. Mai erreichten Montgomerys Truppen Wismar und Lübeck. Sie versperrten den Russen den Weg nach Schleswig-Holstein und Dänemark und hatten damit das große Wettrennen mit nur sechs Stunden Vorsprung gewonnen. Wäre das nicht der Fall gewesen, so könnte die heutige europäische Landkarte ganz anders aussehen.

Sofort ging Feldmarschall Montgomery daran, eine feste Front von Wismar bis an die Elbe bei Dömitz aufzubauen. Außerdem bildete er eine Westfront von Lübeck westwärts bis Bad Oldesloe und von dort südlich zur Elbe.

Zwischen diesen beiden Fronten wimmelte es von Menschen; es herrschte ein fürchterliches Durcheinander. Die 2. Britische Armee nahm fast eine halbe Million deutsche Soldaten gefangen.

Damit hatte Feldmarschall Montgomerys 21. Armeegruppe in diesem Abschnitt ihr Ziel erreicht.

Wie aber verliefen die Ereignisse in einem anderen Raum, durch den Montgomerys Soldaten ebenfalls stürmten?

Darüber berichtet das nächste Kapitel.

6. Die Kriegsfurie in der norddeutschen Tiefebene

Ein Hitlerbefehl wird umgangen – Stabbrandbomben – Zeichen des Zusammenbruchs – Ein mutiger Arzt – Häuser als Leuchtfackeln – Die Gewalt der Sieger – Strategische Pläne – Die deutsche Seite – Vormarsch – Eine Stadt wird geschleift – Kapitulation oder Vernichtung – »Eure Stunde schlägt« – Letzte Operationen – Unruhen – Entwaffnung – Bremen: Zangenoperation – Die letzten Heuler – Bunkerleben – Die »Eisernen« treten an – Vorstoß durch die Neustadt – Angriff rechts der Weser – Zu den Generalsbunkern – General Beckers Hauptquartier – Minen, Lähmungen, Zerstörungen – Grüne Haut und Totenhaus – Die Braunen und die Neuen – Angriff über Lesum? – Hamburg offene Stadt?

Vom Münsterland aus griff der Krieg rasch auf den Nordraum über. In dieser Phase ging es unter anderem auch um das Schicksal von Nordhorn.

Am 19. März 1945 gab Hitler, wie bereits erwähnt, den Befehl heraus, Deutschland total zu zerstören; es war der »Verbrannte Erde«-Befehl.

Kurz darauf erschienen zwei Parteiführer der Gauleitung Oldenburg in Nordhorn. Sie beauftragten Männer mit der Durchführung des wahnsinnigen und sinnlosen Hitlerbefehls und verteilten dazu die notwendigen Handgranaten. Mit ihnen sollten hauptsächlich wichtige Maschinen und vor allem Turbinen gesprengt werden. Die braunen Genossen übersahen aber dabei, daß sie Nordhorner beauftragt hatten, die diesen Wahnsinn ablehnten. Zufällig bekamen auch andere Bewohner Wind von diesem verrückten Vorhaben, das sie unter allen Umständen verhindern wollten.

Was war zu tun? fragte man sich; denn die Mißachtung eines Hitlerbefehls konnte allen Beteiligten das Leben kosten.

Die Männer trafen sich in einem Haus an der Bahnhofstraße und überlegten, wie sie aus dem Dilemma herauskamen. Danach baute man aus den Turbinen wichtige Teile aus. An die Gauleitung nach Oldenburg wurde gemeldet, daß die Turbinen unbrauchbar gemacht worden waren. Damit war Hitlers Befehl sinngemäß ausgeführt worden. Doch die ausgebauten Teile versteckte man sorgfältig und baute sie später – als Hitler samt seinem Dritten Reich nicht mehr existierten – wieder ein. So wurde

zwar die Nordhorner Industrie gerettet, aber Stadt und Bevölkerung mußten noch schlimme Tage bis zum bitteren Ende durchstehen.

Mitte März hörten die Nordhorner schon in der Ferne das dumpfe Rumoren von Gefechtslärm; heller Feuerschein zuckte im Westen durch die Nächte.

Die Städte Ahaus, Greven, Bocholt und viele andere wurden durch Bombenangriffe zertrümmert. Deshalb war zu erwarten, daß auch Nordhorn bald an der Reihe war. Doch vorläufig geschah nichts.

Die Stimmung unter der Bevölkerung war aber trotzdem niedergedrückt und alles andere als rosig; denn jeder wußte, daß die feindlichen Truppen heranrückten und die Gefahr immer größer wurde.

Am 22. März 1945 heulten die Sirenen Vollalarm, den allerdings kaum jemand noch ernst nahm, da bis jetzt ja nichts passiert war. Doch diesmal kam alles ganz anders.

Die Luft dröhnte von Flugzeugmotoren. Die Menschen blickten zum Himmel und erschraken; denn ein feindlicher Bomberverband flog auf die Stadt zu. Kurz darauf fielen große Mengen von Stabbrandbomben auf Nordhorn.

Die Bombardierung dauerte zwar nicht lange, richtete aber trotzdem große Schäden an. Qualm stieg aus der Villa Dütting. Das Mehrfamilienhaus neben dem Besitz Niehues brannte. Eine Reihe von Häusern stand in Flammen. Die Häuser Ernst Krieter und Stroink wurden völlig zertrümmert. In der

164

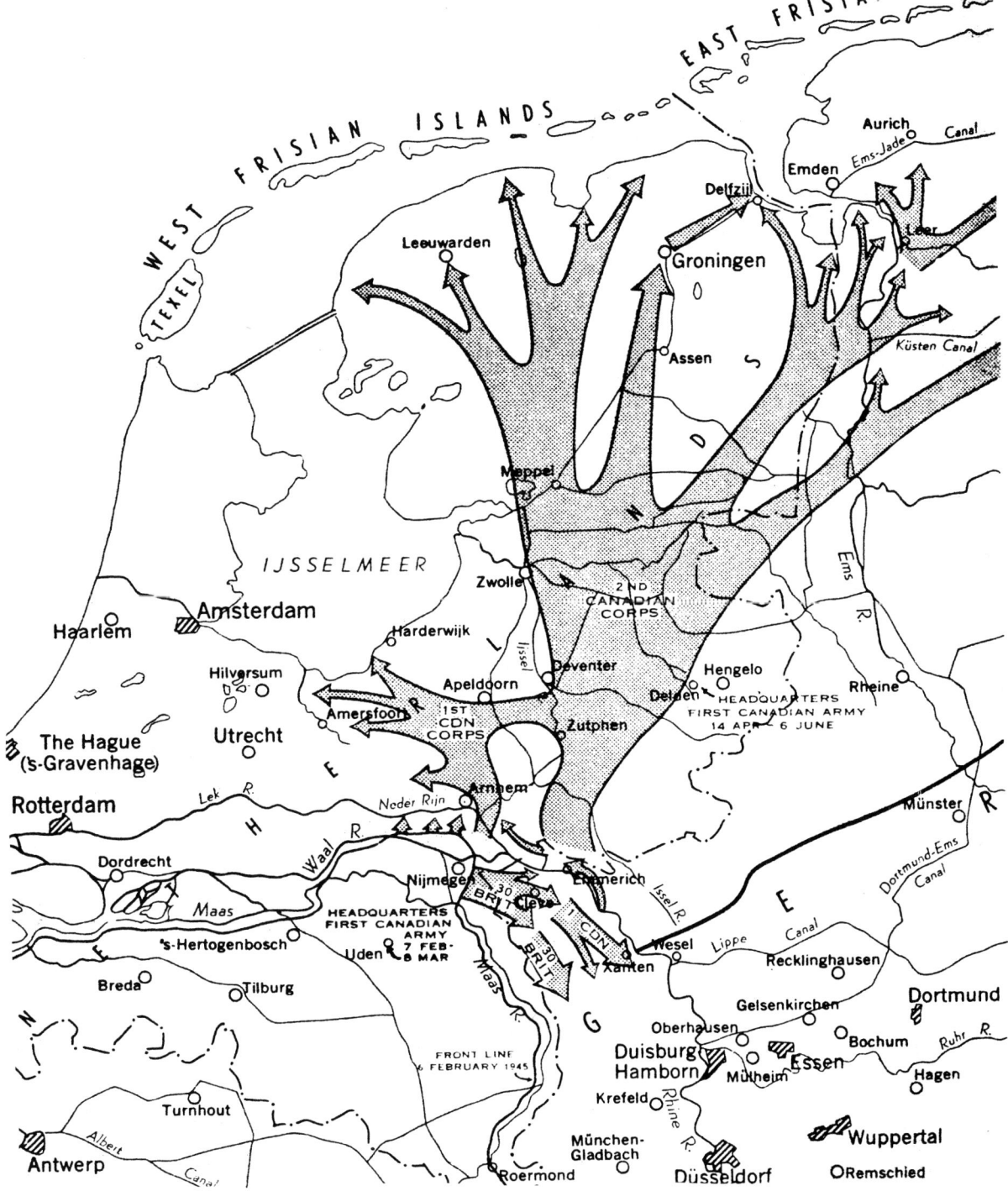

Skizze vom Vormarsch der 1. Kanadischen Armee (punktierte Pfeilfelder) von der Maas, über den Rhein, ins Ems-Land zur Weser

Lieutenant-General Crear (links), Befehlshaber der Kanadier. (Rechts) Eisenhower

Überall waren Feuerwehrmänner, Helfer aus der Bevölkerung und Jugendliche an der Arbeit. Man holte Hausrat aus den brennenden Gebäuden heraus. Die Rettungsarbeiten dauerten bis zum späten Abend. Die Menschen befürchteten, daß die alliierte Luftwaffe erneut Bomben in das Flammenmeer werfen würden. Die Sirenen heulten wieder. Flugzeuge flogen zwar an, donnerten aber über die Stadt hinweg, ohne sie zu bombardieren.

Der Karfreitag dämmerte herauf. Bereits in den frühen Morgenstunden zogen geschlagene deutsche Truppen durch die Stadt. Gerüchten zufolge sollten sie irgendwo im Emsland gesammelt und neu aufgestellt werden. Sie litten unter Hunger und nahmen gerne die Einladungen von Nordhorner Familien an, sich auszuruhen und zu stärken.

Tiefflieger rasten wie immer – manchmal in Baumwipfelhöhe – über Stadt und Land. Sie feuerten sogar auf Nordhorner Familien, die mit ihren Kindern auf das Land flüchteten. Die Menschen mußten sich immer wieder in Gräben oder andere Deckungen werfen, um nicht getötet zu werden.

Der Sonnabend verlief ähnlich wie der Vortag. Wieder zogen neue Elendskolonnen durch die Stadt. Von Westen her kam der Kampflärm immer näher heran und am Abend flackerte Feuerschein am Himmel.

Der Ostersonntag brachte neue Aufregung für die Bevölkerung und neue Hiobsbotschaften. In der Nähe von Oldenzaal und Denekamp wurde bereits gekämpft. In Nordhorn räumte man die Lazarette und transportierte die Verwundeten ab.

Wir lebten wie im Fieber. Was wird?« berichtete ein Augenzeuge über diesen Tag.

Immer wieder griffen Tiefflieger an, brausten Bomberpulks über die Grafschaft hinweg. Hin und wieder stürzten sich noch deutsche Jäger auf sie, die

Blickstiege (Bernhard-Niehues-Straße) brannten viele Häuser, ebenfalls in der näheren Umgebung. Die Stroinksche Fabrik am Bahnhof war von vielen Brandbomben getroffen worden und brannte mehrere Stunden.

166

aber von vornherein keine Chancen hatten und abgeschossen wurden.

Am zweiten Ostertag breiteten sich mehrere Gerüchte aus. Die Stadt wird verteidigt, lautete eines; Nordhorn wird kampflos übergeben, das andere. Verantwortliche Männer drängten die militärischen Führer, die Stadt zu räumen und den sinnlosen Kampf aufzugeben. Doch ihre Bitten wurden abgelehnt; denn die Offiziere sagten sich: lieber einen sinnlosen Befehl ausführen, als am nächsten Baum aufgehängt zu werden, wie es schon mit vielen vor ihnen geschehen war.

Seit Ostersonntag bereitete eine Pioniereinheit unter der Führung eines Leutnants die Sprengung der Nordhorner Brücken vor. Die Männer bohrten

Löcher in die Konstruktionen und füllten sie mit Sprengladungen. Am Vormittag des zweiten Ostertages setzten sie ihre Arbeit fort.

Bürgermeister Gerhardt wandte sich wieder an den Pionierleutnant und bat ihn, sein sinnloses Vorhaben aufzugeben und die Stadt vor einem großen Unglück zu bewahren. Auch andere Bürger setzten sich in diesem Sinn ein. Unter ihnen ein Arzt, der eindringlich auf den Leutnant einredete. Doch man verbot ihm einfach das Wort. Als er nochmals zum Sprechen ansetzte, richtete man eine Maschinenpistole auf ihn und drohte mit Erschießen, wenn er nicht sofort die Brücke verlassen würde.

Am Nachmittag bewegte sich die Front immer näher heran. Die Soldaten und Polizisten begaben sich in die Häuser, die in der Nähe der Brücken

Übersicht über die Operationen der 1. Kanadischen Armee (2. Korps) vom 22. März bis 22. April 1945 im Raum Meppen-Friesoythe-Leer-Papenburg

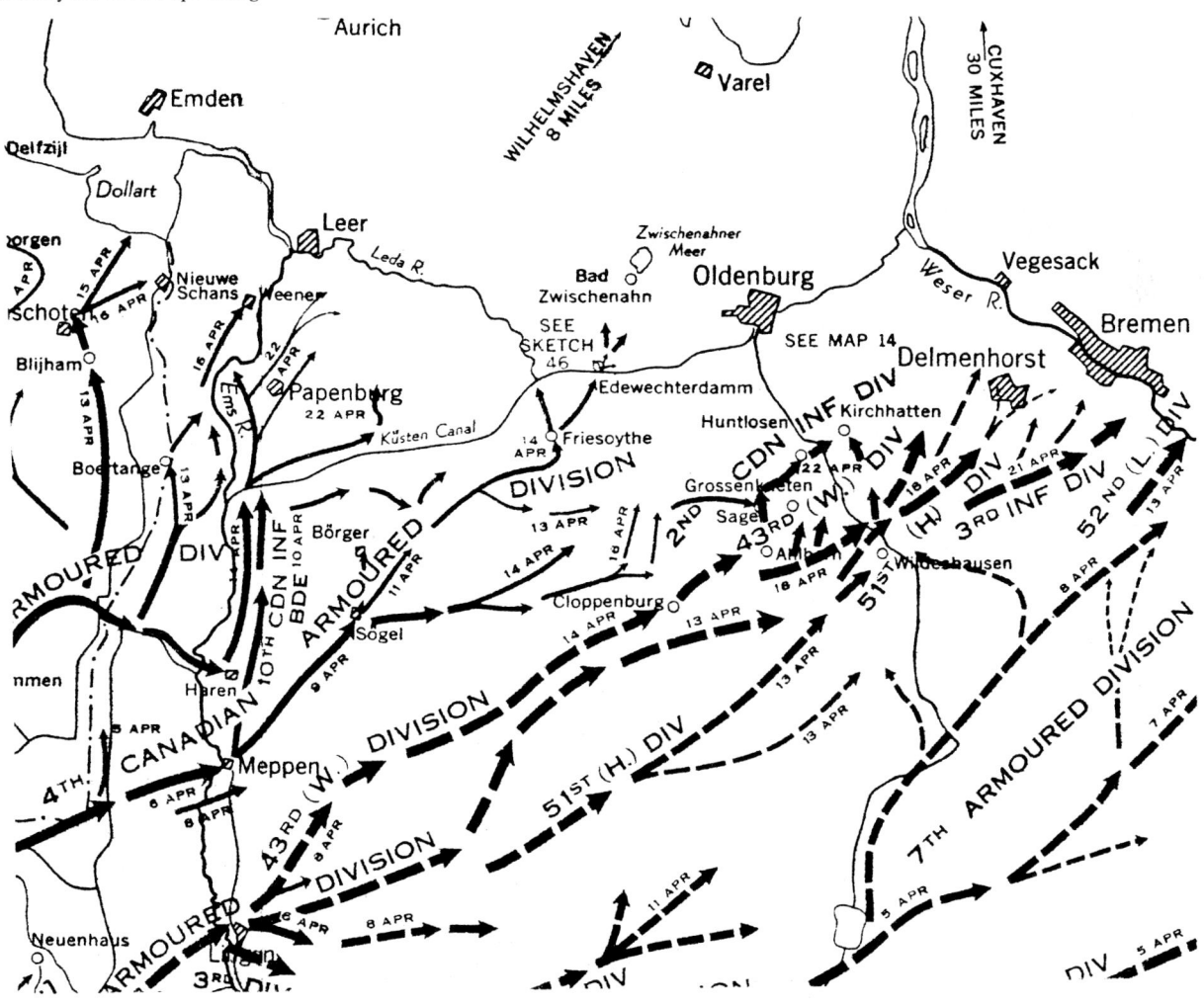

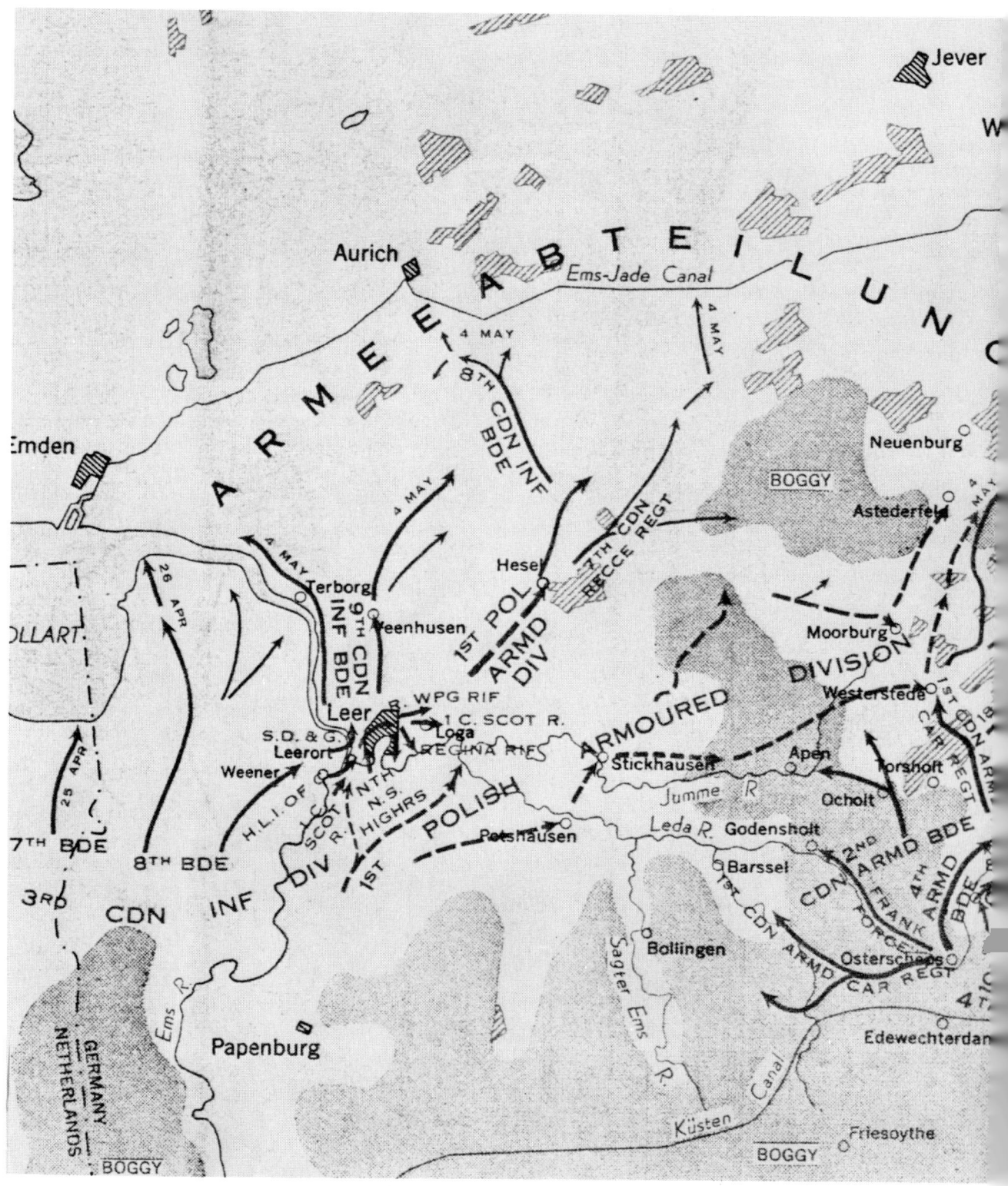

Skizze vom Endeinsatz der Kanadier (23. April bis 5. Mai 1945) gegen die deutsche Armeeabteilung Straube und Armee Blumentritt

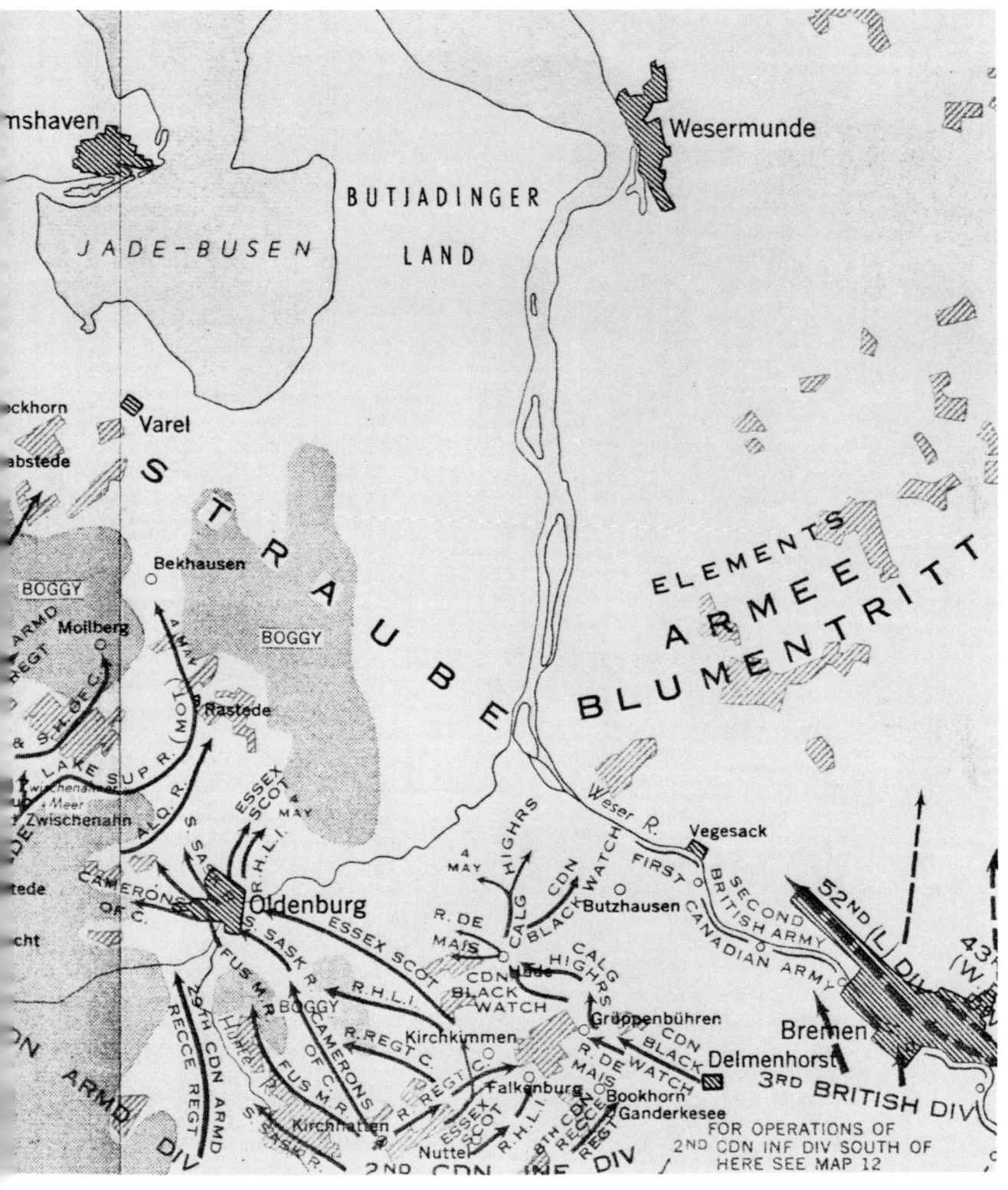

BUTJADINGER LAND

JADE-BUSEN

Wesermunde

nshaven

ckhorn

Varel

abstede

S T R A U B E

Bekhausen

BOGGY

BOGGY

Moilberg

S.CH. OF C.

Rastede

LAKE SUP. R. (MOT)

wischenahner Meer

Zwischenahn

ELEMENTS
ARMEE
BLUMENTRITT

ALG.R. (MOT)

S. SASK. R.

ESSEX SCOT. 4 MAY

stede

CAMERONS OF C.

R.H.L.I.

tede

Oldenburg

ESSEX SCOT.

4 MAY

CALG HIGHRS

Weser R.

Vegesack

FIRST

SECOND BRITISH ARMY

CANADIAN ARMY

52ND (L) DIV

43R (W)

cht

S. SASK. R.

FUS. M.R.

R. DE MAIS

CDN HIGHRS

CALG HIGHRS

Butzhausen

BLACK WATCH

29TH CDN ARMD RECCE REGT

R.H.L.I.

R. REGT C.

CDN

BLACK WATCH

CAMERONS OF C.

BOGGY

R. REGT C.

Kirchkimmen

CALG HIGHRS

Grüppenbühren

CDN BLACK WATCH

Bremen

FUS M.R.

R. DE MAIS

Delmenhorst

Falkenburg

ESSEX SCOT.

R.H.L.I.

Bookhorn

3RD BRITISH DIV

CDN

Kirchhatten

S. SASK. R.

Nuttel

8TH CDN RECCE REGT

Ganderkesee

CN ARMD DIV

2ND CDN INF DIV

FOR OPERATIONS OF
2ND CDN INF DIV SOUTH OF
HERE SEE MAP 12

Hier fängt der Wiederaufbau an

Aus dem Kanada-Lager Nr. 133
— einem von vielen:

9 Klassen mit durchschnittlich 45 Mann Belegschaft bereiten auf die höhere und mittlere Beamtenlaufbahn vor, mit anschliessender Abschlussprüfung. In der Lager-Universität finden Vorlesungen in folgenden Fächern statt : Recht, Medizin, Philologie, Naturwissenschaften und Technik. Durchschnittliche Zahl der Vorlesungsstunden pro Woche in jedem Fach 15 bis 20, in Medizin 30. Die Anerkennung der von der Lager-Universität erteilten Prüfungsdiplome durch die deutschen Hochschulen steht bevor. Ferner ist ein landwirtschaftlicher Kurs vorhanden, der auf die Laufbahn des Diplom-Landwirts vorbereitet. Weitere Unterrichtskurse : Sprachen (Englisch, Französisch, Spanisch, Russisch), Technik (Maschinenbau, allgemeine Technik, Elektrotechnik), Handwerk. Die Lager-bibliothek umfasst 20.000 Bande. Ausserdem stehen 7000 wissenschaftliche Werke zur Verfugung.

Sie werden Deutschland wieder aufbauen!

Kanadisches Flugblatt aus dieser Kampfphase

standen. Die Bewohner mußten sie innerhalb von kurzer Zeit räumen. Die Pioniere führten dann den Sprengbefehl aus.

Die heranrückenden Truppen der 1. Kanadischen Armee ließen sich dadurch aber nicht aufhalten.

Das erste Abwehrfeuer schlug ihnen in der Nähe des Hofes Rigterink entgegen. Ein Maschinengewehr ratterte. Sofort setzten die Kanadier ihre Übermacht an Waffen ein und zerschlugen den deutschen Widerstand im Handumdrehen. Der Hof Rigterink ging dabei in Flammen auf. Die Panzer walzten von der Denekamper Straße aus weiter.

Die kanadischen Besatzungen setzten einen Fabrikanten als lebenden Wegweiser auf ihren ersten Panzer. Als der Deutsche nicht mehr gebraucht wurde, nahm man ihm seine goldene Uhr ab.

Wie nutzlos die Sprengung der Brücke am Bentheimer Tor gewesen war, stellte sich kurz darauf heraus. Die Kanadier setzten eine ihrer Wunderwaffen ein, die einen entscheidenden Anteil am Ausgang des Krieges hatten – eine Baileybrücke.

Mit dieser bemerkenswertesten Erfindung der Kriegsgeschichte konnten alle Erdvertiefungen, wie beispielsweise Flüsse oder Täler, bis zu 80 Meter Breite ohne Einsatz von Pontons überbrückt werden. Mit Pontons konnte sie noch bedeutend größere Zwischenräume überspannen. Auch das leichteste Modell der Brücke konnte Lasten bis zu 20 Tonnen tragen. Durch Zusammenlegung von Brückenteilen in zwei- oder dreifacher Stärke konnte eine Brücke hergestellt werden, über die auch allerschwerste Panzer fahren konnten.

Jedes Brückenteil war nur etwa drei Meter lang und bestand aus 17 Einzelteilen. Sechs Pioniere konnten die schwersten Teilstücke leicht aneinanderfügen; nur ein Stahldorn war erforderlich, um die Teile zu verbinden. In Italien wurde der 100 Meter breite Trigno in 36 Stunden überbrückt. In einer Phase des italienischen Feldzuges bauten die Alliierten durchschnittlich zwei Baileybrücken am Tag. Dieser Rekord wurde in Frankreich trotz des dort stärkeren feindlichen Feuers übertroffen.

Solch eine Brücke legten die kanadischen technischen Truppen also neben der gesprengten Brücke über die Vechte. Da es inzwischen dunkel geworden

170

2 000 Bomben fielen am 21. März 1945 auf Vreden. Einige verwandelten die Stiftskirche in eine Ruine

war, setzten die Kanadier mit Flammenwerfer die Geschäftshäuser Bookholt und Hermelink in Brand, um besseres Licht zu bekommen. Als die Brücke stand, rollten die ersten Panzer weiter in die Hauptstraße.

An der gesprengten Lingener-Tor-Brücke über die Vechte wiederholte sich der Vorgang. Spezialfahrzeuge brachten die Baileybrücke heran. Die angesteckten Häuser Heemann und Scheffer dienten als Leuchtfackeln.

Nachbarn versuchten, das Feuer zu löschen. Doch sie wurden mit Maschinenpistolen bedroht und von ihrem Vorhaben abgehalten, so daß die Häuser niederbrannten.

An der Kanalbrücke im Zuge der Lingener Straße verfuhren die Kanadier ähnlich; dort setzten sie den Gasthof Möller in Brand.

Den weiter vorgehenden Truppen schlug vom Hof Busch schwaches Abwehrfeuer entgegen. Bei dem kurzen Gefecht gingen der schöne Bauernhof und die Häuser in der Nähe der Brücke in Flammen auf.

Die letzten deutschen Truppen wichen schließlich vor der gewaltigen gegnerischen Übermacht zurück. Nordhorn wurde besetzt.

Sofort nach Beendigung der Kämpfe drangen kanadische Soldaten in die Stadt ein. Sie »filzten« zuerst die Häuser, die von ihren Bewohnern verlas-

171

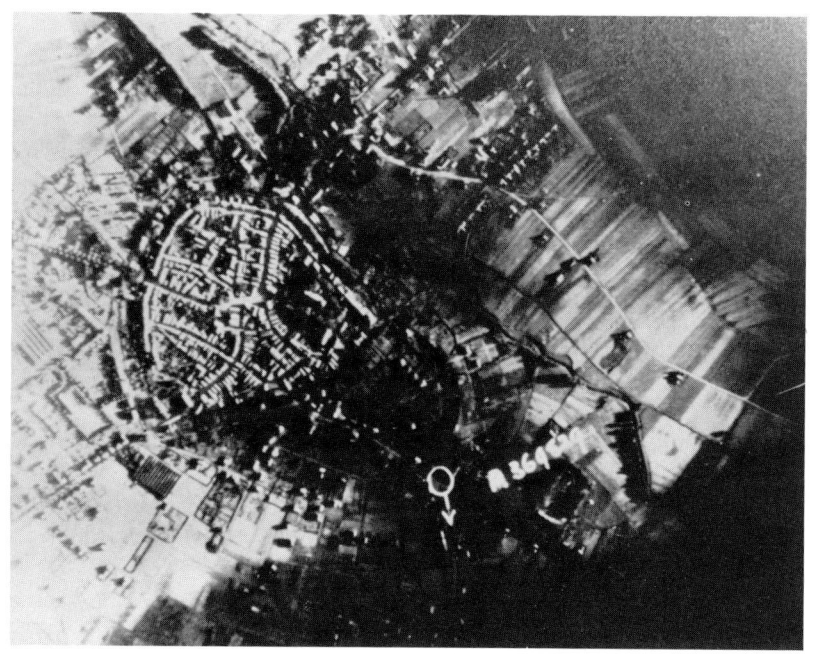

Vreden: Anhand dieser Luftaufnahme nahm die britische Luftwaffe (Royal Air Force) Maß, um dann vernichtend zuzuschlagen

sen worden waren. Dann betraten sie auch die noch bewohnten Gebäude und gingen mit den Menschen sehr rauh und rüde um.

Im Keller der Burgkirche hatten sich viele Bewohner der Hauptstraße aufgehalten. Sie wurden herausbefohlen. Männer, Frauen und Kinder mußten sich aufstellen und alle Wertsachen an die Sieger abgeben. Uhren waren am meisten gefragt. Solche Vorgänge spielten sich überall in der Stadt ab.

Aber es kam noch schlimmer. Abends drangen größere und kleinere Truppen zum Stehlen in die Häuser ein. Fanden sie alkoholische Getränke, tranken sie. Der Chronist dazu: »*Dann gab es für die weiblichen Mitglieder der Familie wahrhaftig nichts zu lachen. Sie erlebten die Gewalt der Sieger am unmittelbarsten und manche Nordhornerin denkt nur noch mit Grauen an diese Stunden zurück.*«

Die Militärregierung richtete ihr Hauptquartier in der Villa Niehues an der Bentheimer Straße ein und ordnete erste Maßnahmen an. Nordhorn wurde völlig abgeschlossen; deshalb konnten geflüchtete

Noch jahrelang nach dem Bombenangriff blieb die Stiftskirche ein Trümmerhaufen

172

Einwohner vorerst nicht zurückkehren. Es herrschte Ausgehverbot. Männer durften sich überhaupt nicht in der Stadt sehen lassen. Nach einigen Tagen allerdings hob man die totale Abschließung der Stadt auf und die Flüchtlinge kehrten zurück. Vielfach fanden sie ihre Wohnungen zerstört und verwüstet vor.

Die Ausraubung der Häuser und auch einzelner Passanten ging weiter, obwohl dies von der Militärregierung verboten worden war. Trupps mit Militärfahrzeugen grasten ganze Straßen nach Uhren, Fotoapparaten, Radios und Fahrrädern ab. Die freigelassenen Zwangsarbeiter aus den Ostgebieten betätigten sich ebenfalls so und bildeten sogar regelrechte Räuberbanden, die auf dem Lande eine Schreckensherrschaft ausübten. Die Militärregierung versuchte, diese Auswüchse in den Griff zu bekommen, was aber nicht völlig gelang. Sie hörten erst auf, als der größte Teil der ehemaligen Kriegsgefangenen und Fremdarbeiter in ihre Heimatländer zurücktransportiert wurden.

In der Stadt selbst beschlagnahmten die Sieger in den ersten Tagen viele Häuser und Wohnungen zur Unterbringung ihrer Verwaltungen und Truppen.

Der Kommandant ernannte den Fabrikanten Dr. Rudolf Beckmann zum Bürgermeister und Landrat des Landratsamtes in Bentheim. Später wurde Dr. Drewer Bürgermeister der Stadt Nordhorn und Dr. Beckmann blieb Landrat. In dieser Phase genehmigte die Militärregierung auch die Verlegung des Landratsamtes von Bentheim nach Nordhorn, damit war ein langjähriges Problem der Kreispolitik erledigt.

Später erhielt der Landrat auf Befehl der Militärregierung eine ehrenamtliche Stellung, für die Verwaltung mußte ein Oberkreisdirektor eingesetzt werden. Es war Dr. Mawick, der bis zum Kriegsschluß beim Landeskulturamt in Danzig gearbeitet hatte.

Nach der Hektik jener Tage kehrten auch hier wieder Ruhe und Ordnung ein.

Dieser Mann bewahrte Vreden vor weiteren Zerstörungen. Er machte den kampflosen Einmarsch alliierter Truppen in jenen Ostertagen 1945 möglich: Georg Loose

Wie ging es weiter?

Mitte April 1945 befahl Feldmarschall Montgomery: 1. Eroberung Bremens durch das britische 30. Korps. 2. Angriff des kanadischen 2. Korps (im Verband der 1. Kanadischen Armee) auf Ostfriesland und weiter auf die Marinefestungen Emden und Wilhelmshaven.

Die Operationen um Bremen hatten keine kriegsentscheidende Bedeutung. Dieser Meinung waren sowohl die Alliierten als auch die Deutschen. Strategisch wichtig waren dagegen die Aktionen in Ostfriesland/Oldenburg und im Raum Lüneburger Heide. Von ihnen hing es ab, wie lange die deutschen Kräfte noch im Nordraum Widerstand leisten konnten und damit zur Verlängerung des inzwischen für Deutschland völlig sinnlos gewordenen Krieges beitrugen.

Aufgrund dieser Planung sollte die kanadische 4. Panzerdivision aus dem Raum Cloppenburg in nördlicher Richtung auf Oldenburg vorgehen. Ihr rechter Nachbar, die britische 43. Division, hatte die Aufgabe, gegen Delmenhorst zu operieren. Da zwischen den beiden Divisionen im Raum Kirchhatten eine gefährliche Lücke entstand, setzte Montgomery die kanadische 2. Divison dort am 18.–20. April ein.

Damit standen südlich des Küstenkanals und der Hunte drei Divisionen des kanadischen II. Korps: die polnische 1. Panzerdivision an der Ems, die kanadische 4. Panzerdivision im Raum Friesoythe/Edewecht und die kanadische 2. Infanteriedivision im Raum Kirchhatten.

Generalleutnant Simonds, Kommandierender General des kanadischen II. Korps, gab am 20. April detaillierte Pläne für die einzelnen Divisionen heraus: Vorstoß der 2. Division in Richtung Hude-Lemwerder, der 4. Panzerdivision nach Norden über den Küstenkanal, dann einschwenken auf Oldenburg; Umgehung der Stadt bei starkem Widerstand und weiterer Vormarsch zur Weser. Ferner: Verlegung der 3. Division in den Raum Papenburg, um die polnische 1. Panzerdivision eventuell für einen Vorstoß auf Apen–Westerstede–Varel freizumachen.

Auf die Besetzung der ostfriesischen Inseln wurde schließlich verzichtet, so daß die alliierte Offensive gegen Ostfriesland nur aus Landoperationen bestand.

Was geschah auf deutscher Seite?

Die Führung der Abwehr am Küstenkanal und an der Hunte lag bei Generaloberst Kurt Student, Oberbefehlshaber der 1. Fallschirmjägerarmee; für das rückwärtige Gebiet war Admiral Foerste beim Marine-Oberkommando Nordsee in Wilhelmshaven zuständig.

Der bekannte Fallschirmjägergeneral Student wurde am 29. April aber zur Ostfront abkommandiert, um dort die Reste der Heeresgruppe Weichsel zu übernehmen. Sein Nachfolger war General Erich Straube. Er kommandierte von nun an die sogenannte »Armeeabteilung Straube«, der alle Einheiten zwischen Ems und Weser unterstanden. Straubes Gefechtsstand befand sich in Dreibergen am Zwischenahner Meer.

Ihr gehörten das 86. (LXXXVI.) Korps und das 2. (II.) Fallschirmkorps an. Diesen unterstanden die Reste der 490. Division (östlich Oldenburg), die 471. Division (im Raum Hude), die 7. und 8. Fallschirmjägerdivision. Es handelte sich dabei aber nicht um geschlossene Verbände; denn die Korps und Divisionen hatten sich weitgehend in einzelne Kampfgruppen mit unterschiedlichem Kampfwert aufgelöst. Das war auch bei den Marinetruppen der Fall, die beispielsweise am Küstenkanal und an der Leda bei Leer eingesetzt wurden.

An den Schwerpunkten kamen gemischte Kampfgruppen zum Einsatz; im Raum Oldenburg zum Beispiel die Kampfgruppen Lier und Knaust, im Emsland die »Kampfgruppe Buscher« (eine aus versprengten Soldaten bestehende Einheit unter SS-Obersturmführer Buscher).

In den sogenannten Marinefestungen Wilhelmshaven und Emden gab es außer den technischen Dienststellen noch Alarm- und Ersatzbataillone, Marine-Flak und Werfer; der Kampfwert war allerdings gering. Mitte April wurde das Hauptquartier des Marine-Oberkommandos Nordsee, dem alle Marinefestungen unterstanden, nach Glückstadt/Elbe verlegt.

Festungskommandant Kapitän z. S. Walter Mulsow war für die Verteidigung von Wilhelmshaven zuständig, wo es größere, aber nicht fertiggestellte Befestigungsanlagen gab.

Wieviele Soldaten in dieser Phase des Krieges zwischen Weser und Ems standen, läßt sich nicht genau beantworten.

General Straube sprach bei den Kapitulationsverhandlungen mit den Kanadiern am 5. Mai von 30 000

174

Nach dem Kampf um Uelzen rollten die britischen Panzer ein

Mann. Aufgrund der chaotischen Lage hatte er aber keine genaue Übersicht mehr.

Dem Admiral Deutsche Bucht unterstanden etwa 72 500 Mann. Aus diesen Zahlen ist zu vermuten, daß es Ende April etwa 70 000 Soldaten im Abschnitt der Armeeabteilung Straube und beim Admiral Deutsche Bucht gegeben hat; am Kriegsende vermutlich weniger als 60 000.

Danach stießen Vorausabteilungen der »Wüstenrattendivision« nach Masendorf vor

175

Britische Soldaten im April 1945 in Lingen

Auf der Gegenseite geschah folgendes:

Die polnische 1. Panzerdivision stieß westlich der Ems sehr schnell vor und stand bereits am 15. April am Dollart. Dadurch war eins der großen strategischen Ziele erreicht; die Abschneidung Hollands.

Andere Teile der polnischen Division gingen am Ostufer der Ems vor und erreichten am 12. April die Einmündung des Küstenkanals in die Ems. Der Übergang scheiterte zunächst an der deutschen Abwehr.

Die alliierte Luftwaffe trat wieder in Aktion, um die weiteren Operationen der 1. Kanadischen Armee vorzubereiten. Die Leda-Brücke und die Kasernen wurden am 19. April getroffen.

Im heftigen Feuer von deutschen Geschützen und Granatwerfern rasten alliierte Amphibienfahrzeuge über die Ems und den Kanal bei Dörpen. Obwohl die Hälfte der Fahrzeuge vernichtet wurde, gelang der Übergang.

Pioniere eilten herbei, bauten eine Brücke und die Panzer rollten weiter vor.

Am 21. April eroberten die Kanadier nach kurzem Gefecht Papenburg. Panzer und Infanteristen marschierten sofort weiter. Die deutsche Abwehr stoppte sie aber in der Leda-Niederung südlich von Leer.

Verstärkung wurde an die Front geworfen – die kanadische 3. Division. Sie sollte mit Sturmbooten

176

über die Ems und Leda vorstoßen. Die polnische 1. Panzerdivision ging währenddessen nach Westen über Apen, Westerstede in Richtung Varel vor, um die Kanadier im Brückenkopf am Küstenkanal bei Edewecht/Zwischenahn zu unterstützen.

Die kanadische 3. Division sollte ferner bei Leer den Übergang über Niederungen, Sümpfe und die Leda erzwingen.

Am Mittag des 28. April eröffneten Jagdbomber mit Angriffen auf Leer diese örtliche Offensive. Die alliierte Artillerie nahm die Landungszone und die Deiche, hinter denen die deutsche Abwehr lag, unter heftiges Feuer.

Die Sturmboote preschten vor. Zwei von ihnen versanken auf der Ems, 15 Kanadier ertranken.

Die deutschen Kräfte leisteten bei der Landung erbitterten Widerstand. In Leer kämpften sieben Kompanien Marine- und Flaktruppen; Artillerie stand kaum zur Verfügung. Nach einigen Straßen-kämpfen in der Stadt konnten die Angreifer diese am Vormittag des 29. April besetzen.

Der Weg zur Marinefestung Emden war damit frei. Aber die Kanadier hielten sich zurück, um unnötige Verluste zu vermeiden.

Die Kanadier näherten sich auch der Stadt Au-rich. Es kam nach Schwierigkeiten zu Übergabever-handlungen, die aber schließlich am 5. Mai von dem allgemeinen Waffenstillstand überholt wurden.

Die Brückenkopfbildung über den Küstenkanal bei Edewechterdamm kam wegen des sumpfigen Geländes und der zähen deutschen Abwehr (Reste der 7. Fallschirmdivision und ein Marineregiment) nur schwer voran.

Kanadische Infanterie stieß in der Nacht zum 17. April in Booten über den Kanal vor und bildete einen kleinen Brückenkopf.

Die Deutschen traten zu heftigen Gegenangriffen an und brachten die Kanadier in Schwierigkeiten. Die Lage konnte erst zu ihren Gunsten bereinigt werden, als die Pioniere am Morgen des 19. April eine Brücke fertiggestellt hatten und Panzer ans andere Ufer rollten.

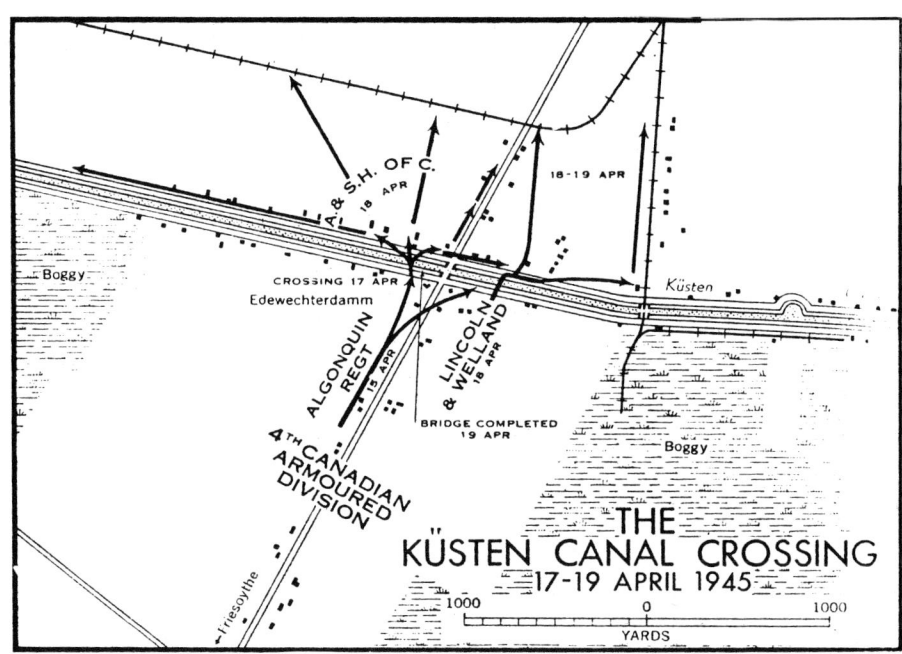

Gefechtsskizze: In der Nacht des 17. April über-querten kanadische Soldaten den Küstenkanal bei Ede-wechterdamm. Gegenan-griffe deutscher Fallschirm-jäger konnten erfolgreich abgewehrt werden

177

In diese Phase des Krieges ragt das eigenartige Schicksal von Friesoythe hinein.

»Wenn die Front naht, flieht nach Pehmertange, dort fällt kein Schuß«, das hatte der alte Friesoyther Stadtschreiber, genannt Vierfuß, prophezeit.

Als sich nun die Kanadier der Stadt näherten, folgten viele Bewohner den Gesichten des Sonderlings; zumal sie auch durch einen Bombenangriff auf Cloppenburg gewarnt worden waren. Sie verluden ihr bewegliches Hab und Gut auf Wagen und Handkarren, um größtenteils in das Moor zu fliehen.

Fallschirmjäger rückten in Friesoythe ein und gingen in Stellung. Die Kanadier stießen aus Richtung Ellerbrock mit Panzern vor, wurden verschiedentlich aufgehalten und zurückgeworfen.

Sie setzten ihre Artillerie ein. Granaten heulten heran und schlugen in Friesoythe ein. Ein Haus nach dem anderen ging in Flammen auf. Die Bevölkerung erlebte diesen Feuerüberfall aus der Ferne mit. Sie sah, wie die Häuser brannten.

Aufgrund der kanadischen Übermacht zogen sich die deutschen Truppen aber schon bald über Campe, Altenoythe und Bösel zurück.

Der Küstenkanal stoppte den Vormarsch der Kanadier abermals. Tagelang tobten die Kämpfe um den Übergang.

Dabei mußten sich die Kanadier nicht nur mit den deutschen Truppen, sondern auch mit einem anderen natürlichen Handicap auseinandersetzen. Die auf Moorgrund gebauten Straßen gaben unter dem tonnenschweren Gewicht der Panzer nach, so daß diese versanken. Die Kanadier verfielen deshalb auf eine ungewöhnliche Maßnahme.

Mit Planierraupen brachten sie die noch intakten Häuser, aber auch Ruinen zum Einsturz. Bagger luden die Trümmer auf Lkw, die sie auf die Straßen von Friesoythe nach Ellerbrock und Edewechterdamm brachten, um dort die Löcher zu füllen. 239 Gebäude wurden total zerstört und 108 schwer

beschädigt. Auch das alte Stadttor mit seinen dicken Mauern fiel dieser Aktion zum Opfer und wanderte als Füllmasse in die Straßen. Nur ein paar Häuser blieben erhalten, da sich in ihnen kanadische Offiziere einquartiert hatten.

Die Kanadier begründeten die Vernichtung der Stadt mit folgender Fabel: Bei ihrem Einmarsch sei einer ihrer hohen Offiziere von der Kirche her hinterrücks erschossen worden.

Das entsprach allerdings nicht der Wahrheit; denn beim Einrücken der Kanadier befand sich kein einziger Zivilist in der Stadt. Außerdem wäre es für die kanadischen Soldaten leicht gewesen, diesen Heckenschützen in der Kirche zu stellen.

Die Bevölkerung kehrte nur zögernd in die dem Erdboden gleichgemachte Stadt zurück. Zehn Männer und Frauen kamen bei den Kampfhandlungen ums Leben. Auf den Weiden war viel Vieh getötet worden.

Die Kanadier durchsuchten das Fluchtgepäck der Einwohner und stahlen Uhren und Schmuck.

Der Chronist berichtet ferner, *»daß Vergewaltigungen an Frauen und jungen Mädchen keine Seltenheit waren.«*

Die Hilfsbereitschaft der Bauern in der Umgebung wird lobend erwähnt, die wochenlang zwischen 50 und 100 Personen auf ihren Höfen Unterkunft und Verpflegung gaben. Dabei wurden sämtliche Vorräte verzehrt.

Die Bewohner begannen sofort mit dem Wiederaufbau, suchten Steine aus den Trümmern, klopften den alten Mörtel ab, fällten Bäume und richteten Ställe, Häuserreste und Baracken als erste Notquartiere her. Aus den Ruinen erhoben sich die ersten Häuser und schließlich die ganze Stadt.

Aufgrund des hartnäckigen deutschen Widerstands erreichten die Kanadier erst am 25. April Edewecht. Von dort aus feuerte ihre Artillerie auf Oldenburg.

Dann begann der Vorstoß gegen Oldenburg, der aber liegenblieb.

178

Karikatur aus einer kanadischen Soldatenzeitung

Am 30. April erreichten die zögernd und vorsichtig vorgehenden Kanadier Bad Zwischenahn und standen am 1. Mai am See.

Der Kommandeur der kanadischen 4. Panzerdivision stellte dem Bürgermeister der Stadt ein Ultimatum: Kapitulation oder Vernichtung! Die Vernunft siegte, und die kampflose Übergabe erfolgte am nächsten Tag. Die letzten deutschen Truppen zogen sich erst jetzt zurück.

Die polnische 1. und kanadische 4. Panzerdivision marschierten zwar in Richtung Varel weiter, aber so langsam und zögernd, daß sie die Stadt vor der

Waffenruhe nicht mehr erreichten. Mit Wilhelmshaven verhielt es sich ähnlich.

Was tat sich bei Oldenburg?

Bis zum letzten Blutstropfen und zur letzten Patrone, auch bei völliger Einschließung, sollte Oldenburg verteidigt werden. Das war die Meinung der NS-Parteigrößen Anfang April.

Am 7. April wurde der gebürtige Oldenburger Oberstleutnant Hans-Heinrich Sander Kampfkommandant. Er stationierte etwa 30 Kompanien und einige Fla-Geschütze im Vorgelände der Stadt. Süd-

179

Engländer in Lingen

lich des Küstenkanals und der Hunte wurde ein Brückenkopf ausgebaut, um das Kampfgeschehen vorerst einmal aus Oldenburg herauszuhalten. Mit dem Bau dieses Sperrgürtels war bereits im Herbst 1944 begonnen worden. Er verlief von Neuenwege über Tweelbäke, Bümmerstede, Tungeln, Hundsmühlen nach Moslesfehn am Küstenkanal südwestlich von Oldenburg. Ihm vorgelagert waren einige Feldstellungen im Raum von Großenkneten/Sage.

Der größte Teil der Bevölkerung war allerdings gegen eine Verteidigung der Stadt und vor allem gegen eine Zerstörung von Brücken, Versorgungseinrichtungen und Industriebetrieben. Ihr standen fanatische militärische Führer mit kampfbereiten Fallschirm- und Marinetruppen, hauptsächlich im Raum am Küstenkanal, gegenüber. Auch die Vorgesetzten des Kampfkommandanten Sander waren

bestrebt, ihre Verteidigungsbefehle durchzuführen. In der Stadt selbst gab es auch noch sogenannte »Durchhalter«; darunter Panzervernichtungstrupps der Hitlerjugend.

General Simonds, Kommandeur des II. Kanadischen Korps, forderte bereits am 14. April 1945 Bomber an, um Oldenburg zu bombardieren. Der Stab der 1. Kanadischen Armee beriet den Vorschlag und gab ihn dann an die Royal Air Force weiter.

Nach einigen Querelen zwischen den Engländern und den Kanadiern, wobei es um schwere oder mittlere Bomber ging und ob überhaupt noch Kasernen bombardiert werden durften, griffen dann am 17. April mittags und nachmittags 60 Bomber vom Typ »Mitchell« (zweimotorig, sechs Mann Besatzung) die Kasernen Oldenburgs an; einen Tag später fand nochmals ein Luftangriff statt. Bombar-

180

diert wurden Viertel westlich der Altstadt, die Kasernen an der Ofener Straße, in Donnerschwee und Kreyenbrück.

Beim letzten Luftangriff am 21. April hagelte es nochmals Bomben auf das Bahnhofs- und Hafenviertel. Dazu ist zu erwähnen, daß für die 80 000 Einwohner nur ein Bunker für etwa 8 000 Personen an der Rosenstraße in der Nähe des Bahnhofs vorhanden war.

Außer Bomben und Granaten schickten die Alliierten noch andere »Grüße« in die Stadt – Flugblätter. »Eure Stunde schlägt«, drohte man auf ihnen und bei Widerstand die Häuser dem Erdboden gleichzumachen. Dadurch wurde aber die Haltung der militärischen Führer nicht beeinflußt, die nach wie vor auf Verteidigung beharrten.

Dagegen bemühten sich andere Männer, wie Oberbürgermeister Dr. Heinrich Rabeling und einige seiner Mitarbeiter, militärische Operationen aus der Stadt fernzuhalten. Sie stießen aber auf Ablehnung.

Dann aber überrundeten die militärischen Ereignisse alle Bemühungen dieser Art. Bereits am 18. April hatte sich die kanadische 2. Division im Raum Großkneten/Sage gesammelt, ging bei Huntlosen und Kirchhatten weiter vor und stieß auf den äußersten oldenburgischen Verteidigungsgürtel.

Es kam zu heftigen und verlustreichen Gefechten mit den sechs Kompanien der Kampfgruppe Lier, die fast zehn Tage dauerten. Doch der deutsche Widerstand brach schließlich am 27. April zusammen. Die 4. und 6. Brigade der kanadischen 2. Division marschierten langsam auf Oldenburg vor und erreichten am 1. Mai den Raum Wardenburg–Tweelbäke.

Die Partei- und Staatsgrößen verließen die Stadt. Am 27. April erschien Gauleiter Wegener nochmals zu einer letzten Dienstbesprechung und ordnete die Verlegung der Gauleitung nach Wilhelmshaven an. Dann kehrte er zum Stab des Großadmirals Dönitz nach Plön zurück.

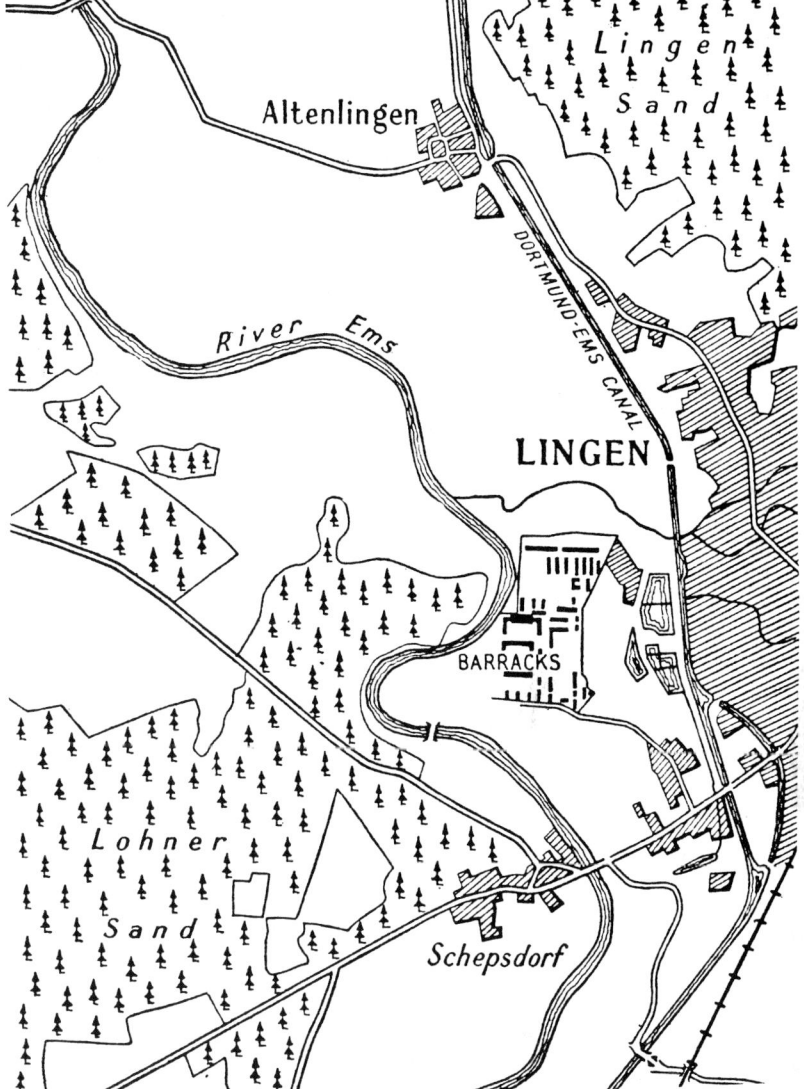

Englische Skizze von Lingen

Als die Kanadier dicht vor Oldenburg standen (1. Mai), sprachen die militärischen Befehlshaber immer noch von Verteidigung. Doch am nächsten Tag erhielten die deutschen Truppen überraschenderweise den Befehl zum Rückzug in den Raum Oldenbrok–Großenmeer–Kleibrok nördlich von Rastede-Nethen. Die kampflose Räumung begann am Abend des 2. Mai und endete am nächsten Morgen.

```
Kanadischer Gefechtsbericht
Tag: 28.April 1945
Reporter: Lieutenant Grant
Ort: Die Ems südlich Emden
Einheit: 3.Canadian Division
Vorgang: Angriff auf Leer

Das Land am Westufer der Ems
wurde von der 8.Brigade ein-
genommen. Die 7.Brigade folg-
te den Polen auf dem Ostufer
und säuberte es bis zum Kanal
südlich Leer und kurz vor der
Stadt.

Heute, am 28.April 1945 um
15.00 Uhr, griff die 9.Bri-
gade den Stützpunkt in Sturm-
booten an. Eineinhalb Meilen
stromaufwärts ging sie in die
Boote, fuhr den Fluß hinunter
und landete an der Kreuzung,
geschützt von den Deichen ent-
lang der Ufer. Die Deiche auf
dieser Seite waren von Cameron
Highlanders aus Ottawa besetzt,
die Feuerschutz gaben. Die
Bofors, 5.5- und 25-Pfünder
hämmerten unaufhörlich auf den
Gegner. Tiefflieger vom Typ
Typhoon und Spitfire unter-
stützten den Angriff.
```

Leer: Kanadischer Gefechtsbericht vom 28. April 1945

Am Nachmittag des 2. Mai erschienen die ersten
Kanadier von Wüstung und Osternburg her, sickerten in die Stadt ein und wunderten sich, daß ihnen
keine Abwehr entgegenschlug.

Nun kam es zu letzten Operationen.

Im Raum Delmenhorst–Hude gingen die alliierten
Kräfte ebenfalls nur zögernd und vorsichtig vor, um
Verluste zu vermeiden. Auf deutscher Seite standen
Reste der 471. Division; das Regiment Wiele und die
Brigade Stephan waren für die Sperrung der Reichs-

straße nach Oldenburg zuständig; im Raum Book-
holzberg stand das Regiment 857; überall aber gab
es noch kleine zersplitterte Gruppen der Marine,
Waffen-SS, Luftwaffe und Flak, deren Kampfwert
gering war.

Delmenhorst fiel am 20. April. Danach legten die
alliierten Kräfte eine Pause ein. Erst am 26. April
führten die kanadische 5. Infanteriebrigade, das
8. Aufklärungsregiment und die britische 3. Division weitere Operationen durch. Ihr Kampfauftrag:
Säuberung des Raumes westlich der Weser bis etwa
zur Einmündung der Hunte. Die Einheiten gingen
wieder sehr vorsichtig und zögernd vor, so daß
keine wesentlichen Erfolge erzielt wurden.

Dagegen führte das Vorgehen der kanadischen
5. Brigade von Ganderkesee in Richtung Hude teil-

Munderloh: Kanadischer Gefechtsbericht vom 29. April 1945

```
Kanadischer Gefechtsbericht
Tag: 29.April 1945
Reporter: Lt.Guravitch
Ort: Munderloh bei Oldenburg
Einheit: Fusiliers Mont Royal
Vorgang: Angriff auf Munderloh

Diese Kampfaufgabe wurde von
Infanteristen mit Panzerunter-
stützung durchgeführt. Der
Gegner hielt die Gebäude von
Munderloh. Die Fusiliers Mont
Royal, unterstützt von je zwei
Einheiten der Fort Garry
Horses und Panzern, darunter
"Crocodiles" (Flammpanzer),
bekamen die Aufgabe, das Dorf
zu säubern. Die Infanterie
ging bis auf Gefechtsnähe an
den Ort vor. Die Panzer und
"Crocodiles" bezogen Stellung.
Die normalen Panzer feuerten so
wirkungsvoll, so daß die Flamm-
panzer nicht mehr eingesetzt
wurden.
```

182

weise zu heftigen Gefechten, bei denen es 130 Tote und Verwundete bei den Kanadiern gab. Am 26. April abends erreichten sie den Bahndamm bei Schierbrook-Bookholzberg, überstanden einen deutschen Gegenstoß und brauchten noch zwei Tage, um den Raum Hude zu säubern. Noch aufflackernder Widerstand wurde durch Panzer und Flammpanzer gebrochen.

Während der nächsten Tage stießen noch kanadische Spähtrupps in die von deutschen Truppen geräumte Stedinger Marsch vor; besetzt wurde sie aber nicht, da von der Lesumer Geest deutsche Artillerie feuerte und Verluste hätte anrichten können.

Interessanterweise kam es in einigen Orten und Gebieten Ostfrieslands und Oldenburgs in diesen hektischen Tagen zu Unruhen unter der Bevölkerung. Man forderte die sofortige Einstellung der Kampfhandlungen.

Als Hitlers Tod und die Kapitulation Hamburgs bekannt wurden, mehrten sich die offenen Forderungen der Bevölkerung, den Krieg sofort einzustellen.

In Wilhelmshaven führten Volkssturmmänner die Befehle nicht mehr aus, Straßensperren wurden geöffnet und der Kreisleiter soll dort an den Admiral Deutsche Bucht in Cuxhaven durchgegeben haben, daß die Stadt morgen (4. Mai) kampflos übergeben würde.

Der Regierungspräsident von Aurich unterrichtete den stellvertretenden Reichsverteidigungskommissar, Dr. Fischer, von der »bedenklich feindlichen Haltung« der Bevölkerung in den Kreisen Aurich, Norden und Emden. Nur ein baldiger Waffenstillstand könne eine offene Unruhe verhindern.

Überall verlangte die Bevölkerung von den Bürgermeistern, Kreisleitern und militärischen Kommandeuren, sich für einen Waffenstillstand oder eine Kapitulation einzusetzen.

Als Hamburg am 3. Mai zur offenen Stadt erklärt wurde, verlangte Oberbürgermeister Renken von

BÜRGER VON OLDENBURG!

Der zweite Weltkrieg geht mit Riesenschritten seinem Ende entgegen. Die alliierten Heere haben mehr als die Hälfte des deutschen Reiches besetzt. BERLIN ist eingeschlossen und der grössere Teil der Stadt von den Russen erobert. BREMEN ist gefallen und die russischen und amerikanischen Armeen haben sich bei DRESDEN die Hand gereicht.

Während 5 Jahren dieses von Deutschland verschuldeten Krieges ist Eure Stadt von der Verwüstung schwerster Luftangriffe verschont geblieben.

EURE STUNDE SCHLÄGT!

Ein gewaltiges Heer steht vor den Toren der Stadt. Luftgeschwader erwarten den Befehl zum Angriff. Bald werden die siegreichen Divisionen der Vereinigten Nationen in Eurer Stadt sein.

Sollen sie in eine vom Krieg verschonte Stadt, oder in einen Trümmerhaufen einziehen, unter dem die Leichen von Soldaten und Bürgern begraben liegen?

ES KOMMT AUF EUCH AN!

Wenn OLDENBURG Widerstand leistet werden eure Häuser dem Erdboden gleichgemacht. Alle Waffen des totalen Krieges werden gegen die Stadt eingesetzt werden. Widerstand wird mit Feuer und Stahl gebrochen werden — nicht mit dem Blute unserer Soldaten.

IHR HABT DIE WAHL!

Wenn Ihr Euch und Eurer Stadt das Leben erhalten wollt so seht zu, dass Eure Soldaten und Matrosen die Waffen niederlegen und sich ergeben ehe die Stadt flachgelegt wird.

Wenn Widerstand geleistet wird, überlegt es Euch gründlich, bevor Ihr daran teilnehmt. Für bewaffnete Zivilpersonen und Ihr Eigentum gibt es keine Gnade.

EUER SCHICKSAL IST BESIEGELT
EUER LEBEN STEHT AUF DEM SPIEL

AEG 66

Mit diesem Flugblatt drohte Oldenburg eine Katastrophe

Emden dasselbe für seine Stadt. Der Kampfkommandant ließ ihn verhaften. Durch Intervention von Dr. Fischer beim Seekommandanten Ostfriesland kam es aber kurz darauf zur Freilassung.

In Aurich, Emden und Jever demonstrierten Tausende. In Jever warf man den Kreisleiter zu Boden und nahm ihm seine Pistole ab. In Norden schlug

183

```
Kanadischer Gefechtsbericht
Tag: 3.Mai 1945
Reporter: Lt. Guravitch
Ort: Oldenburg
Einheit: 2.Canadian Division
Vorgang: Einnahme von Oldenburg

Es gab keinen Kampf um Oldenburg;
denn die Stadt ergab sich, nach-
dem sich unsere Truppen durch die
Außenbezirke vorgekämpft hatten.
Es gab zwar einige Geplänkel bei
der Annäherung an die Stadt, aber
im Ganzen gesehen war es eine
leichte Operation.
```

man den von Papenburg geflüchteten Kreisleiter und jagte ihn weg.

In Aurich warfen Soldaten ihre Waffen weg, öffneten Panzersperren, entfernten Sprengladungen aus Brücken und Straßen. Dort vereinbarte man schließlich einen örtlichen Waffenstillstand mit den Kanadiern.

In Emden rieten der Kreisleiter und Oberbürgermeister den aufgebrachten Menschen Geduld zu haben, da sich ja die Gesamtkapitulation abzeichnete.

Englische Artillerie rollt durch Diepholz vor

Der Bürgermeister und drei Parlamentäre gingen von Syke am 8. April 1945 mit einem weißen Laken zu den Engländern in Heiligenfelde

184

Aus diesem Grund beruhigten sich die Menschen auch an anderen Orten. Außerdem bemerkten sie, daß die Kanadier ihren Vormarsch einstellten und gegen größere Städte nichts mehr unternahmen.

Am 5. Mai, um 08.00 Uhr, trat der im Hauptquartier von Feldmarschall Montgomery unterzeichnete Waffenstillstand auch zwischen Weser und Ems in Kraft.

An diesem Tag trafen sich General Straube und der Kommandierende General des kanadischen II. Korps, Simonds, im Bürgermeisteramt von Bad Zwischenahn, um über die Entwaffnung der deutschen Truppen zu verhandeln. Danach wurden überall die deutschen Truppen ohne Zwischenfälle und Schwierigkeiten entwaffnet. Zu Auseinandersetzungen kam es nur mit plündernden Fremdarbeitern.

Am 7. Mai erhielt General Straube im Gebäude des Staatsministeriums in Oldenburg von der kanadischen 2. Division Anweisungen über die Entwaffnung und Übergabe von Wehrmachtslagern. Auf die Kanadier machten die deutschen Offiziere den Eindruck einer »Direktorengruppe, die ihr Unternehmen liquidierte.«

Wie ging es an anderen Abschnitten weiter?

»Wir blickten über eine trübe Wasserfläche. Jenseits von ihr lag Bremen«, das berichtete ein britischer Soldat der 3. Infanteriedivision, die am 21. April 1945 südlich von Bremen die große künstlich hervorgerufene Überschwemmungszone zwischen Wartum und Dreye und damit auch ihre Ausgangsstellung zum Sturm auf die Stadt erreichte.

»Wir starrten durch das Fernglas, entdeckten aber kein Lebewesen außer ein paar schwarz-weiß gescheckten Kühen. Zwischen den Bäumen waren ein paar rote Häuserdächer von Kattenturm zu sehen. Alles sah friedlich aus; nur der Scheinflughafen erinnerte uns daran, daß Krieg war.«

Die »Highway Decorators« (frei übersetzt: Straßenmaler) waren ebenfalls auf ihrem Marsch nach Nordosten mit Hauptrichtung Bremen und Delmenhorst an ihrem Ziel angekommen. Es handelte sich um die schottische 51. High Land-Division (Hochlanddivision), die überall an den von ihnen eroberten Brücken, in Städten und Dörfern ihr rotes Divisionszeichen (HD) hinterließen und dadurch ihren Spitznamen erhalten hatten.

Auf der rechten Weserseite rückten die 52. Lowland-Division und die 43. Wessex-Division heran. Die genannten Einheiten bildeten das etwa 100 000 Mann starke 30. Korps, das General Horrocks befehligte. Im Rahmen der 21. Armeegruppe unterstand es Feldmarschall Montgomery, der zuerst Bremen nehmen wollte, bevor er seine Soldaten über die Elbe schickte.

Der Angriffsplan für Bremen sah folgendermaßen aus: Die 52. Division lag an der Weser in der Nähe von Verden und sollte entlang des Ostufers vorgehen. Dabei wurde die 43. Division als Reserve bereitgehalten, um im Falle eines deutschen Gegenangriffs einzugreifen. Die bereits erwähnte britische 3. Division bekam den Auftrag, Bremen auf dem linken Weserufer anzugreifen. Aufgabe der 51. High Land-Division: Durchführung eines Scheinangriffes aus dem Raum Delmenhorst, um die deutsche militärische Führung in Bremen (Kampfkommandant General der Infanterie Becker) irrezuführen. Die Stadt sollte also regelrecht in die Zange genommen werden.

Während die Angriffstruppen in die Ausgangsstellungen einsickerten, schlug die Royal Air Force wieder einmal zu.

22. April 1945, 17.30 Uhr.

Die Luftschutzsirenen gaben Vollwarnung und heulten damit zum letztenmal in der Stadt.

Etwa 400 bis 500 britische Bomber, darunter viermotorige vom Typ »Stirling« und »Halifax«, dröhnten heran.

Um 18.15 Uhr lösten die RAF-Bombenschützen ihre Sprenglasten in einer Höhe von 4 500 und 5 500

Feldmarschall Montgomery (links) und sein General Horrocks, der mit seinen Soldaten Bremen besetzen sollte

Metern über den östlichen Vororten aus. 400 bis 500 Tonnen Bomben prasselten auf die bereits mehrmals angegriffene Stadt herab. Die meisten von ihnen fielen glücklicherweise auf freies Feld, Weiden und Wiesen, vor allem bei Arsten und Habenhausen.

Aber trotzdem richteten sie noch große Schäden an. Schwer getroffen wurden das Kraftwerk in Hastedt, die Borgward- und Hansa-Lloyd-Werke, die Seifenfabrik Ketels, Am Rosenberg, das Straßen-

Kurz vor dem Sturm. Skizze von der Aufstellung britischer Einheiten

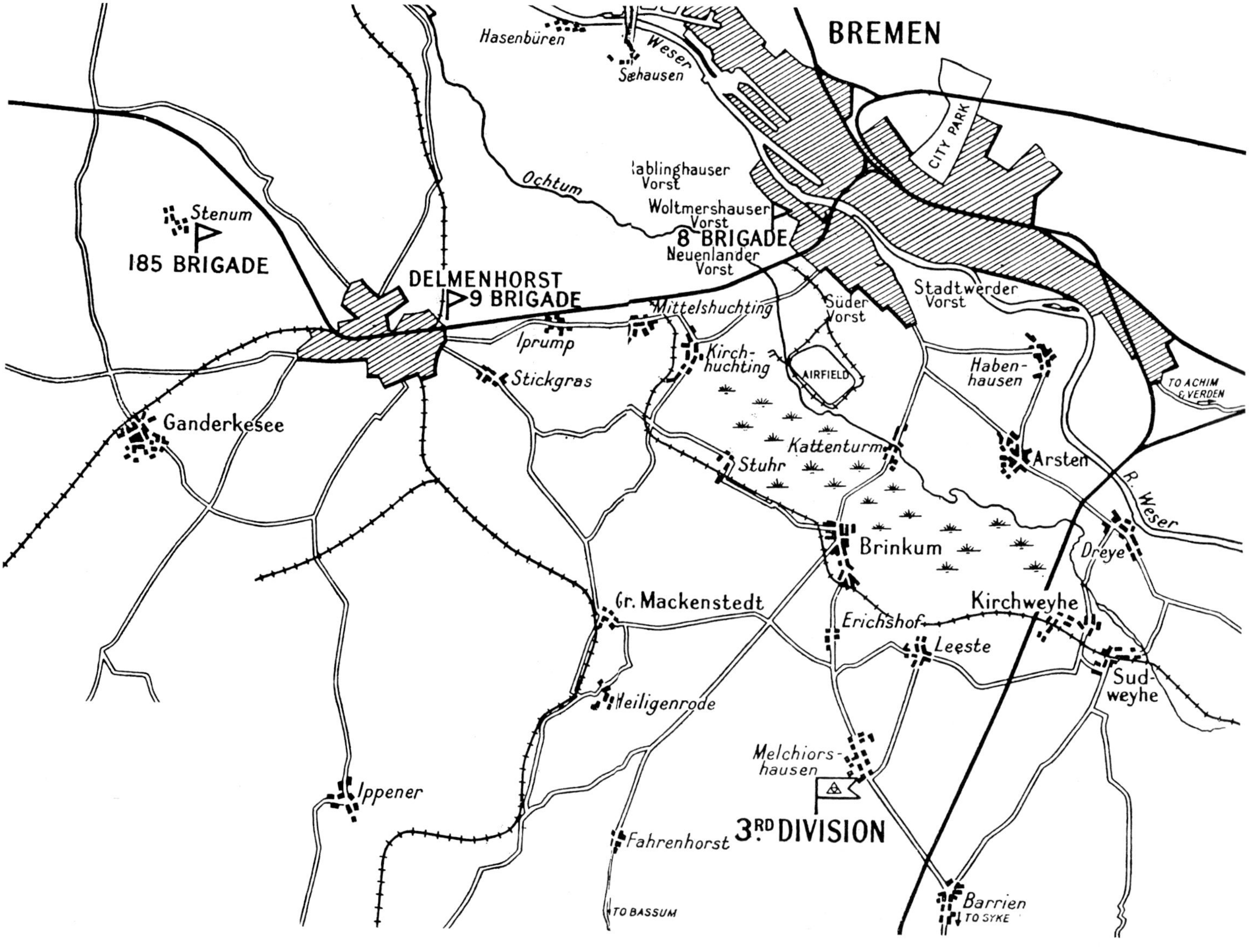

Feuer frei auf Bremen!

Flak im Raum Kirchweyhe

Engländer passieren das von zwei Kugeln durchschossene Stadtschild

187

Zerstörung, Brand und Rauch auf dem Vormarschweg der »Tommys«

Auf dem Gelände der Hukkelrieder Kaserne

Der letzte Sturm. Bahnhofskampf in Neustadt

188

Vormarsch der Engländer in den Trümmern der Focke-Wulf-Werke

Die Lloydstraße damals

Geduckt gingen die Engländer auf dem Bahnhofsgelände Neustadt vor

189

bahndepot an der Hohwisch und das Weserwehr. Durch die schwere Beschädigung des zuletzt genannten Objektes sank der Wasserspiegel ab, und die für die Verteidigung der Stadt sehr wichtigen Überschwemmungen konnten nicht mehr mit Wasser versorgt werden. Deshalb schloß man die Siele oberhalb des Wehres.

Außerdem wurden 266 Häuser zerstört, 212 schwer beschädigt und 180 Menschen getötet, davon 26 im Bunker an der Föhrenstraße und 20 im Bunker Steubenstraße.

Die vor der Stadt stehenden britischen Soldaten beobachteten den Luftangriff. Einer von ihnen berichtete darüber: »Die Erde zitterte unter den Füßen. Aus der Stadt sprangen hohe Säulen und Fontänen aus Staub und Mauerwerk.«

Im Lagebericht des NS-Kreisleiters Schümann um 20.30 Uhr hieß es: »Der erneute Angriff auf Bremen war sehr schwer.« Ferner: »Er (der Bombenangriff) hatte, wie viele angenommen haben mögen, mit der taktischen Zusammenarbeit der operierenden Feindkräfte vor Bremen nichts zu tun.« Es seien auch »noch weitere Teile und Städte unseres Gaues« bombardiert worden. Das war nur eine Beruhigungsspritze für die Bevölkerung; denn in Wirklichkeit waren dieses und die noch folgenden Bombardements eine Vorbereitung für den Angriff der Landstreitkräfte.

Die Strom- und Wasserversorgung fielen völlig aus. In den Bunkern mußten die Entlüftungsanlagen mit Handkurbeln betätigt werden; die Spülklosetts funktionierten nicht mehr. Da es zu gefährlich war, von außerhalb der Schutzräume Wasser zu holen, entwickelten sich unbeschreibliche Zustände. Mit ihnen mußten die Bunkerinsassen in den nächsten Tagen, bis etwa zum 26./27. April, leben. Nur bei Kampfpausen verließen einige die Bunker, um Verpflegung und Wasser zu holen.

In der Nacht zum 23. April gab es bereits wieder Fliegeralarm. Da die Sirenen ausgefallen waren, feuerte die Flak ein paar Warnschüsse. Auch in den

nächsten Tagen war die Stadt immer wieder Ziel feindlicher Luftangriffe.

Die Bomben und das nun auch einsetzende Artilleriefeuer zwangen die Bewohner Tag und Nacht in den Schutz der Bunker.

Unter welchen fürchterlichen Verhältnissen die Menschen damals leben mußten, schilderte ein Augenzeuge (Fritz Peters):

»Der Aufenthalt in den Bunkern ist im Laufe der Tage und Nächte zu einer Unerträglichkeit geworden. Die Kabinen, Flure und Treppen sind von Menschen besetzt. Soweit es möglich ist, hat sich jeder ein Plätzchen als Lagerstatt eingerichtet. Da die Stromversorgung aufgehört hat, ist eine Notbeleuchtung (Petroleumlampen, geschlossene Laternen) an die Stelle des elektrischen Lichts getreten. Die Zusammenballung der Menschenmassen bringt es mit sich, daß durch den Sauerstoffverbrauch offenes Licht verlischt.«

Viele alte und kranke Menschen blieben schutzlos in ihren Wohnungen, da sie nicht mehr in die Bunker gehen oder deren Luft nicht vertragen konnten.

Auch das anwachsende feindliche Artilleriefeuer machte der Bevölkerung schwer zu schaffen. Um die Stadt sollen 400 Geschütze gestanden haben, die zur Vorbereitung des Hauptangriffs 200 000 Granaten verfeuerten. Etwa 140 Einwohner fielen ihnen zum Opfer.

Wie sah es beim Gegner aus?

Nachdem britische Spähtrupps die Gegend erkundet und sich von Überläufern weitere Informationen über die Situation auf der deutschen Seite verschafft hatten, traten in der Nacht zum 25. April 1945 Einheiten der britischen 3. Infanteriedivision – im Ersten Weltkrieg hatte sie die Bezeichnung »Eiserne Division« erhalten – zum Angriff an.

Zuerst hämmerten die Geschütze. Dann ging Infanterie, unterstützt von Panzern und Sturmgeschützen, auf den beiden Straßen von Kirchweyhe nach Dreye vor.

190

Deutscher Widerstand schlug ihnen bei der Ziegelei am Ortsausgang Richtung Ahausen entgegen, der durch »Crocodiles« (Flammpanzer) und Granatwerfer gebrochen wurde. Am Bahndamm kam es in der Dunkelheit zu Nahkämpfen. Doch schließlich mußten in Dreye 200 deutsche Soldaten die Hände heben.

Mit Schwimmpanzern setzten die Engländer ihr 2. Bataillon des Royal Warwickshire Regiments über das überschwemmte Gebiet. Gegen 04.00 Uhr wurde Arsten besetzt.

Um Mitternacht sprangen die Motoren von 47 Schwimmpanzern an, die mit Soldaten der 9. Brigade bei Mondlicht durch die Überschwemmungszone nach Norden fuhren und am Ochtumdeich landeten. Dort kämpften sie schwachen deutschen Widerstand nieder und eroberten zwei Flageschütze. Sie richteten die Kanonen auf Arsten und verfeuerten die Restmunition.

Hinter den Voraustruppen gingen britische Pioniere an die Arbeit. In gepanzerten Räumfahrzeugen rollten sie von Brinkum in Richtung Kattenturm, beseitigten die erste Straßensperre und machten eine beschädigte kleine Brücke wieder mit einer Bailey-Konstruktion benutzbar.

Ein Stoßtrupp nahm die Ochtumbrücke bei Kattenturm im Handstreich. Die Deutschen waren so überrascht worden, daß sie die Sprengladungen nicht mehr zünden konnten.

Im Morgengrauen gingen Teile der »Eisernen« weiter in Richtung Neustadt vor.

Die Huckelrieder Kasernen waren durch Bomben und Artilleriefeuer schwer beschädigt, so daß die Engländer sie für feindfrei hielten. Doch das war ein Irrtum. Dort kam es zu heftigen Gefechten. Eine deutsche Kampfgruppe trat sogar zum Gegenstoß an und brachte die Engländer in eine gefährliche Situation. Panzer rollten vor, bereinigten die Lage und zwangen die Deutschen zum Rückzug.

Das 2. Bataillon des Lincolnshire Regiments war inzwischen auf der Neuenlander Straße vorgestoßen und erreichte am Mittag den Flugplatz und die Focke-Wulf-Werke; auch dort kam es zu einem Gefecht.

Trotzdem aber erreichten die Angreifer an diesem Frontabschnitt gegen Abend etwa die Kreuzung Neuenlander Straße mit der (jetzigen) Friedrich-Ebert-Straße.

Für den nächsten Tag (26. April) stand die weitere Besetzung der Neustadt auf dem Programm der Engländer. Am Morgen stieß das 1. Bataillon des South Lancashire Regiments nach Nordwesten zur Oldenburger Bahn vor und besetzte das Gaswerk.

Das 2. Bataillon des Warwickshire Regiments marschierte ab 05.30 Uhr mit Panzern und Flammpanzern durch die Neustadt.

Ein englischer Soldat berichtete darüber: »Anfangs waren die Straßen eigenartig still. Weder deutsche Soldaten noch Zivilisten waren zu sehen. Dann tauchten einige Einwohner aus den Luftschutzkellern auf. Andere folgten. Es bildeten sich kleine Gruppen, die die britischen Soldaten beobachteten, wie sie über die mit Trümmern bedeckten Straßen gingen.«

Am Neustadtsbahnhof stießen die Engländer auf deutsche Abwehr, die aber durch Flammenwerfereinsatz gebrochen werden konnte. Dort wie auch bei der Besetzung des Hohentorviertels wurden Gefangene gemacht.

Weitere britische Truppen gingen im Raum nordwestlich von Woltmershausen vor. Dort lagen verhältnismäßig viele deutsche Soldaten, darunter die Reste des zwischen Kirchweyhe und Huchting vernichteten 18. SS-Panzergrenadier-Ersatz- und Ausbildungsbataillons, Reichsarbeitsdienst, Flak- und Marineeinheiten. Diese Massierung war auf die Lagebeurteilung des deutschen Kampfkommandanten zurückzuführen, der einen Angriff aus dem Raum Delmenhorst erwartete. Trotzdem kam es nicht zu nennenswerten Gefechten; denn die nach Südwesten angelegten deutschen Stellungen wurden von Osten her aufgerollt.

191

Einen Tag später hatte die britische 3. Infanteriedivision ihren Kampfauftrag erfüllt und den Raum südlich der Weser besetzt.

Wie ging es rechts der Weser weiter?

Gleichzeitig mit den eben geschilderten Vorgängen verliefen die Operationen der britischen 52. und 43. Division auf der Altstadtseite. Teile der 52. Division erreichten am Abend des 23. April die Eisenbahnlinie in Mahndorf, Oyterdamm und die Wünne bei Sagehorn.

Von Mahndorf aus richtete sich der Hauptstoß der 52. Division am Nachmittag des 24. April gegen Arbergen; an der Spitze marschierte das 6. Bataillon der Highland Light Infantery. Nennenswerte Gefechte fanden nicht statt; die deutsche Infanterie zog sich sogar unter Artilleriefeuer kampflos aus Arbergen zurück.

In der darauffolgenden Nacht stieß das 1. Bataillon der Glasgow Highlanders mit Panzern vor, um die Focke-Wulf-Werke in der Ludwigstraße in Hemelingen zu nehmen. Die deutsche Abwehr schoß dabei zwei britische Panzer mit Panzerfäusten ab.

Am Reichsbahnausbesserungswerk Hemelingen kamen etwa 100 mit Handfeuerwaffen und Panzerfäusten ausgerüstete Jugendliche einer »Fliegertechnischen Vorschule«, die den Focke-Wulf-Werken angegliedert war, zum Einsatz. Im Artilleriefeuer und dem Gefecht mit den Glasgow Highlanders wurden fünf Schüler getötet und viele verwundet.

Am 25. April um 04.30 Uhr stießen die Engländer aus Hemelingen weiter gegen Bremen vor. Nördlich davon erweiterten sie den Einbruchsraum über die Autobahn bis zum Friedhof Osterholz. Bei diesem und weiteren Vormärschen kam es kaum noch zu Kämpfen.

Am Abend des 25. April sickerten britische Truppen in das Postamt 5 ein. Sie durchsuchten es, nahmen uniformierte Männer des Postschutzes gefangen und richteten ihren Gefechtsstand ein. Dort

lagen nun Tausende von Paketen ohne Bewachung herum. Sie wurden von Fremdarbeitern geplündert.

Ein britischer Spähtrupp entdeckte den Tiefbunker auf dem Bahnhofsplatz, in dem sich etwa 1 500 Personen aufhielten. Im Gefechtsbericht des 4. Bataillons der King's Own Scottish Borderers steht darüber: »*Der Gestank war so stark, daß er (gemeint war ein britischer Offizier) sich nach kurzer Inspektion schnell zurückzog. Der Geruch in diesem und anderen Bunkern, die durchsucht werden mußten, war eins der größten Übel während des Aufenthalts in Bremen.*«

Den dritten Stoßkeil im Kampf um Bremen bildete die britische 43. Division, die von ihrer Ausgangsstellung an der Autobahn bei Oyten und in Achim antrat. Es kam zwar zu einigen Gefechten mit deutschen Kräften, aber trotzdem ging der Vormarsch der Engländer zügig voran.

Das 4. Bataillon des Wiltshire Regiments rückte von Oberneuland auf der Oberneulander und Leher Heerstraße vor, fuhr nach kurzer Gefechtstätigkeit mit Panzern durch Schwachhausen. Am Abend kam eine Kompanie auf dem Schwachhauser Ring an den Bürgerpark heran und nahm eine Bunker- und Barackenanlage unter Feuer. Die Engländer ahnten zu dem Zeitpunkt noch nicht, daß vor ihnen der Gefechtsstand des deutschen Kampfkommandanten lag. Ein britischer Spähtrupp drang später an der Nordwestecke des Bürgerparks in den Park ein.

Im Abschnitt »Stern« kam es in den Abendstunden des 26. April noch zu heftigen Gefechten. Deutsche Truppen hatten sich in den Häusern versteckt. Panzer rollten vor, Flammenwerfer kamen zum Einsatz. Viele Villen brannten.

Um etwa 22.00 Uhr hatten die Engländer den »Stern« samt näherer Umgebung besetzt.

Fast zur gleichen Zeit erreichten andere britische Truppen den Bunker gegenüber der Benquestraße, den Gefechtsstand des Wehrmachtskommandanten, Generalmajor Siber, der sich sofort mit seinem Stab ergab.

192

Der britische General Horrocks (zweiter von rechts) bei einer Lagebesprechung im Europahafen

Bei Bremervörde diktierte Horrocks (rechts sitzend) die Waffenstillstandsbedingungen für das deutsche Korps Ems

Raus aus den vermieften Bunkern! Das war die Parole nach der Besetzung der Stadt (Kornstraße-Huckelriede)

193

Ein britischer Offizier berichtete über diesen Vorgang: »*Ich half den Soldaten bei der Einziehung der Schußwaffen und Zeiss-Ferngläser. Es waren etwa 30 Offiziere in dem Bunker. In den Gängen des Bunkers drängten sich einfache Soldaten und einige Zivilisten.*«

»*Infanterieangriffe abgeschlagen, habe keine Munition mehr. Halte mit letzten Teilen. Es lebe der Führer.*« Diesen Funkspruch ließ der Bremer Stadtkommandant am Abend des 25. April 1945 an das ihm vorgesetzte Korps Ems absetzen. Eine im Grunde genommen falsche Meldung; denn die Engländer waren zu diesem Zeitpunkt bereits in der Neustadt bis etwa zur heutigen Friedrich-Ebert-Straße vorgestoßen; in der östlichen Vorstadt hatten sie die Linie Dobben-Sielwall erreicht; Oberneuland war fast ganz besetzt. Widerstand gab es so gut wie gar nicht mehr und von abgeschlagenen Infanterieangriffen konnte überhaupt nicht mehr die Rede sein.

Es bestehen ferner auch noch weitere Widersprüche über die letzten Vorkommnisse in General Beckers Hauptquartier. Es befand sich, wie schon erwähnt, im Bunker der 8. Flakdivision gegenüber der Emmastraße. Es waren also zwei Stäbe in dem Bunker untergebracht.

General Becker war nur schlecht über die wirkliche militärische Lage informiert. Trotzdem gab er viele Befehle an die ihm unterstellten Einheiten durch, bis diese von den Engländern überrollt wurden. Auch mit dem vorgesetzten Korps Ems wurde Verbindung gehalten. Aus den Lagemeldungen geht hervor, daß in Bremen zäher Widerstand geleistet wurde.

Am Abend des 26. April erreichte das 4. Bataillon des Wiltshire Regiments die Parkallee und den Nordteil des Bürgerparks. Wegen der Dunkelheit verschoben die Engländer weitere Aktionen auf den Morgen des nächsten Tages.

Währenddessen spielte sich im Bunker folgendes ab: Oberst Ernst Müller, Kommandeur der Flak-

gruppe Süd, riet zur Kapitulation. General Becker lehnte den Vorschlag ab, befahl aber, die Lage vor dem Bunker zu erkunden.

Der Adjutant des Flakkommandeurs und zwei Flaksoldaten gingen nach draußen. Als sie britische Infanterie sahen, kehrten sie schnell in den Bunker zurück.

General Becker war aber jetzt immer noch nicht zur Kapitulation bereit, so daß einige Offiziere daran dachten, ihn »umzulegen«.

Dann aber versuchte man es nochmals, ihn mit Worten – in Hinsicht auf die aussichtslose Lage – umzustimmen.

General Becker traf aber auch jetzt keine endgültige Entscheidung; vermutlich befürchtete er, vor ein Standgericht gestellt zu werden.

Oberst Müller schlug daraufhin vor, einen Unterhändler zu den Engländern zu schicken. Auch darauf ging General Becker nicht ein.

Schließlich begaben sich aber ein Major der Infanterie und ein britischer Kriegsgefangener nach draußen und nahmen Kontakt mit den Besatzungstruppen auf.

Danach betrat Major Pope, Kompanieführer im Wiltshire Regiment, den Bunker und fand im großen Kommandoraum General Becker und mehrere Stabsangehörige vor, die gefangengenommen wurden.

Damit war der letzte Stützpunkt in Bremen gefallen.

Der britische Vormarsch an dieser Front endete schließlich an der Lesum.

An diesem Tag (27. April) besetzten die Engländer auch die Hafenanlagen und das Niedervieland, ohne auf nennenswerten Widerstand zu stoßen.

Vor dem Einmarsch der Alliierten gab es bereits Befehle, die Hafenbecken zu verminen und zu verblocken, die Verladeeinrichtungen und Schleusen zu lähmen.

Dr. Bernhard Platz (Präsident der Verwaltung

Luftaufnahme der Royal Air Force vom April 1945

Ein deutscher Offizier mit Ritterkreuz (links) bespricht mit einem britischen Offizier (Mitte) den Einmarsch alliierter Teilkräfte in Bremerhaven

Englische Militärfahrzeuge in Bremerhaven

195

für Häfen, Schiffahrt und Verkehr) nahm aus diesem Grund Verbindung mit Kapitän z. S. Schottky (Leiter der Kriegsmarinedienststelle) auf, um die Zerstörungen zu verhindern.

Schottky lehnte die Einwände ab und berief sich auf die bestehenden Befehle. Er soll aber schließlich nur eine Lähmung der in Frage kommenden Objekte zugestanden haben. Die Wirklichkeit sah dann doch anders aus.

Am 23. April, um 24.00 Uhr, meldete die Kriegsmarinedienststelle Bremen fernschriftlich an die Seekriegsleitung, daß die Bremer Häfen und die Weser abwärts bis Vegesack mit Minen verseucht worden und die vorgesehenen Lähmungs- und Zerstörungsmaßnahmen im Gange seien. Zwei Tage später meldete Kapitän z. S. Schottky die Beendigung folgender Arbeiten: Abfuhr der meisten schwimmfähigen Schiffe, drei großer Schwimmkräne und eines 3 500-t-Schwimmdock. In der Einfahrt der Getreideverkehrsanlage war der Dampfer »Uran« versenkt worden. Verminung der Hafenbecken; ausgenommen den Holzhafen zwischen Getreideverkehrsanlage und Rolandsmühle. Schließung der Schleuse zum Industriehafen und Zerstörung der Antriebsanlage. Versenkung eines Kahns und Schwimmkrans vor der Außen- und Inneneinfahrt. Zerstörung von 16 U-Booten (Typ XXI, damals der modernste U-Boot-Typ) in der AG »We-

Hamburg: Luftaufnahme eines Bombers der Royal Air Force vom 9. April 1945. Bei dem Angriff wurden schwerste Bomben von 120 und 220 Zentnern abgeworfen

Bremen baut auf
Kriegsverbrecher-Familien eingeschränkt - Der Wille zum Arbeiten - Eine Frage des Transports

BREMEN. — Senator Theil, Senator für das Bauwesen, gibt in einem Artikel in dem „Weser Bote" seinen Stand zu der Frage des Wiederaufbaues in Bremen.

Ganze Stadtteile vernichtet

„Unsere Stadt hat durch den Krieg schwer gelitten. Überall liegen Schutthaufen und Trümmer. Ganze Stadtteile wurden vollständig vernichtet, daß an ihren Wiederaufbau in der alten Form nicht gedacht werden kann. Viele Fabriken, Handelshäuser und Wohngebäude wurden zerstört. Die meisten Schulen wurden vernichtet. Das Gaswerk, das Elektrizitätswerk und das Wasserwerk wurden für lange Zeit unbrauchbar bzw. reparaturbedürftig. Der wahnsinnigen Verteidigung zum letzten sind auch noch die Brücken und eine Anzahl der wichtigsten Lebensmittelversorgungsbetriebe, z. B. die Konsumgenossenschaft, zum Opfer gefallen. Nicht weniger als 49 500 Wohnungen sind völlig zerstört oder so schwer beschädigt, daß an ihre Wiederherstellung nicht gedacht werden kann. Weitere 15 500 Wohnungen sind zwar wieder herstellbar, aber durch die Kriegshandlungen so stark in Mitleidenschaft gezogen, daß sie zur Zeit unbewohnbar sind. D. h. also, daß der Bremer Bevölkerung rund 65 000 Wohnungen nicht mehr zur Verfügung stehen. Das sind ungefähr 55 Prozent des Wohnungsbestandes des Jahres 1939. Es kommt hinzu, daß 14 500 weitere Wohnungen, in denen jetzt noch Menschen leben, leichter beschädigt sind. Aber deren Bewohnbarkeit ist gefährdet, wenn sie nicht in absehbarer Zeit, möglichst noch vor dem Winter, repariert werden können. Nur 39 500 Wohnungen sind nicht oder nicht nennenswert beschädigt und können ungefährdet bewohnt werden."

„Es gibt zur Zeit in Bremen weit über 30 000 Menschen, die in vollkommen ungesunden Kellerräumen zwischen den Ruinen oder in Parzellen und Landbuden hausen. Eine fürwahr erschreckende Bilanz und eine furchtbar traurige Erbschaft, welche die jetzt für Bremens Schicksal verantwortlichen Männer von den kriegsverbrecherischen Nationalsozialisten übernommen haben. Weit mehr als die Hälfte der Stadt liegt in Schutt und Asche. Von den Trümmern und dem Schutt könnte eine Fläche so groß wie der Bürgerpark um 3 Meter aufgehöht werden. Viele Zehntausende sind um ihren Besitz; Tausenden unserer Bremer Bürger sind die Produktions- und Arbeitsmöglichkeiten genommen."

„Ist es angesichts dieser Lage nicht mehr wie gerecht, wenn jetzt die Familien der Kriegsverbrecher auf den engsten Wohnraum zusammengedrängt oder wenn sie in Massenunterkünfte eingewiesen werden? Oder müßten diese Familien nicht mindestens auf den Stand der völlig ausgebombten und dadurch verarmten Familien herabgedrückt werden?"

„Aber es sind ja nicht nur die zerstörten Wohnungen und Produktionsstätten, vor denen wir stehen. Daneben müssen Hunderte von kleinen und großen Schäden an den Sielen und Abwässerungskanälen beseitigt werden, und das besonders schnell, weil sich sonst schlimme Krankheiten, ja sogar Epidemien entwickeln können. Hieran wird zur Zeit mit größter Tatkraft geschafft."

„Ferner sind die Deiche an Weser, Lesum und Ochtum stark beschädigt. Ihre Reparatur wurde in Angriff genommen und muß, sofern nicht wertvollste, landwirtschaftlich genutzte oder auch wohnbare Gebiete mit Hochwasser bedroht werden sollen, noch vor Eintritt des Winters beendet sein."

Von alten Steinen zu neuen Mauern

„Die jetzt für Bremen verantwortlichen Männer haben den Willen zum Wiederaufbau. Sie müssen und werden es schaffen! Jetzt stehen ihnen allerdings nur Trümmer und die Arbeitskraft der Werktätigen zur Verfügung. Aber diese Trümmer sind wertvollster Rohstoff. Aus ihnen sind Millionen von Ziegelsteinen sowie Sand und anderes Baumaterial zu gewinnen."

„Bauen ist heute auch eine Frage des Transports und der Kohlen. Löst sich diese, werden insbesondere unsere Kanäle und Flüsse wieder schiffbar, dann arbeiten Zementfabriken und Ziegeleien, dann stehen uns auch bald wieder Baustoffe zur Verfügung. Dann können die leicht und stark beschädigten Wohnungen (30 000) repariert, dann können größere Behelfsheime schnellstens serienmäßig gebaut und in den Kleingartengeländen errichtet und große Vorhaben an Neubauwohnungen planmäßig durchgeführt werden."

Aus: »Weser Bote« vom 4. 8. 1945

ser«. Sprengung der Richtfeuer an der Weser. Lähmung von: Fahrwasserbeleuchtung bis Vegesack, Werkstattmaschinen in den Werften, Kaikränen und Verladeeinrichtungen.

Zusammen mit den Zerstörungen durch Bomben und Granaten erschwerten die eben genannten

HAMBURGER ZEITUNG

Kriegsarbeitsgemeinschaft der Zeitungen

HAMBURGER ANZEIGER · HAMBURGER FREMDENBLATT · HAMBURGER TAGEBLATT

Extra-Ausgabe

Hamburger!

Nach heldenhaftem Kampf, nach unermüdlicher Arbeit für den deutschen Sieg und unter grenzenlosen Opfern ist unser Volk dem an Zahl und Material überlegenen Feind ehrenvoll unterlegen.

Der Feind schickt sich an, das Reich zu besetzen und steht vor den Toren unserer Stadt. Verbände der Wehrmacht und des Volkssturmes haben sich gegenüber dem vielfach überlegenen Gegner vor unserer Stadt tapfer geschlagen. Unerschütterlich haben die Hamburger an der Front und in der Heimat ihre Pflicht erfüllt; zäh und unerschüttert nahmt Ihr auf Euch, was der Krieg von Euch forderte.

Der Feind schickt sich an, Hamburg auf der Erde und aus der Luft mit seiner ungeheuren Uebermacht anzugreifen. Für die Stadt und ihre Menschen, für Hunderttausende von Frauen und Kindern bedeutet dies Tod und Zerstörung der letzten Existenzmöglichkeiten. Das Schicksal des Krieges kann nicht mehr gewendet werden; der Kampf aber in der Stadt bedeutet ihre sinnlose restlose Vernichtung.

Wem soldatische Ehre gebietet, weiterzukämpfen, hat hierzu Gelegenheit außerhalb der Stadt. Mir aber gebietet Herz und Gewissen, in klarer Erkenntnis der Verhältnisse und im Bewußtsein meiner Verantwortung unser Hamburg, seine Frauen und Kinder vor sinn- und verantwortungsloser Vernichtung zu bewahren.

Ich weiß, was ich hiermit auf mich nehme. Das Urteil über meinen Entschluß überlasse ich getrost der Geschichte und Euch.

Hamburger! Meine ganze Arbeit und Sorge haben stets nur Euch und der Stadt und damit unserm Volke gehört. Das wird so bleiben, bis mich das Schicksal abruft.

Dieser Krieg ist eine nationale Katastrophe für uns und ein Unglück für Europa. Mögen dies alle erkennen, die Verantwortung tragen.

Gott schütze unser Volk und unser Reich!

Karl Kaufmann

Karl Kaufmann hat für Bevölkerung, Verwaltung und Betriebe folgende Grundsätze aufgestellt:

Hamburger!

In gegenwärtiger Lage müßt Ihr folgendes wissen:

Zeigt Euch stets als würdige Deutsche und Hamburger. Das Hissen von weißen Fahnen ist würdelos; auch dem Gegner imponiert nur eine anständige Haltung.

Die Sicherheitsorgane Hamburgs werden ihre Tätigkeit weiterhin ausüben. Verwaltung, Verkehr und Wirtschaft laufen weiter.

Die Bevölkerung geht wie bisher ihrer Arbeit nach.

Eine ausreichende Versorgung wird sichergestellt.

Ich fordere die Bevölkerung daher auf, Ruhe zu bewahren und sich als würdige Angehörige unserer Stadt zu erweisen.

Jede Ordnungswidrigkeit wird strengstens bestraft. Die Strafrechtspflege wird weiterlaufen.

Entlassungen aus Betrieben sind verboten.

Es wird alles dafür eingesetzt, um die Elektrizitätswerke und die Wasserwerke nicht zum Erliegen kommen zu lassen.

Alle lebenswichtigen Verkehrseinrichtungen werden gesichert.

Das gleiche gilt für die Betriebe und Einrichtungen der Ernährungswirtschaft, für den lebenswichtigen Einzelhandel sowie für die landwirtschaftlichen und gärtnerischen Betriebe.

Erscheinungen des Schwarzen Marktes werden ohne Nachsicht verfolgt.

Es ist Vorsorge getroffen, daß die Einrichtungen der Sozialverwaltung sowie des Gesundheitswesens ohne Störung weiterlaufen.

Für ausreichende Zahlungsmittel ist gesorgt.

Hiernach ist alles geschehen, um einen normalen Ablauf des täglichen Lebens zu gewährleisten.

Ich weiß, daß ich mich auf die Hamburger verlassen kann und bitte, nach den aufgestellten Grundsätzen zu handeln. Nur so werden die schweren Tage der Gegenwart ohne Gefährdung des Einzelnen und der Gesamtheit überstanden werden.

Extra-Ausgabe der
»Hamburger Zeitung«
Anfang Mai 1945

197

Der damalige Gauleiter Kaufmann

Maßnahmen die Wiederbenutzung der Häfen nach Beendigung des Krieges erheblich.

Wie viele Soldaten im Kampf um Bremen fielen, wurde nicht genau registriert. Nach amtlichen Unterlagen sollen es etwa 220 gewesen sein; hinzu kamen 540 Zivilisten.

Über die Zahl der deutschen Kriegsgefangenen liegen ebenfalls keine zuverlässigen Angaben vor. Die Engländer geben 3 000 bis 8 000 an; die zuletzt genannte Zahl ist wohl am wahrscheinlichsten.

Wie sah es in der Stadt selbst aus?

Darüber berichtete ein Reporter des britischen Rundfunks: *»Ich bin in der Stadtmitte, falls man*

Flugplatz Hamburg: Der deutsche Flugplatzkommandant (links) bei der Übergabe an einen Engländer

198

Der Oberbefehlshaber der 2. Britischen Armee, Sir Miles Dempsey (mit Schildmütze) zieht in Hamburg ein

diesen chaotischen Trümmerhaufen noch Stadt nennen kann.«

Ein anderer englischer Augenzeuge: *»Im nun einsetzenden Regen war Bremen eine einzige schmutzige Schreckensszene, die niemand beschreiben kann. Große Schuttberge blockierten die Straßen, grotesk verdrehte Laternenpfähle ragten in den Himmel. Rauch der noch brennenden Häuser stach in die Nase, und die an vielen Stellan aufgebrochene Kanalisation stank fürchterlich.*

Die Menschen waren gebrochen und apathisch. Viele von ihnen hatten buchstäblich eine grüne Haut; denn die Ventilation in den großen Luftschutzbunkern und die sanitären Einrichtungen waren ausgefallen. Sie waren schockiert, ohne Hoffnung, aber willig.

Niemand in der (43.) Division bedauerte den Befehl, daß dieses Totenhaus, das mal eine große zivilisierte Stadt gewesen war, an die 52. Division übergeben werden mußte.«

199

Von den Engländern gefangengenommen – ein deutscher Offizier

Wie überall beim Einmarsch alliierter Truppen war auch damit in Bremen das bisherige politische und staatliche Gefüge beendet. Auch hier setzte sich die braune Prominenz ab; einige von ihnen gingen mit sich nach Norden absetzenden Volkssturmeinheiten zurück. Andere dagegen blieben in der Stadt, bis sie gefangengenommen wurden. Kein einziger von ihnen fand, mit der Waffe an der Front kämpfend, den Soldatentod. Ein SA-Oberführer erschoß sich mit seiner Frau, da für ihn die Welt untergegangen war. Kreisleiter Schümann schied im Juni 1945 durch Selbstvergiftung aus dem Leben. Gauleiter Paul Wegener leitete am Vormittag des 27. April 1945 (fast

zur gleichen Zeit, als General Becker kapitulierte!) noch eine letzte Besprechung, wobei er sich verabschiedete und die Verlegung der Gauleitung nach Wilhelmshaven befahl. Dann verließ er Oldenburg (Sitz der Gauleitung) in einem Pkw und erreichte in der Nacht zum 28. April Plön. Dort führte er noch ein Schattendasein, zuerst als Oberster Reichsverteidigungskommissar des Nordraums und dann als Staatssekretär in der Regierung des Großadmiral Dönitz, den Hitler zu seinem Nachfolger bestimmt hatte. Am 23. Mai 1945 wurde Wegener mit dieser Regierung von den Engländern gefangengenommen.

200

Bereits am 26. April 1945, um etwa 13.00 Uhr, fand in Bremen im Büro des Polizeipräsidenten eine stadthistorisch wichtige Sitzung statt. Zu einem Zeitpunkt also, als die Stadt an und für sich noch nicht offiziell kapituliert hatte.

Britische und amerikanische Offiziere nahmen daran teil. Von deutscher Seite waren zugegen: Stellvertretender Regierender Bürgermeister Dr. Duckwitz mit seinem Dolmetscher, Rechtsanwalt Dr. Hermann Janssen, Polizeipräsident Schroers und Oberst Joachim Petsch, Kommandeur der Schutzpolizei. Auf der Tagesordnung standen zuerst Alltagsprobleme wie die Versorgung der Bevöl-

kerung mit Lebensmitteln, die Wasser-, Gas- und Stromversorgung und anderes mehr.

Dann ging es um das Amt des Bürgermeisters. Da Dr. Druckwitz seit Mai 1933 NS-Parteigenosse war, setzte man ihn ab. Sein Nachfolger wurde – auf Vorschlag der Engländer – Polizeipräsident Schroers, weil er sich bemüht hatte, Bremen kampflos zu übergeben.

Doch bereits am 30. April wurde er wegen seiner politischen Vergangenheit (Parteigenosse seit 1932 und SS-Brigadeführer) von den Besatzungsmächten wieder abgelöst und in ein Internierungslager gebracht.

Eingang zu einem Kriegsgefangenenlager in der Nähe Hamburgs

201

Das Kriegsgefangenenlager; aufgenommen von einem Piloten der Royal Air Force

Was ereignete sich weiter?

»Bataillone und Kompanien setzen sich ausnahmslos aus Unteroffizieren und Mannschaften anderer Waffen oder anderer Wehrmachtteile zusammen, die mangelhaft bewaffnet und für den infanteristischen Kampf nicht oder nur sehr oberflächlich ausgebildet sind«, heißt es in einem deutschen Kriegstagebuch über die Verteidigungskräfte im Frontabschnitt Lesum-Hamme *»Für einen hinhaltenden*

Kampf sind weder Artillerie noch die Flak mit ihrer Unbeweglichkeit eingerichtet. Die beiden leichten Batterien der Artillerie sind durch eigenes Bemühen der Truppe pferdebespannt beweglich gemacht. Die schweren und die Flakbatterien werden bei jedem Stellungswechsel durch die vier Bulldogs der Artillerie, durch geliehene Feuerwehrwagen und hauptsächlich durch die Zugmaschinen der Werferabteilung nacheinander in die neuen Stellungen gebracht. Die Schaffung von Hindernissen durch Brücken-

202

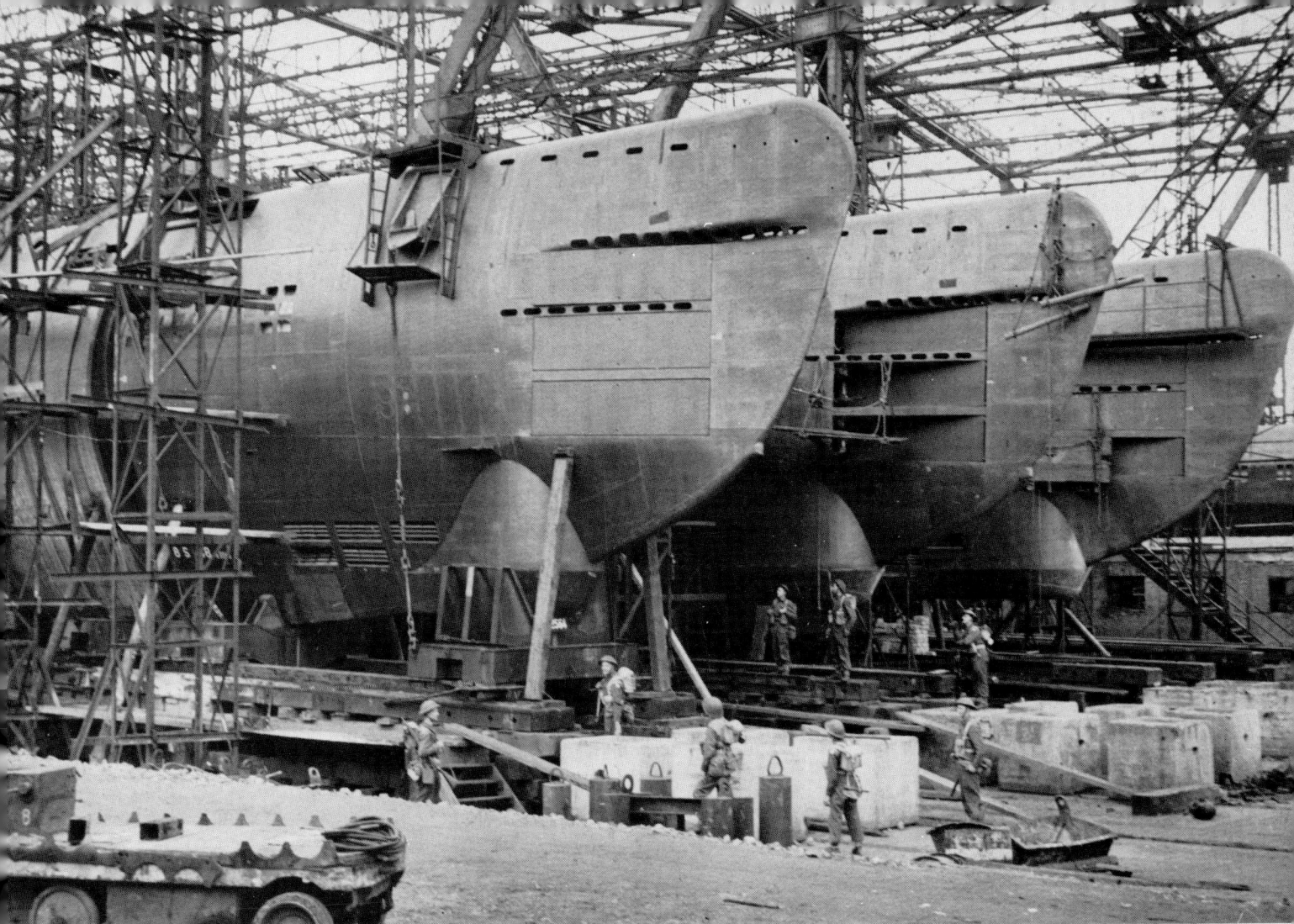

Im Hafen: Englische Soldaten und U-Boote der damals modernsten Art

sprengungen, Unterbrechung von Straßen und Ver-minung stößt infolge Mangels an Pionierkräften und Sprengstoff auf große Schwierigkeiten.«

Die deutschen Kräfte richteten sich nach dem Fall Bremens auf eine weitere Verteidigung ein, da ja Bremen-Nord und Wesermünde (Bremerhaven) noch nicht besetzt waren.

In dem durch die Weser–Lesum und Hamme gebildeten Frontabschnitt wurden 6 800 Mann zu-sammengezogen. Hinzu kamen etwa zehn schwere Flakbatterien, leichte Flak und Scheinwerfer mit etwa 1 000 Flaksoldaten. Die Artillerie des Heeres war nicht stark und durchweg mit Beutegeschützen ausgerüstet.

Die militärische Führung, vor allem aber die Be-völkerung befürchteten, daß die Engländer zu ei-nem durch Bomben und Granaten vorbereiteten Großangriff über die Lesum antreten würden. Des-halb hielten sich die Menschen vorwiegend in Kel-lern und Bunkern auf.

203

Ein englisches Polizeiboot fährt im Hafen Kontrolle

Die Engländer dagegen gingen nur zögernd vor. Sie erreichten die Hamme am 1./2. Mai bei Tietjens Hütte, Worpswede und Hüttenbusch. Die Hammebrücke war bereits am 26. April gesprengt worden.

Es gab weiterhin nur Operationen im kleinen Stil: Im Raum Grambke/Burg wurde am 30. April ein britischer Spähtrupp gefangengenommen und ein Übersetzversuch bei Burg mit zwei Schwimmpanzern abgewehrt.

Britische Artillerie eröffnete am Nachmittag des 28. April aus dem Raum Delmenhorst das Feuer auf Vegesack, dabei gab es acht Tote.

Trotz weiterhin nur schwachen Artilleriefeuers waren in Vegesack, Burg-Lesum und Blumenthal 15 Ziviltote zu beklagen.

Doch der auf deutscher Seite erwartete Großangriff blieb aus. Die Engländer hatten an diesem Abschnitt ihr strategisches Ziel erreicht. Sie warte-

204

ten von nun an genauso wie die Deutschen auf das, was greifbar nahelag – die Kapitulation, wozu es inzwischen schon örtlich in der benachbarten großen Hansestadt kam.

Wie in ganz Deutschland waren auch im Raum Hamburg Verteidigungsstellungen, Panzergräben und Straßensperren gebaut worden. Doch bereits Anfang März war die Bevölkerung der Meinung, daß diese Maßnahmen zwecklos seien.

Am 3. April besuchte Karl Kaufmann, Gauleiter und Reichsstatthalter der Hansestadt Hamburg, Hitler in seinem Hauptquartier in Berlin.

Nach seiner Rückkehr erklärte Kaufmann Ver-

trauten: *»Hitler ist wahnsinnig. Wir werden von einem Wahnsinnigen regiert, der von Verbrechern wie Bormann und Neurotikern wie Keitel gestützt wird.«* Von da an war Kaufmann bestrebt, Hamburg kampflos zu übergeben, um Stadt und Bevölkerung zu schonen.

Am 16./17. April erzielten die Engländer entscheidende Durchbrüche bei Uelzen und Soltau. Danach standen britische Panzer gegenüber Lauenburg an der Elbe und hatten den äußeren Verteidigungsring von Hamburg erreicht.

Weitere entscheidende militärische Operationen entwickelten sich am 29. April im Raum Hamburg.

Ein deutsches Lazarettschiff

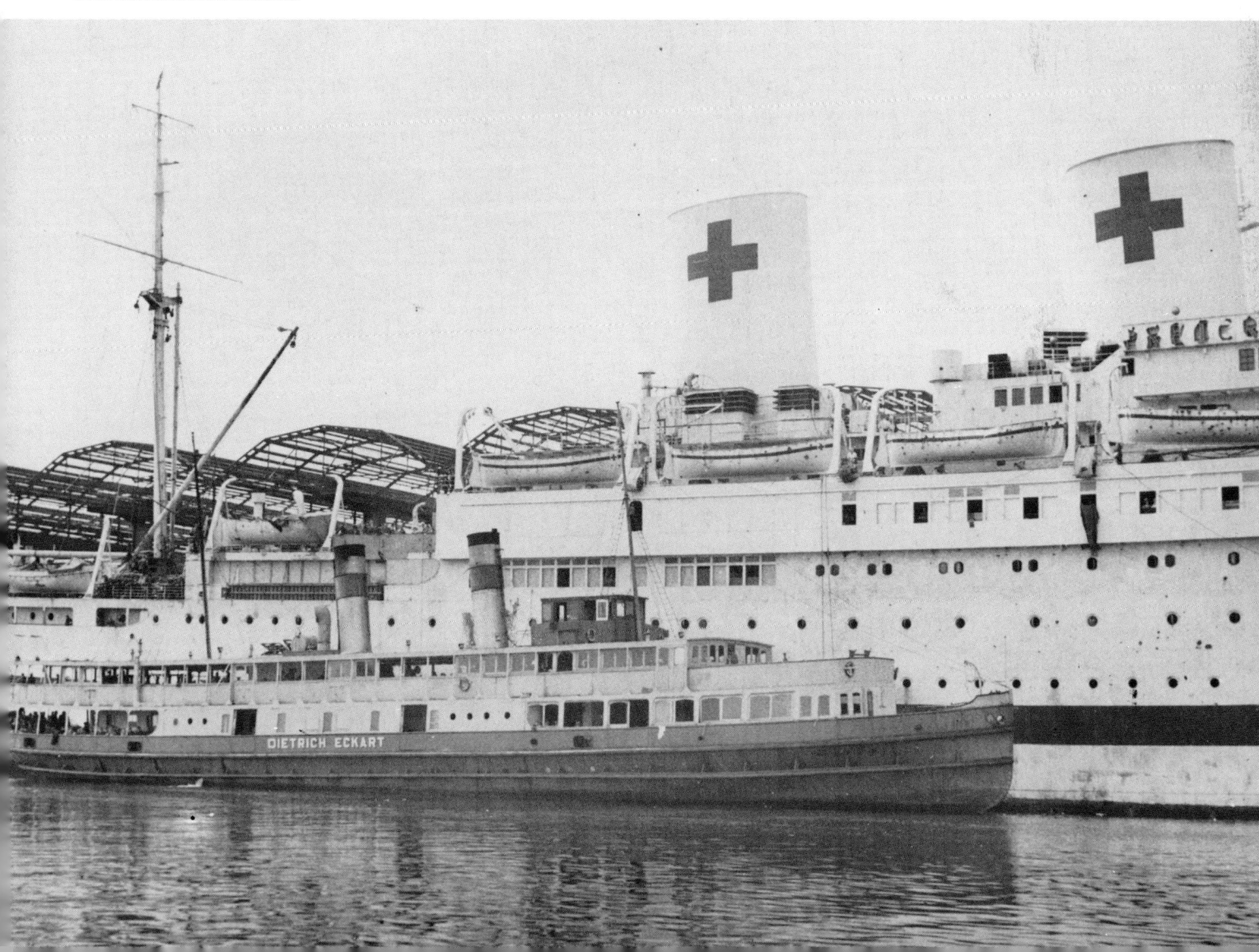

Das Wrack der »Sierra Cordoba«

Nach längeren Vorbereitungen ging die 15. schottische Division mit Schwimmpanzern in der Nähe von Lauenburg über die Elbe. Ihr folgten die 53. und 5. Division.

Deutsche Kräfte, die 245. Division und Düsenjäger, traten gegen den englischen Brückenkopf an, um ihn zu zerschlagen. Doch der Versuch mißlang.

Englische Pioniere bauten bei Artlenburg eine Bailey-Brücke für den weiteren Vormarsch der 11. und 7. britischen Division. Die 11. rückte am 2. Mai

Oben: Nach dem Einmarsch besuchte der Erste Lord der britischen Admiralität, Albert Viktor Alexander (Mitte), Hamburg

in Lübeck ein; gleichzeitig besetzte die 6. Luftlandedivision, die dem 18. US-Korps unterstand, Wismar.

Der Kampfkommdant der Stadt Hamburg, Generalmajor Alwin Wolz (Gefechtsstand im Flakbunker an der Rothenbaumchaussee) und Gauleiter Kaufmann hatten inzwischen Kapitulationsverhandlungen mit den vor der Stadt stehenden alliierten Kräften eingeleitet.

Am 29. April, um 03.00 Uhr morgens, gingen der Stabsarzt Dr. Burchard, der Direktor der Phoenixwerke Albert Schäfer und der junge Hamburger Otto von Laun (Offizier im Stab des Generalmajors

Ein britischer Soldat liest die erste Ausgabe der Zeitschrift »Soldier«, die damals in Hamburg erschien

207

Dieser Engländer hört den damaligen Soldatensender BFN (British Forces Network)

Wolz) mit einer weißen Fahne auf der Reichsstraße Harburg–Bremen bei Appelbüttel durch die alliierte Front.

Diese Parlamentäre wurden zum 9. Bataillon der Durham Light Infantry geführt; von dort dann weiter zur Gastwirtschaft »Hoheluft« an der Reichsstraße nach Bremen zwischen Steinbeck und Trelde. Dort wurden sie vom »Intelligence Officer« der 7. britischen Panzerdivision verhört. Dabei berichtete Direktor Schäfer unter anderem auch über die Stimmung bei der Bevölkerung und von der Kapitulationsbereitschaft des Gauleiters Kaufmann.

Direktor Schäfer erhielt schließlich einen Brief des Befehlshabers der britischen 7. Panzerdivision (Generalmajor Lyne) an Generalmajor Wolz. Darin wurde Wolz aufgefordert, Hamburg zu übergeben. In dem Schreiben hieß es weiter: »*Die Bevölkerung von Hamburg wird nicht die früheren Angriffe von über 1 000 schweren Bombern vergessen haben. Wir verfügen jetzt über eine fünf- bis zehnmal größere Anzahl von Bombern.*

Nach dem Krieg braucht das deutsche Volk Nahrung. Je mehr die Hamburger Hafenanlagen zerstört sind, desto größer ist die Wahrscheinlichkeit einer Hungersnot.«

Englische Stabs-
helferinnen auf der
Fahrt durch die Han-
sestadt

210

Ein Kartoffelschieber muß seine heiße »Ware« abgeben, die er auf dem Schwarzmarkt gegen andere Güter umtauschen wollte. Eine damals alltägliche Szene

Mit diesem Schreiben wurde Direktor Schäfer am Morgen des 30. April zurückgeschickt. Er übergab es im Bunker an der Rothenbaumchaussee an den Kampfkommandanten. Wolz las es und verständigte sofort Gauleiter Kaufmann.

Abbildung linke Seite: Boxweltmeister Max Schmeling mit einem englischen Soldaten in Hamburg

Dann verfaßte Wolz eine Antwort an Generalmajor Lyne. Darin wies er daraufhin, daß »die Kapitulation von Hamburg sich nicht nur militärisch, sondern auch politisch auf die Verhältnisse von Schleswig-Holstein, Dänemark und Norwegen auswirken wird.« Er erklärte sich ferner bereit, Verhandlungen über die Kapitulation Hamburgs zu führen. Generalmajor Lyne sollte den beiden Offizieren, die das Schreiben an ihn überbrachten dazu Ort und Zeit mitteilen.

211

Sammeln von deutschen Kriegsgefangenen in Lübeck

Die beiden Offiziere fuhren am 1. Mai um 18.00 Uhr ab und kehrten in den frühen Morgenstunden des 2. Mai wieder nach Hamburg zurück. Der deutsche Kampfkommandant wurde aufgefordert, um 21.40 Uhr an der englischen Front zu erscheinen.

Auch Gauleiter Kaufmann war inzwischen nicht untätig gewesen. Am 1. Mai sprach er um 23.00 Uhr im Rundfunk und forderte die Bevölkerung auf, Ruhe, Ordnung und Vertrauen zu bewahren. Außerdem verfaßte er einen Aufruf zur Kapitulation, der am 3. Mai um 11.00 Uhr bekanntgegeben werden sollte. Doch infolge eines Irrtums hing er bereits am

2. Mai, ab 12.00 Uhr, für einige Zeit im Schaukasten des »Anzeiger Haus« am Gänsemarkt.

In dem Extrablatt hieß es: »*Dieser Krieg ist eine nationale Katastrophe für uns und ein Unglück für Europa. Mögen dies alle erkennen, die Verantwortung tragen. Gott schütze unser Volk und unser Reich.*«

Bereits am Mittag dieses Tages erfuhr auch Großadmiral Dönitz von diesem Aufruf. Er gab dann am Nachmittag des 2. Mai den Befehl, die Stadt Hamburg kampflos zu übergeben. Davon erhielt Generalmajor Wolz gegen 17.00 Uhr Nachricht.

212

Englische und deutsche Feuerwehrmänner bei Löscharbeiten in Lübeck

213

Die ausgehungerte deutsche Bevölkerung plünderte auf dem Elbe-Lübeck-Kanal ein Schiff

Am Abend bestätigte das Oberkommando der Wehrmacht die Entscheidung des Großadmirals und wies Generalfeldmarschall Busch, Gauleiter Kaufmann und Generalmajor Wolz an, am 3. Mai um 08.00 Uhr die Übergabe der Stadt durch einen Parlamentär anzubieten. Mit diesem sollte zugleich eine Delegation des Oberkommandos der Wehrmacht zu den Engländern gehen, um mit ihnen »weitergehende Fragen zu erörtern.« Aufgrund dieser Anweisung schaltete Dönitz den Oberbefehlshaber der Kriegsmarine, Generaladmiral von Friedeburg, Konteradmiral Wagner (aus dem Stab des Großadmirals) und General Kinzel (Stabschef des Nordbereichs) in die Verhandlungen ein.

Um 22.30 Uhr bestätigte auch Generalfeldmarschall Busch durch Fernschreiben die Erklärung Hamburgs zur offenen Stadt. Er befahl den Abzug der Truppen aus dem Stadtbereich, die Entwaffnung des Volkssturms und den Abtransport der Wehrmachtsvorräte; die vorhandenen Lebensmittel sollten an die Bevölkerung verteilt werden.

Um 21.30 Uhr (2. Mai) gingen Generalmajor Wolz, Altbürgermeister Burchard-Motz als Vertreter von Gauleiter Kaufmann, Major Andrae und Hauptmann Dr. Link bei Hittfeld durch die Front der 131. britischen Infanteriebrigade; ihr Gefechtsstand war in Klecken.

Generalmajor Wolz erklärte den Engländern, daß

214

Flensburg: Dieses Chaos herrschte auf dem Flugplatz

er zu einer bedingungslosen Kapitulation bereit sei. Daraufhin brachte man ihn in das Hauptquartier der 7. britischen Panzerdivision. Dort teilte Wolz auch den Auftrag mit, den er vom Oberkommando der Wehrmacht mit auf den Weg bekommen hatte: Anbahnung der Kapitulation im Nordraum.

Der Kommandeur der 7. britischen Panzerdivision, Generalmajor Lyne, setzte sich sofort mit Montgomerys Hauptquartier in Verbindung.

Danach besprach man Einzelheiten des für den 3. Mai, 13.00 Uhr, vorgesehenen Einmarsches der Engländer. Es ging um die Sicherung der Brücken, Ausgehverbot, Übergabe der Flakbatterien, Rückzug des Volkssturms, Räumung von Minen, Empfang einer britischen Delegation im Rathaus.

Die Besprechung war am 3. Mai zwischen 00.00 und 01.00 Uhr beendet. Generalmajor Wolz fuhr daraufhin zur 131. britischen Brigade zurück, um auch dort über Einzelheiten des Einmarsches zu sprechen. Zwischen 04.00 und 05.00 Uhr kam er wieder in den Flakturm Wilhelmsburg. Da dieser inzwischen durch Befehl der Armeeabteilung von Telefon- und Funkverbindungen abgeschnitten worden war, fuhr Wolz zum Gefechtsstand in der Rothenbaumchaussee weiter.

Dort erhielt er den Befehl, um 08.00 Uhr die Delegation des Oberkommandos der Wehrmacht unter Führung von Generaladmiral von Friedeburg

215

durch die britische Front zu bringen.

Planmäßig fuhr die Kolonne zum Stab der 7. britischen Panzerdivision. Die Engländer erlaubten es überraschenderweise nicht, daß Wolz wieder nach Hamburg zurückkehrte. Er mußte die Delegation des Oberkommandos der Wehrmacht zum 8. britischen Korps und dann um etwa 10.00 Uhr zum Hauptquartier der 2. Britischen Armee südlich von Lüneburg begleiten.

Dort wurde von den Engländern ein formaler Kapitulationsakt für die Stadt Hamburg angeordnet. Die Kapitulationsurkunde für Hamburg mußte Wolz schließlich widerstrebend unterschreiben. Aus technischen Gründen verschob man die Übergabe der Stadt von 13.00 auf 18.00 Uhr.

Auch danach hielten die Engländer Wolz gegen dessen Willen immer noch zurück. Man brachte ihn zum 8. britischen Korps und dann gegen 15.00 und 16.00 Uhr zur 7. britischen Panzerdivision. Dort legte man den Einmarsch auf 17.00 Uhr fest. Erst dann brachte ein britischer Fahrer in einem britischen Wagen Wolz zu seinem Gefechtsstand zurück; der Wagen von Generalmajor Wolz konnte wegen eines Defekts nicht benutzt werden.

Beim Einmarsch der Engländer kam es nicht zu Zwischenfällen. Die Straßen waren leer. An einigen wichtigen Verkehrspunkten standen deutsche Polizisten.

Die alten Soldaten der britischen 7. Panzerdivision staunten darüber, wie sehr Hamburg zerstört worden war. Sie hatten auf ihrem Vormarsch von der Normandie bis ins Innere Deutschlands viele zerstörte Orte und Städte gesehen. Aber das alles verblaßte für sie im Anblick dieses gigantischen Trümmerhaufens.

Generalmajor Wolz, Altbürgermeister Dr. Burchard-Motz und Hauptmann Dr. Link als Dolmetscher empfingen um 18.00 Uhr die britische Delegation unter Brigadegeneral Spurling von der 131. Infanteriebrigade (mot.).

Wolz übergab den Engländern das militärische Kommando über die Stadt. Danach erfolgte die Übergabe auf dem zivilen Sektor durch Gauleiter Kaufmann und dessen Stab.

Die Hansestadt hatte ohne weiße Fahnen kapituliert.

Feldmarschall Montgomery schrieb über diese Phase des Krieges: »*Die Niederlage der Deutschen im März/April 1945 war nicht mit der in der Normandie (Invasion d. V.) zu vergleichen; denn damals hatten sie sich schnell wieder erholen und neue Divisionen aufstellen und ausrüsten können. Diesmal hatten sie jedoch so viel Land und Menschen verloren, daß so etwas nicht mehr in Frage kam.*

Hitlers Deutschland stand vor dem Zusammenbruch. Der Krieg war praktisch zu Ende.«

Das Finale wurde offiziell zur Verhandlungssache.

7. Kapitulation

Selbstmord im Bunker – Hitlers Testament – »Was sind das für Leute?« – Montgomerys Vorschlag – Tränen beim Mittagessen – Protokoll – Kriegsende im Zelt – Gesamtkapitulation – Die Alliierte Kontrollkommission – Das Ende der Regierung Dönitz

30. April 1945. Kurz nach 15.00 Uhr zogen sich Hitler und seine langjährige Lebensgefährtin Eva Braun (seit dem 29. April 1945 offiziell Hitlers Frau) in das Besprechungs- und Kartenzimmer im Bunker der Reichskanzlei zu Berlin zurück.

Die Tür fiel ins Schloß.

Auf dem Gang blieben Hitlers engste Mitarbeiter wie zum Beispiel Dr. Goebbels, Bormann und sein Diener Linge zurück.

Einige Minuten später fiel ein Schuß.

Man öffnete die Tür. Hitler saß tot auf einem Sofa. Sein Kopf war zurückgesunken, von der Schläfe rann Blut. Er hatte sich mit einer Pistole vom Kaliber 7.65 mm erschossen. Neben ihm, ebenfalls tot, Eva Braun, die Gift genommen hatte. Das geschah um 15.30 Uhr.

Reichspropagandaminister Dr. Goebbels und Reichsjugendführer Artur Axmann blieben etwa 15 Minuten schweigend bei den Toten. Danach trug Diener Linge Hitler nach draußen und legte ihn am Notausgang des Bunkers in den Garten der Reichskanzlei. Hitlers Fahrer Erich Kempka brachte die tote Eva Braun hinaus und legte sie neben Hitlers Leiche. Aus Kanistern wurde Benzin über sie gegossen.

Wegen des Windes und des russischen Artilleriefeuers gelang es Linge nicht, ein Streichholz zu entzünden. Da immer wieder Granaten einschlugen, mußten die Männer im Bunkereingang in Deckung gehen. Mit Hilfe eines brennenden Lappens beziehungsweise Papierfetzen gelang es schließlich, das Benzin in Brand zu setzen.

Da sich nicht genügend Hitze entwickelte, trat keine vollständige Verbrennung ein. Deshalb wurden die noch vorhandenen Reste am Spätabend unter dem Kommando des SS-Brigadeführers Rattenhuber in einem Bombentrichter in der Nähe der Verbrennungsstelle beigesetzt und mit Erde bedeckt.

Nach der Eroberung der Reichskanzlei durchsuchten die Russen den Garten; es gibt Hinweise, daß sie die Überreste Hitlers und seiner Frau fanden.

Kurz vor seinem Tode hatte Hitler in einem Testament Großadmiral Karl Dönitz (1891–1980) zu seinem Nachfolger im Amt des Staatsoberhaupts und des Obersten Befehlshabers der Wehrmacht ernannt. Diese Tatsache mag viele, insbesondere auch Dönitz, überrascht haben.

Warum hatte Hitler so gehandelt? In dem in Frage kommenden Testament gab Hitler selbst die Antwort: »Möge es dereinst zum Ehrbegriff des deutschen Offiziers gehören – so wie dies in unserer Marine schon der Fall ist –, daß die Übergabe einer Landschaft oder einer Stadt unmöglich ist und daß vor allem die Führer hier mit leuchtendem Beispiel voranzugehen haben in treuester Pflichterfüllung bis in den Tod.«

Anders ausgedrückt: Hitler wollte, daß Dönitz den Kampf rücksichtslos weiterführte bis zum völligen Untergang Deutschlands und seiner Bevölkerung. Doch Dönitz handelte ganz anders.

Etwa drei Stunden nach Hitlers Tod traf ein Funkspruch von Hitlers engstem Vertrauten Martin Bormann bei Dönitz in Plön ein. Inhalt: »Großadmiral Dönitz. An Stelle des bisherigen Reichsmarschalls Göring setzt der Führer Sie, Herr Großadmi-

217

Der deutsche Generalfeldmarschall Ernst Busch (links), Oberbefehlshaber der Heeresgruppe Nordwest, am 3. Mai 1945 im Hauptquartier des Feldmarschalls Montgomery (Mitte) in der Lüneburger Heide; rechts Dolmetscher

ral, als seinen Nachfolger ein. *Schriftliche Vollmacht unterwegs. Ab sofort sollen Sie sämtliche Maßnahmen verfügen, die sich aus der gegenwärtigen Lage ergeben. Bormann.«*

Dönitz war völlig überrascht. Er nahm an, daß Hitler *»den Weg zur Beendigung des Krieges durch einen Soldaten«* freigemacht hatte. Erst später erfuhr er etwas von Hitlers Testament, *»in dem er die Fortsetzung des Kampfes forderte.«*

»Es war mir klar«, schrieb Dönitz später über diesen Augenblick, *»daß mir die dunkelste Stunde*

bevorstand, die ein Soldat erleben konnte, die Stunde der bedingungslosen militärischen Kapitulation.

Ich wußte auch, daß mein Name für alle Zeiten mit ihr verknüpft bleiben würde und daß man mit Haß und Tatsachenentstellung versuchen würde, meine Ehre anzugreifen. Das Gebot der Pflicht verlangte von mir, daß dies alles keine Rolle spielen durfte. Mein Regierungsprogramm war einfach. Es galt, so viel Menschenleben zu retten wie möglich. Alle Maßnahmen waren unter diesem Gesichtspunkt zu treffen.«

218

Ein Soldat des 1. Kanadischen Fallschirmjägerbataillons (links) und ein russischer Offizier reichten sich bei Wismar die Hände (4. Mai 1945)

Bereits am Abend des 30. April traf Dönitz die ersten Maßnahmen einer »zentral zu steuernden Kapitulation«.

Darunter eine für die sofortige Einleitung von Kapitulationsverhandlungen mit Feldmarschall Montgomery für die Heeresgruppe Nordwest: Er bestellte Admiral von Friedeburg aus Kiel für den 1. Mai nach Plön. Er wollte ihn als Unterhändler zu Montgomery schicken.

Am 1. Mai 1945 hörten die Soldaten im Hauptquartier der 2. Britischen Armee eine Bekanntgabe des deutschen Rundfunks mit, daß Hitler in seinem Bunker in Berlin gestorben sei und Großadmiral Dönitz zu seinem Nachfolger ernannt hatte.

General Blumentritt, Oberbefehlshaber aller deutschen Landstreitkräfte zwischen der Ostsee und der Weser, gab Montgomerys Hauptquartier am Nachmittag des 2. Mai bekannt, daß er am näch-

»Wandmalerei« damals

219

Deutsche Offiziere des Oberkommandos der Wehrmacht trafen am 3. Mai 1945 im Hauptquartier der 2. Britischen Armee in Lüneburg ein

sten Vormittag kommen würde, um die Übergabe seiner Truppen anzubieten. Er erschien aber nicht, teilte dafür mit, daß die Verhandlungen auf einer höheren Ebene stattfinden würden.

Mit Zustimmung von Großadmiral Dönitz schickte dann Generalfeldmarschall Keitel (Chef des Oberkommandos der Wehrmacht) am 3. Mai eine Delegation in Montgomerys Hauptquartier, die Verhandlungen über eine Kapitulation einleiten sollte.

Um 11.30 Uhr erschienen in Montgomerys vorgeschobenem Gefechtsstand (Lüneburger Heide): Generaladmiral v. Friedeburg (Oberbefehlshaber der deutschen Kriegsmarine), General Kinzel (Chef des Stabes von Feldmarschall Busch, dem Oberbefehlshaber der deutschen Truppen an der Nord- und Westflanke von Montgomerys Einheiten), Konteradmiral Wagner und Major Freidel (Generalstabsoffizier); später kam noch Oberst Pollek (Generalstabsoffizier) hinzu.

220

Die Offiziere und
Parlamentäre bege-
ben sich in das
Hauptquartier

221

Abbildung links und rechts: Im Zelt bei Häcklingen in der Nähe von Lüneburg

Man führte die deutschen Offiziere zu Montgomerys Wohnwagen. Sie standen unter der flatternden englischen Flagge.

Feldmarschall Montgomery ließ sie ein paar Minuten warten. Dann kam er aus seinem Wohnwagen und ging auf sie zu.

Die Deutschen legten die Hand zum Gruß an die Mütze.

»Was sind das für Leute?« fragte Montgomery den Dolmetscher.

Er sagte es.

»Was wollen sie?« lautete Montgomerys nächste Frage.

Admiral v. Friedeburg las einen Brief von Feldmarschall Keitel vor, in dem er die Übergabe der drei deutschen Armeen anbot, die sich zwischen Berlin und Rostock vor der Roten Armee zurückzogen.

Montgomery lehnte das Angebot ab und erklärte, daß sich diese Armeen den Russen ergeben sollten. Er fügte aber hinzu, daß deutsche Soldaten gefangengenommen würden, wenn sie mit erhobenen Händen auf seine Front zukommen würden.

Admiral v. Friedeburg wandte ein, daß die Russen unzivilisierte Menschen seien, die die deutschen Soldaten sofort nach Rußland abtransportieren und

222

Diese Kapitulationsurkunde wurde von den Deutschen und Montgomery am 4. Mai 1945 um 18.30 Uhr unterschrieben. Montgomery machte dabei einen Fehler. Er setzte handschriftlich das Datum 5. Mai 1945 ein, korrigierte dann aber. Die Originalurkunde behielt er (trotz Protesten aus dem Unterhaus) für sich. Erst 1968 stellte er sie dem Londoner Kriegsmuseum zur Verfügung. Churchill verteidigte Montgomery mit dem Hinweis: »Wenn irgendein Militärpolizist zwei Millionen Gegner gefangennehmen kann, dann hat er auch das Recht, die Quittung darüber zu behalten«

dort zu Zwangsarbeiten einsetzen würden.

Montgomerys Antwort: Das alles hätten die Deutschen bedenken sollen, bevor sie den Krieg begannen, vor allem aber, als sie im Juni 1941 in Rußland einfielen.

Der deutsche Admiral ging dann auf die Sorgen der mecklenburgischen Bevölkerung ein, die von den Russen überrannt wurde. Er erklärte, man würde gerne über das Problem sprechen, wie man sie retten könnte.

Montgomery: Mecklenburg gehört nicht zu meinem Gebiet. Was dort passiert, muß mit den Russen geregelt werden.

Dann fragte er: Wollen Sie mit mir wegen der Übergabe Ihrer Truppen auf meiner Westflanke verhandeln?

Die Deutschen: Nein!

Dann aber trugen sie ihre Sorgen wegen der dortigen Zivilbevölkerung vor und erklärten, sie würden gerne eine Vereinbarung mit Montgomery treffen, nach der sich die deutschen Truppen langsam von den britischen Streitkräften absetzen könnten.

Diesmal sagte Montgomery: Nein!

Dann aber machte er sofort einen anderen Vorschlag, um die Verhandlungen voranzutreiben. Er fragte v. Friedeburg: »Sind Sie bereit, mir alle deut-

223

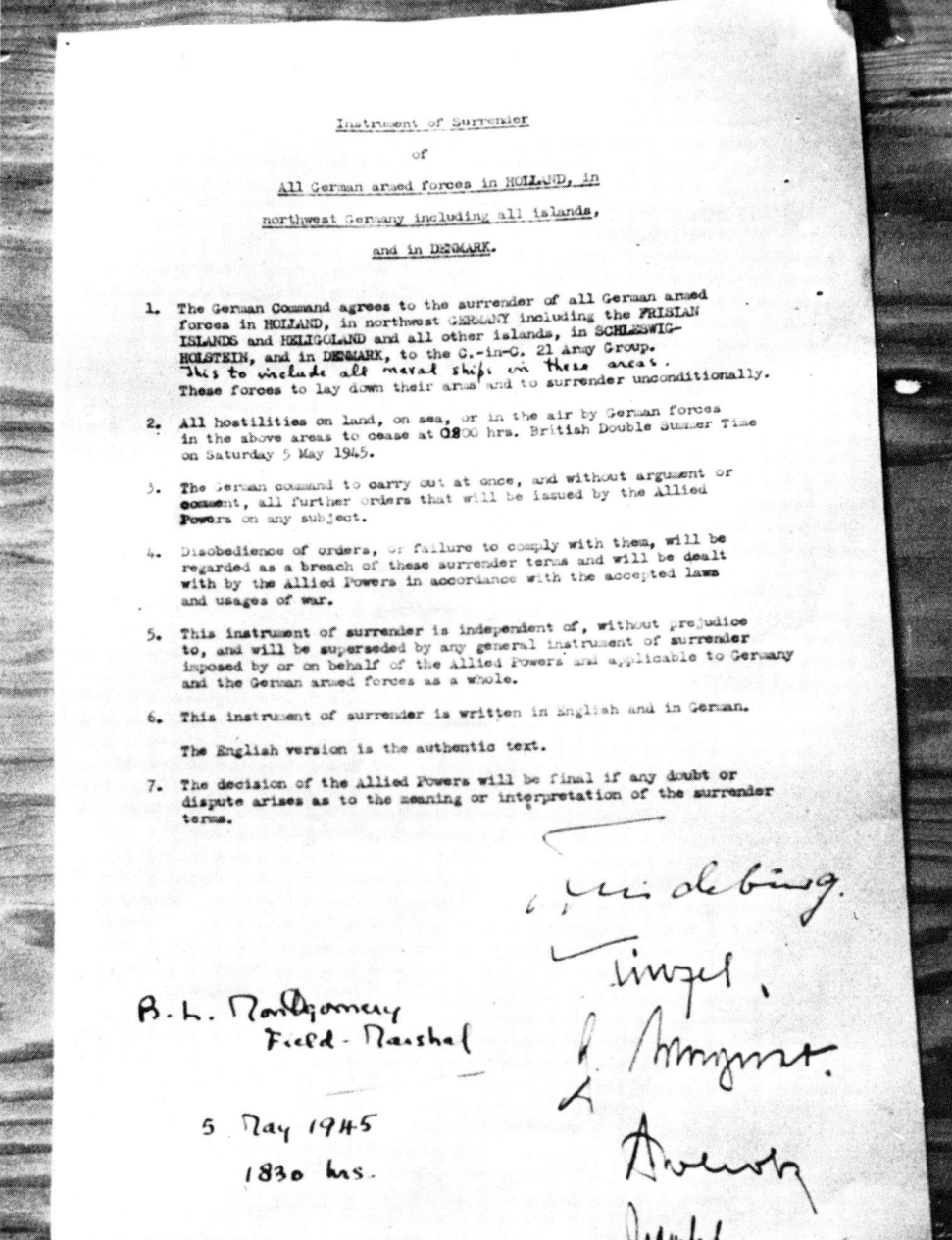

Die nicht korrigierte
Kapitulationsur-
kunde

224

schen Truppen auf meiner West- und Nordflanke zu übergeben einschließlich aller Truppen in Holland, Friesland mit den friesischen Inseln und Helgoland sowie in Schleswig-Holstein und Dänemark? In diesem Falle wäre ich bereit, dies als eine Kapitulation feindlicher Streitkräfte auf dem Schlachtfeld anzunehmen, die mir direkt gegenüberstehen, und ihrer Reserven in Dänemark.«

Admiral von Friedeburg erklärte, daß er darüber nicht entscheiden könnte.

Montgomery drohte: Wenn Sie sich weigern, Ihre Truppen in den von mir genannten Gebieten bedingungslos zu übergeben, werde ich Befehl geben, die Kampfhandlungen fortzusetzen!

In dem Fall, das erklärte der Brite weiter, würden noch viel mehr Soldaten und auch Zivilisten durch Artilleriefeuer und Luftangriffe ums Leben kommen.

Anhand einer Karte zeigte er den deutschen Unterhändlern, wie es an der ganzen Westfront aussah. Sie waren erschüttert, denn offenbar hatten sie keine Ahnung von dem katastrophalen Ausmaß der Lage zuungunsten Deutschlands.

Danach hielt Montgomery es für gut, eine Mittagpause einzulegen, damit die deutschen Unterhändler über seine Worte nachdenken konnten. Er schickte sie deshalb in ein Zelt, wo sie in Anwesenheit eines englischen Offiziers allein zu Mittag aßen.

In Wageningen (Holland) kapitulierte am 5. Mai 1945 die deutsche 25. Armee. General Blaskowitz (zweiter von rechts) nahm die Übergabebedingungen entgegen. Im Vordergrund links Prinz Bernhard der Niederlande

225

Siegesfeier der Amerikaner und Russen bei Torgau (Elbe)

Keiner sagte dabei ein Wort. Admiral v. Friedeburg weinte während des Essens.

Nach dem Essen gingen die Verhandlungen in Montgomerys Sitzungszelt weiter. Dort lag eine Lagekarte auf dem Tisch.

Montgomery stellte den Deutschen ein Ultimatum. Erstens: Bedingungslose Übergabe aller Truppen in den von Montgomery angegebenen Gebieten. Zweitens: Dann könnte man darüber sprechen, wie die Gebiete am besten zu besetzen wären und wie man für die Zivilbevölkerung sorgen könne.

Die Antwort der Deutschen: Wir haben keine Vollmacht, diesen Forderungen zuzustimmen!

Sie erklärten sich aber bereit, Feldmarschall Keitel die bedingungslose Übergabe aller deutschen Truppen an der West- und Nordflanke der alliierten 21. Armeegruppe zu empfehlen. Zwei von ihnen wollten zurückfahren, mit Keitel sprechen und sein Einverständnis mitbringen. Montgomery fertigte daraufhin ein Protokoll an, das folgenden Inhalt hatte:

»1. Alle Angehörigen der deutschen Streitkräfte, die

226

Die letzte Befehlszentrale des Dritten Reiches: Marine-Gebäude in Flensburg-Mürwik

von Osten her an die Front der 21. Armeegruppe kommen und sich ergeben wollen, werden zu Kriegsgefangenen gemacht werden. Die 21. Armeegruppe (Oberbefehlshaber Montgomery d. V.) ist jedoch nicht in der Lage, die Übergabe einer ganzen deutschen Armee anzunehmen, die im Kampf gegen die Russen steht.

2. Erörterungen über die Lage der Zivilbevölkerung sind nicht möglich.

3. Feldmarschall Montgomery wünscht, daß alle deutschen Truppen in Holland, Friesland (einschließlich der Inseln und Helgoland), Schleswig-Holstein und Dänemark die Waffen niederlegen und sich ihm bedingungslos ergeben.

Er ist bereit, sobald die Übergabe vereinbart ist, über die Art und Weise der Besetzung dieser Gebiete, Behandlung der Zivilbevölkerung usw. zu verhandeln.

4. Generaladmiral v. Friedeburg ist zur Zeit nicht ermächtigt, seine Zustimmung zu der Übergabe gemäß Absatz 3 zu geben. Er wird daher zwei Offiziere (Konteradmiral Wagner und Major Freidel) zum Oberkommando der Wehrmacht schicken, um die Genehmigung einzuholen und zurückzubringen. Er bittet Feldmarschall Montgomery, ein Flugzeug für die beiden Offiziere zur Verfügung zu stellen, da die Fahrt mit dem Wagen zu viel Zeit erfordert. Er bittet ferner darum, daß Admiral v. Friedeburg und Ge-

227

Großadmiral Karl Dönitz (1891–1980) beim Verlassen des Regierungssitzes

neral Kinzel in der Zwischenzeit in Feldmarschall Montgomerys Hauptquartier bleiben können.«

Entgegen der Eintragung im Protokoll fuhren dann aber Admiral v. Friedeburg und Major Freidel mit einem Wagen zurück. Montgomery hatte ihnen erklärt, daß sie am nächsten Tag (4. Mai) bis 18.00 Uhr wieder in seinem Hauptquartier sein müßten. Oberstleutnant Trumbull Warren, Montgomerys kanadischer Adjutant, geleitete die beiden Deutschen durch Hamburg bis in die deutschen Linien.

Am Vormittag des 4. Mai erteilte Großadmiral Dönitz v. Friedeburg die Vollmacht, Montgomerys Forderungen anzunehmen.

Feldmarschall Montgomery war davon überzeugt, daß v. Friedeburg mit einer Vollmacht zur Unterzeichnung zurückkommen würde. Deshalb berief er eine Pressekonferenz am 4. Mai nachmittags 17.00 Uhr ein.

Während diese im Gange war, kehrten v. Friedeburg und Major Freidel wieder zurück. Montgomery erklärte deshalb den anwesenden Pressevertretern, in das große Zelt zu kommen, um den Schlußakt mitzuerleben.

Die deutsche Delegation stand wieder unter der englischen Flagge vor Montgomerys Wohnwagen. Montgomery nahm v. Friedeburg allein mit in seinen

228

Wagen und fragte ihn, ob er die Übergabebedingungen, so wie sie vorlagen, unterschreiben würde.

Der sehr bedrückt aussehende v. Friedeburg erklärte sich dazu bereit. Montgomery gab daraufhin den Befehl, daß die Unterzeichnung sofort stattfinden sollte.

Dazu hatte er ein großes Zelt mit Mikrofonen und Kabelanschlüssen aufstellen lassen, zu dem die deutsche Delegation hinüberging.

Als Montgomery das Zelt betrat, erhoben sich die Deutschen. Dann setzten sich alle wieder um die auf Böcken liegende, mit einer einfachen Militärwolldecke bedeckten Tischplatte mit einem Tintenfaß und einem gewöhnlichen Federhalter.

Vor den beiden Mikrofonen des englischen Rundfunks und den Pressevertretern verlas Montgomery im in der Lüneburger Heide stehenden Zelt die Kapitulationsurkunde auf Englisch.

Danach erklärte er den Deutschen, daß der Kampf weitergehen würde, wenn sie nicht sofort und ohne Einwände das Dokument unterschreiben würden. Er rief nacheinander die einzelnen Mitglie-

Von den Engländern verhaftet: Generaloberst Alfred Jodl in Mürwik

229

Kurz nach der Verhaftung im Mai 1945: Stabspersonal der letzten deutschen Regierung

der der deutschen Delegation namentlich auf, die Kapitulationsurkunde zu unterzeichnen. Ohne Einwand unterschrieben sie. Zuletzt setzte Montgomery im Namen von General Eisenhower seinen Namen auf das Papier, von dem einige Ausfertigungen auf Deutsch an die Delegation übergeben wurden.

Der Text: »*Kapitulationsurkunde aller deutschen Streitkräfte in Holland, Nordwestdeutschland einschließlich aller Inseln und in Dänemark.*

1. Das deutsche Oberkommando wird anordnen, daß alle deutschen Streitkräfte in Holland, in Nordwestdeutschland einschließlich der friesischen Inseln, Helgoland und aller anderen Inseln, in Schleswig-Holstein und in Dänemark sich dem Befehlshaber der 21. Armeegruppe ergeben. Dies gilt auch für

230

alle Fahrzeuge der Kriegsmarine in diesen Gebieten. Die Streitkräfte haben die Waffen niederzulegen und sich bedingungslos zu ergeben.

2. Die deutschen Streitkräfte in den genannten Gebieten stellen alle Feindseligkeiten zu Lande, zu Wasser und in der Luft am Sonnabend, dem 5. Mai 1945, um 08.00 Uhr englischer doppelter Sommerzeit ein.

3. Das deutsche Oberkommando verpflichtet sich, alle weiteren Befehle, welche die alliierten Mächte aus irgendeinem Grunde erlassen, sofort und ohne Widerspruch oder Stellungnahme auszuführen.

4. Ungehorsam gegenüber Befehlen oder deren Nichtausführung wird als Bruch der Kapitulationsbedingungen angesehen und von den alliierten Mächten nach den allgemein geltenden Gesetzen und Kriegsbräuchen geahndet werden.

5. Diese Kapitulationsurkunde wird unabhängig und unbeschadet einer späteren allgemeinen Kapitulationsurkunde ausgefertigt, die von den alliierten Mächten oder in ihrem Namen auferlegt wird und für Deutschland und die deutschen Streitkräfte als Ganzes gilt.

6. Diese Kapitulationsurkunde ist in englischer und deutscher Sprache ausgefertigt. Die englische Fassung ist die maßgebende.

7. Falls irgendein Zweifel oder eine Meinungsverschiedenheit über die Bedeutung und Auslegung der Kapitulationsbedingungen auftritt, so gibt die Entscheidung der alliierten Mächte den Ausschlag.«

Hof des Flensburger Polizeipräsidiums: Englische Kriegsreporter und (von links nach rechts) Reichsrüstungsminister Albert Speer, Großadmiral Karl Dönitz und Generaloberst Jodl

231

Angehörige der letzten deutschen Reichsregierung vor dem Flug in die Gefangenschaft

Damit war die »Teilkapitulation im Norddeutschen Raum«, wie die deutsche Version lautete, perfekt.

In der Nacht vom 2. zum 3. Mai 1945 verlegte die »Regierung« Dönitz und der Rest des Oberkommandos der Wehrmacht das Hauptquartier von Plön nach Mürwik bei Flensburg.

Dort traf am Abend des 4. Mai, um 19.40 Uhr, ein Funkspruch von Admiral v. Friedeburg über die inzwischen erfolgte Unterzeichnung der Kapitulationsurkunde in Montgomerys Hauptquartier in der Lüneburger Heide ein.

Im Nordraum schwiegen ab 5. Mai, 08.00 Uhr, die Waffen.

Admiral v. Friedeburg traf am 5. Mai in General

232

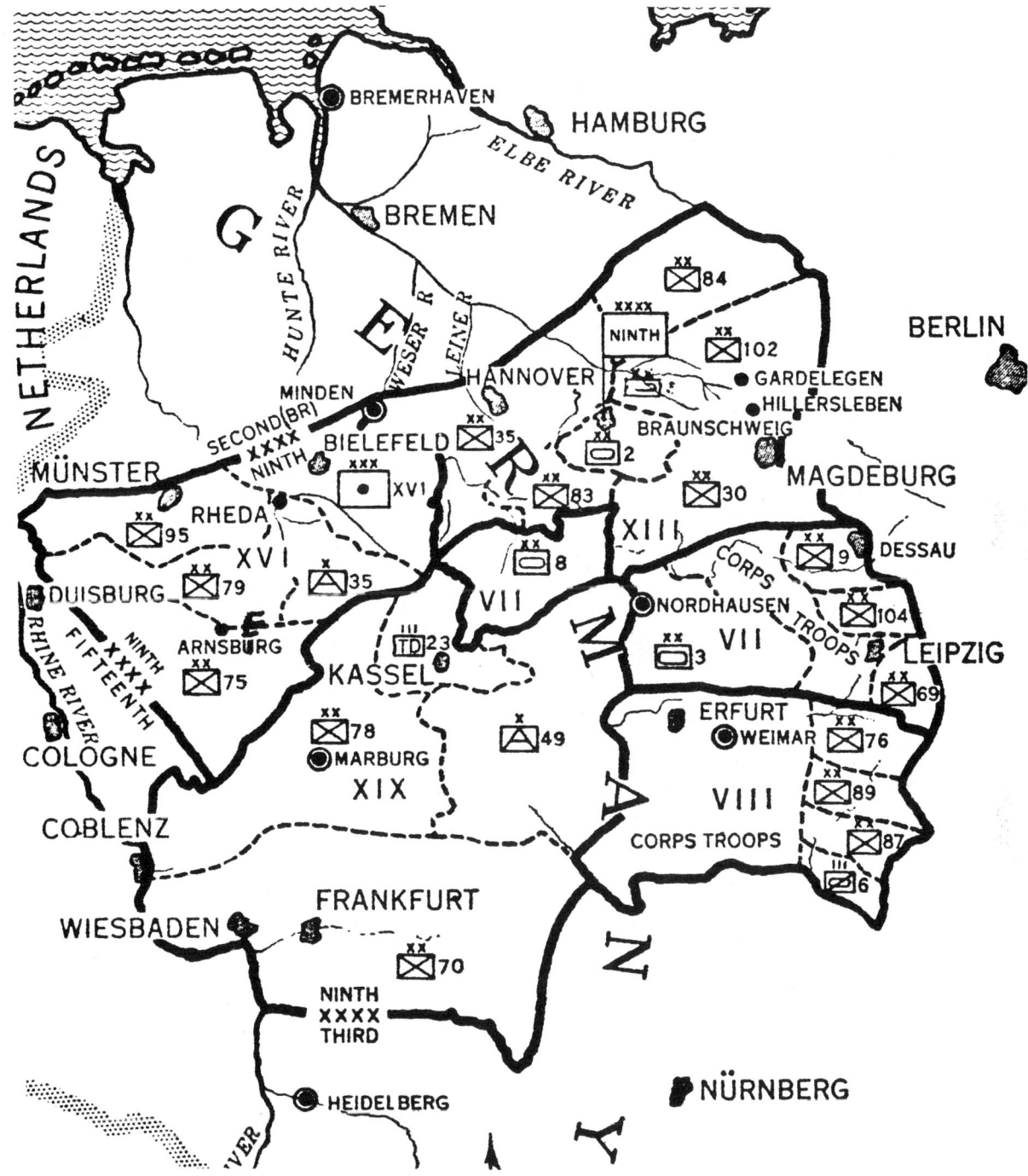

Das stark umrandete Gebiet war am 9. Mai 1945 von der 9. US-Armee besetzt

Die damaligen alliierten Besatzungszonen

234

Eisenhowers Hauptquartier in Reims ein, um dort auf ähnlicher Grundlage wie bei Montgomery eine rein militärische Teilkapitulation gegenüber den amerikanischen Streitkräften einzuleiten.

General Smith, Chef von Eisenhowers Stab, führte dort die Verhandlungen mit v. Friedeburg. Smith machte dem deutschen Unterhändler klar, daß nur eine bedingungslose totale Kapitulation in Frage kommen würde.

Admiral v. Friedeburg wandte ein, daß er nicht zur Unterzeichnung einer solchen Urkunde berechtigt sei.

Die Amerikaner gestatteten es ihm deshalb, eine diesbezügliche Nachricht an Dönitz zu senden. Die Antwort: General Jodl ist unterwegs zum amerikanischen Hauptquartier, um weitere Verhandlungen zu führen.

Jodl war mit einer Vollmacht zur Annahme einer bedingungslosen Kapitulation nach Westen, nicht aber nach Osten ausgestattet worden. Da Großadmiral Dönitz und dessen Stab aber Zweifel am Gelingen dieses Vorhabens hatten, gab man Jodl eine weitere schriftliche Vollmacht zum Abschluß der militärischen Kapitulation an *allen* Fronten mit. Die letztere sollte aber nur mit telegrafischer Zustimmung des Großadmirals verwandt werden.

General Jodl versuchte, ebenfalls eine Teilkapitulation herbeizuführen; aber General Eisenhower bestand auf einer totalen bedingungslosen Kapitulation.

Deshalb sandte Jodl einen Funkspruch aus Eisenhowers Hauptquartier, der Großadmiral Dönitz am 7. Mai um 00.15 Uhr vorgelegt wurde. Er lautete: *»General Eisenhower besteht darauf, daß wir heute noch unterschreiben. Andernfalls werden die alliierten Fronten auch gegenüber denjenigen Personen geschlossen werden, die sich einzeln zu ergeben versuchen, und alle Verhandlungen werden abgebrochen.*

Ich sehe keinen anderen Ausweg als Chaos oder Unterzeichnung. Erbitte deshalb drahtlose Bestäti- *gung, ob ich die Vollmacht habe, die Kapitulation zu unterzeichnen. Die Kapitulation kann dann wirksam werden. Feindseligkeiten werden dann am 9. 5., 00.00 Uhr deutscher Sommerzeit, aufhören.«*

General Jodl erhielt die vereinbarte telegrafische Vollmacht. Am 7. Mai, um 02.41 Uhr, unterschrieb er in Eisenhowers Hauptquartier in Reims die bedingungslose Kapitulation der deutschen Streitkräfte zu Lande, zu Wasser und in der Luft auf allen Kriegsschauplätzen.

Die deutsche Nachrichtentruppe übermittelte den genauen Wortlaut der Kapitulationsbedingungen per Draht und Funk an die Einheiten der deutschen Wehrmacht in aller Welt. Auch persönliche Kuriere kamen zum Einsatz.

Am 8. Mai 1945 erfolgte eine weitere Kapitulationszeremonie im sowjetischen Hauptquartier in Berlin-Karlshorst.

Damit war der Zweite Weltkrieg offiziell, auf dem Papier, beendet.

Nach dem Inkrafttreten der bedingungslosen Gesamtkapitulation erschien in Flensburg eine Alliierte Kontrollkommission, deren Sitz das Wohnschiff »Patria« war. Die Kommission sollte die Durchführung der Kapitulationsbedingungen durch das deutsche Oberkommando der Wehrmacht überwachen. Sie wurde geführt von dem amerikanischen Generalmajor Rooks und dem englischen Brigadier Foord. Später kam noch ein russischer Vertreter hinzu.

Großadmiral Dönitz, Chef der letzten deutschen Reichsregierung, informierte die beiden alliierten Offiziere in einer einstündigen Unterredung über die Situation in Deutschland. Er sagte ihnen, welche Maßnahmen er für erforderlich hielt.

Dönitz wollte vor allem der deutschen Bevölkerung helfen. Doch seine Vorschläge und die von der deutschen Regierung an die Alliierten übergebenen Denkschriften stießen auf wenig Verständnis.

Bei diesen Zusammenkünften war der Umgang mit den alliierten Vertretern zwar korrekt, aber auch zurückhaltend. Dabei wurden die international üblichen Ehrenbezeugungen erwiesen.

Ab Mitte Mai hörten die persönlichen Unterredungen mit den Vertretern der Alliierten Kontrollkommission auf. Die Presse außerhalb Deutschlands und der sowjetische Rundfunk beschäftigte sich mit der »Regierung Dönitz«. Vor allem die Sowjets griffen Dönitz persönlich heftig an; denn die Zusammenarbeit der Reichsregierung mit den angelsächsischen Vertretern in Flensburg-Mürwik hatte sie argwöhnisch gemacht. Sie wünschten keine für alle Zonen zuständige deutsche Reichsregierung.

»Es scheint«, berichtet Großadmiral Dönitz in seinen Memoiren, »daß Churchill meiner Beseitigung zunächst Widerstand entgegengesetzt hat.« Churchill wollte Dönitz als »nützliches Werkzeug« benützen und durch ihn Anordnungen an das deutsche Volk herausgeben zu lassen, damit die Engländer nicht selbst »die Hände in einen aufgeregten Ameisenhaufen« zu stecken brauchten.

»Diese Einstellung Churchills war genau das, was ich (Dönitz d. V.) damals von der ganz kalt rechnenden Politik erwartete. Sie würden mich so lange gebrauchen, wie es ihren Zwecken entsprach.

Anscheinend stellte dann am 15. Mai 1945 Eisenhower die Forderung, daß ich im Interesse der Freundschaft mit Rußland beseitigt werden sollte.«

Am Nachmittag des 22. Mai teilte Walter Lüdde-Neurath (Adjutant) Dönitz mit, daß er am nächsten Morgen zusammen mit Generaloberst Jodl und Admiral v. Friedeburg auf dem Wohnschiff »Patria« erscheinen sollte, wo die Alliierte Kontrollkommission untergebracht worden war.

Dönitz war sofort klar, daß der Zeitpunkt gekommen war, an dem er und seine Regierung durch Gefangennahme beseitigt werden sollten.

Als die drei deutschen Offiziere an das Fallreep der »Patria« kamen, wurden sie nicht wie üblich empfangen. Anstelle der sonst dort stehenden präsentierenden Posten wimmelte es jetzt von Pressefotografen.

Auf der »Patria« nahmen Dönitz, Jodl und v. Friedeburg an der Seite eines Tisches Platz; ihnen gegenüber saßen die Chefs der Alliierten Kontrollkommission: der amerikanische General Rooks, der englische General Foord und der sowjetische General Truskow.

General Rooks erklärte, daß er auf Befehl Eisenhowers Dönitz, die deutsche Regierung und das Oberkommando der Wehrmacht zu verhaften habe. Sie sollten sich von nun an als Kriegsgefangene betrachten.

Rooks fragte Dönitz, ob er noch irgend etwas erwidern wollte.

Die Antwort des deutschen Großadmirals: »Es erübrigt sich jedes Wort.«

Die Gefangennahme der deutschen Regierung beschreibt Walter Lüdde-Neurath: »Kurz nach Beginn der (Regierungs-) Sitzung (23. Mai gegen 10.00 Uhr) platzten mit gezogener Maschinenpistole und Handgranaten bis an die Zähne bewaffnete englische Soldaten in den Saal (des Regierungsgebäudes).

Erste Maßnahme: ›Hände hoch!‹ Zweite Maßnahme: ›Hosen herunter!‹

Danach wurden alle Insassen des Hauses in unwürdiger Form auf dem Hof zusammengetrieben, wo sie übermäßig lange mit erhobenen Armen stehen mußten, dem Kreuzfeuer der Fotografen, den Beleidigungen der Soldaten und den neugierigen, aber mit dieser Behandlung offenbar nicht einverstandenen Blicken der Bevölkerung ausgesetzt.«

Die Verhafteten durften schließlich unter Bewachung ihr Gepäck aus dem Gebäude holen. Dabei stellten sie fest, daß die Engländer bereits alle Räume gründlich durchsucht hatten.

»Nach Einlieferung in das (Flensburger) Polizeirevier fand erneut die eingehende ›Untersuchung‹, auch des Gepäcks, statt. Für das, was wirklich geschah, prägte Jodl die Bezeichnung ›organisierte Plünderung‹.«

Admiral v. Friedeburg war vorher bereits durch Selbstmord aus dem Leben geschieden.

236

Lüdde-Neurath: »*Der ›entehrenden Behand-lung‹, die v. Friedeburg befürchtet hatte, hat er sich allerdings auch durch den Tod nicht entziehen kön-nen. Seine Leiche wurde geplündert. Für diesen Vorfall ist später eine offizielle Entschuldigung von englischer Seite erfolgt.*«

Am späten Nachmittag verlud man die Angehöri-gen der letzten Reichsregierung auf Lkw und fuhr sie unter Bewachung von Panzern zum Flugplatz. Von dort flog man sie nach Luxemburg und setzte sie in dem zum Untersuchungsgefängnis umgebau-ten Palasthotel in Bad Mondorf fest.

Das war das Ende der Regierung Dönitz und damit auch das des damaligen Deutschen Reiches.

Eine neue Zeit brach an.

Literatur- und Quellenangabe

Berkel, Kl., Der Klütt, Hameln 1956

Bernau, Manfred, ... und alle Uhren blieben stehen, Bielefeld 1955

Bernhard, Herbert, ... dann brach die Hölle los, Wesel 1954

Bieker, Hermann, Die brennende Stadt, Paderborn 1948

Bradley, Omar N., A Soldier's Story, London 1951

Breucking, Walter, Ahlen im Jahre 1945, Beckum 1952

Bryant, Arthur, Triumph in the West 1943–1946, London 1959

Conquer, The Story of Ninth Army 1944–1945, Washington 1947

Domarus, Max, Hitler, München 1965

Dönitz, Karl, Zehn Jahre und 20 Tage, München 1975

Dümpelmann, Th., Dülmens apokalyptische Tage, Dülmen 1954

Eisenhower, Dwight, D., Crusade in Europe, London 1948

Essame, H., The Battle for Germany, London 1959

Großmann, Karl, Die letzten Tage des Zweiten Weltkriegs in Bad Oeynhausen, Minden 1970

Heimes, B., Der Wiederaufbau der Stadt Dülmen, 1967

Dr. Hüer, Hans, Die Geschichte des Kreises Coesfeld, Coesfeld 1962

Jesper, C., Brackwede und der Krieg in der Luft, 1951

Dr. Keber, Paul, Minden im Jahre 1945, Minden 1959

ders. Rinteln im April 1945, Minden 1960

Kiepke, Rudolf, Paderborn, Paderborn 1949

Kindl, Harald, Der Kampf um Borgholz, 1979

Kip, Georg, Kanadische Truppeneinheiten besetzen Nordhorn, Bentheim 1958

Klapproth, W., Kriegschronik der Stadt Soltau und Umgebung, Soltau 1955

Klocke, August, Das Amt Vlotho in den Tagen des nationalen Zusammenbruchs

Kühling, Karl, Osnabrück 1933–1945, Osnabrück 1969

Kühling, Richard, Friesoythe im Zweiten Weltkrieg, Vechta 1953

Kühlwein, Friedrich Karl, Die Kämpfe in und um Bielefeld im März und April 1945

Lenhard, Jörg, Vreden während des Zweiten Weltkriegs, 1977

Lepper, Th., Die letzten Tage des Zweiten Weltkriegs in Warendorf, Warendorf 1976

Lüdde-Neurath, Walter, Regierung Dönitz, Göttingen 1953

Martin, Ralph G. and Richard Harrity, World War II, USA 1962

Montgomery, Memoiren, München 1958

Müller, Helmut, Fünf vor Null, Münster 1972

Nordsiek, Hans, Minden 1944–1946, Minden 1975

Oberwinter, Wilhelm, Erinnerungen eines Volkssturmführers, Lippstadt 1965

Saecker, Erhard, Die Eroberung des heutigen Stadtgebietes von Petershagen, Minden 1976

Scarfe, N., Assault Division, London 1947

Schwartze, Vom Untergang Dülmens, Dülmen 1954

Schwarzwälder, Herbert, Vom Kampf um Bremen bis zur Kapitulation, Bremen 1974

Stacey, Official History of the Canadian Army in the Second World War, Ottawa 1966

ders. The Victory Campaign, Ottawa 1960

Zünkler, Berthold, In jenen Tagen, Warburg 1955

Bilder: Imperial War Museum, London. National Archives, Washington. Niedersächsisches Staatsarchiv, Osnabrück. Städtisches Museum, Herford. Stadtarchiv Bad Oeynhausen. PWH/PHB Weserhütte AG, Bad Oeynhausen. Archiv der Stadt Minden und des Kreises Minden-Lübbecke. Bankdirektor i. R. Karl Schroeder, Ibbenbüren. Foto Kiepker, Lengerich. Stadtarchiv Paderborn. Stadtarchiv Bielefeld. Institut für Zeitungsforschung, Dortmund. Werbe- und Verkehrsamt (Bildarchiv), Münster. Verfasserarchiv.

Der Autor dankt für freundliche Unterstützung:

Niedersächsisches Staatsarchiv, Osnabrück (Herrn Martin)
Städtisches Museum, Herford (Herrn Dr. Pape)
Bürgermeister Schuck, Reinhardshagen
Stadtarchiv Bad Oeynhausen (Herrn Bartling)
Weserhütte AG, Bad Oeynhausen
Oldenburger Stadtmuseum (Herrn Direktor Dr. W. Gilly)
Kommunalarchiv Minden (Herrn Stadtarchivamtmann Brandhorst)
Stadt Ibbenbüren, Pressestelle
Oberkreisdirektor des Kreises Steinfurt, Verwaltungsstelle Tecklenburg (Herrn Thofern)
Herrn Bankdirektor i. R. Karl Schroeder, Ibbenbüren
Stadtarchiv Paderborn (Herrn Müller)
Herrn Struck vom Stadtarchiv Bielefeld
Herrn Hillebrand vom Werbe- und Verkehrsamt Münster

Sonderausgaben zur Zeitgeschichte

Wilhelm Tieke
Das Ende zwischen Oder und Elbe –
Der Kampf um Berlin 1945
In dieser Dokumentation schildert der
Autor minutiös den gesamten Verlauf
und alle Einzelheiten der Kampfhand-
lungen im April 1945 aufgrund deutscher
und sowjetischer Dokumente.
512 Seiten, 44 Abbildungen, gebunden
DM/sFr 26,– / öS 203,–
Bestell-Nr. 10734

Hans von Ahlfen
Der Kampf um Schlesien
Der Verfasser dieser großangelegten und
systematischen Darstellung über die
Kriegsereignisse in ganz Schlesien,
Generalmajor a.D. Hans von Ahlfen,
hat dort selbst gekämpft und alle
Ereignisse unmittelbar erlebt.
248 Seiten, 42 Abb., 8 Karten, gebunden
DM/sFr 39,– / öS 304,–
Bestell-Nr. 10480

Dieckert/Großmann
Der Kampf um Ostpreußen
Die Autoren waren als Befehlshaber
Zeugen der gesamten schweren und
dramatischen Kämpfe in Ostpreußen bis
hin zur Kapitulation der deutschen
Wehrmacht am 8. Mai 1945. Hier ist
ihr mitreißender Bericht.
232 Seiten, 48 Abbildungen, gebunden
DM/sFr 28,– / öS 219,–
Bestell-Nr. 10436

Heinz Leiwig
Deutschland Stunde Null
Historische Luftaufnahmen 1945
Band 1: Westdeutschland
Das zerstörte Deutschland in Luftbildern
der Alliierten: Städte, Straßen, Häuser,
Brücken, Flugplätze, Industrieanlagen –
erschreckende Bilder der Verwüstung.
232 Seiten, 266 Abbildungen, gebunden
DM/sFr 49,– / öS 382,–
Bestell-Nr. 01185

Helmut Euler
Entscheidung an Rhein und Ruhr 1945
März 1945: Die alliierten Invasionsarmeen
stehen am Rhein. Remagen, Wesel, Sie-
gen und Lippstadt sind die letzten Bastio-
nen der »Ruhrfestung«. Von den dramatischen Entscheidungsschlachten in diesem
Raum berichtet dieses aufwühlende Buch.
276 Seiten, 260 Abbildungen, gebunden
DM/sFr 29,80 / öS 233,–
Bestell-Nr. 10728

Der Verlag für Zeitgeschichte
Postfach 103743 · D-70032 Stuttgart
Telefon (0711) 21080-14/22 · Fax (0711) 2360415

Stand Juli 1995 – Änderungen in Preis und Lieferfähigkeit vorbehalten